Ilse Hypers
25.5.84

Wolf-Dietrich Jägel

DEUTSCHE SPRACHLEHRE

Ferdinand Schöningh

München · Wien · Zürich

Printed in Germany

Herstellung: Ferdinand Schöningh, Paderborn

ISBN 3-506-25201-1

Inhalt

Wortbildung

Satzlehre (Syntax)

Vorwort

Ein Mittelpunkt der Bildungsarbeit unserer *Gymnasien, Berufsfachschulen, Real-* und *Hauptschulen* ist der Deutschunterricht. Innerhalb des Deutschunterrichts ist nach den geltenden Lehrplänen die Sprachlehre ein eigenständiger Bereich neben der mündlichen und schriftlichen Sprachgestaltung, der Rechtschreibung und dem Umgang mit Texten. Die Ergebnisse des Sprachlehre-Unterrichts sollen in den übrigen Bereichen angewendet werden, zum Beispiel bei der Rechtschreibung und Zeichensetzung, der Textanalyse und in bewußteren Satzfügungen bei der Sprachgestaltung.
Dabei hat die traditionelle Sprachlehre (Grammatik) trotz vieler Wandlungen ihre Bedeutung behalten.
Zwar wurde die traditionelle Grammatik durch die Erkenntnisse und Forderungen der strukturellen Grammatik, der Dependenzgrammatik, der generativen Grammatik und der inhaltsbezogenen Grammatik mancher Kritik unterzogen (vgl. Kapitel ‚Wege der Sprachbeschreibung'). Doch führte die oftmals vorschnelle Einbeziehung der neuen Ansätze zu einer Verwissenschaftlichung des Grammatik-Unterrichts, welche die Probleme dieses Lernbereiches eher verschärfte. Die Schulgrammatik wurde dadurch nicht pädagogischer.
„Lehrer sehen in der Schulgrammatik neuerer Provenienz, die mit neuer Terminologie arbeitet und mit einer Fülle neuer Termini belastet ist, kaum Vorzüge gegenüber der traditionellen Form der Grammatik." *(Menzel, Wolfgang: Die deutsche Schulgrammatik. Kritik und Ansätze zur Neukonzeption. Paderborn: Schöningh 1975, S. 8).*

Der *Lehrplan für die Orientierungsstufe des Landes Rheinland-Pfalz (1979)* stellt in diesem Zusammenhang fest:

„Die Erprobung und längere Erfahrung mit modernen Sprachbüchern zeigen, daß es u. a. notwendig ist, den Schülern zunächst die Kenntnis und die Begriffe einer mehr traditionellen „Oberflächen"-Grammatik zu vermitteln, da alle linguistischen Schulen deren Kenntnis stillschweigend voraussetzen, insbesondere im Gebiet der Syntax." *(S. 114)*
Eben weil diese verschiedenen Richtungen in einer noch nicht abgeschlossenen Entwicklung stehen, muß man auf eine begrifflich eindeutige Fachsprache zurückgreifen, die eine schnelle Verständigung über sprachliche Sachverhalte ermöglicht.
„Gleichzeitig werden die Schüler durch die bewußte Bildung von Begriffen und durch die Erlernung der benutzten Begriffe mit der Entstehung und Bedeutung einer solchen Fachsprache bekannt gemacht." *(ebda., S. 116)*
Am Fachlehrer liegt es dann, daß diese traditionelle Grammatik nicht beim Analysieren der Sprache stehenbleibt, sondern zur Anwendung von Sprache vorstößt. Darum werden folgende didaktisch-methodischen Grundsätze beachtet werden müssen:

„1. Der Sprachlehreunterricht ist kein Abbild einer sprachwissenschaftlichen Richtung, sondern bedient sich entsprechend seinen pädagogischen Zielen auch einer „pädagogischen Grammatik" (Menzel), die einen Mischtyp darstellt. Dabei ist die Frage vorrangig, welche Elemente eines Grammatikmodells für das gewählte Ziel dem Schüler am ehesten dienen.

2. Im Sprachlehreunterricht wird von echten Sprachsituationen ausgegangen, da alles Sprechen im Kontext erfolgt und der Reflexion eine Phase unbewußten Sprachhandelns vorausgehen soll.

3. Der Sprachlehreunterricht stellt die Leistung der Sprache dar und macht Strukturen bewußt.

4. Im Sprachlehreunterricht wird totes Sezieren zugunsten lebendigen Hantierens vermieden." *(Nach: Blätter für die Lehrerfortbildung, München: Ehrenwirth 1978/1, S.46)*

Das vorliegende Lehrbuch möchte durch seine Herleitungen, Beispiele, Regeln und Aufgaben Material für einen erfolgreichen Grammatik-Unterricht bereitstellen.
In der Entscheidung des Fachlehrers der einzelnen Schularten wird es liegen, ob er sich in seiner Klasse für einen systematischen Durchgang oder einen schwerpunktmäßigen Einsatz entscheidet. Eine Systematik als solche ist unentbehrlich; Sprachgestaltung ohne Beherrschung grammatischer Regeln erscheint unmöglich: das eine wird mit dem anderen zu fördern sein.

Wolf-Dietrich Jägel

Vom Wesen der Sprache

A. Ursprung der Sprache

Über den Ursprung der Sprache wissen wir wenig. Mit Theorien versucht man, dieses Dunkel zu erhellen.
Zeiten unbedingten Glaubens vermuteten, die Sprache sei den Menschen von Gott gegeben; in anderen Jahrhunderten, in denen das vernunftgemäße Denken vorherrschte, meinte man, die Sprache beruhe auf gegenseitiger Übereinkunft; romantische Epochen sahen die Sprache als Ausdruck des Volksgeistes an.
Als sicher ist anzunehmen, daß eine der Sprachwurzeln die *Gebärdensprache* gewesen sein muß. Eine andere Sprachwurzel werden die mannigfachen *Ausrufe* gewesen sein, wie wir sie noch heute als „Ah! Oh! Iii! Au!" kennen. Schließlich dürften auch viele Wörter aus der *Nachahmung* von Naturlauten entstanden sein; man denke nur an „Klatsch! Klirr! Wauwau! Kikeriki!". Gemeinsam ist den letztgenannten Ansichten, daß die Sprache keine willkürliche Erfindung des Menschen ist, nicht das Ergebnis einer bewußten Vereinbarung, sondern daß sie entstanden ist aus unwillkürlichen, gefühlsbestimmten Lauten, die allmählich in Verbindung mit Gebärden dem Mitteilungs- und Verständigungsbedürfnis des Menschen dienstbar gemacht wurden.
„Sie selbst ist kein Werk (Ergon), sondern eine Tätigkeit (Energeia). Ihre wahre Definition kann daher nur eine genetische[1] sein. Sie ist nämlich die sich ewig wiederholende Arbeit des Geistes, den artikulierten Laut zum Ausdruck des Gedankens fähig zu machen." *(Wilhelm von Humboldt: Über die Verschiedenheit des menschlichen Sprachbaues und ihren Einfluß auf die geistige Entwicklung des Menschengeschlechts, geschrieben als Einleitung zu: Über die Kawi-Sprache auf der Insel Java, 1836)*

Die Geschichte der Sprache ist gleichzeitig Kulturgeschichte, und eine Sprachgemeinschaft stellt auch eine Wesensgemeinschaft dar. Für die Sprache gilt somit:

„Jede zieht um das Volk, welchem sie angehört, einen Kreis, aus dem es nur insofern hinauszugehen möglich ist, als man zugleich in den Kreis einer andren hinübertritt. Die Erlernung einer fremden Sprache sollte daher die Gewinnung eines neuen Standpunktes in der bisherigen Weltansicht sein und ist es in der Tat bis auf einen gewissen Grad, da jede Sprache das ganze Gewebe der Begriffe und die Vorstellungsweise eines Teils der Menschheit enthält." *(v. Humboldt, a.a.O.)*
Gerade die neuere Sprachforschung sucht die Sprache als Ausdruck der Kultur eines Volkes zu betrachten und die sprachlichen Veränderungen in Beziehung zu geistig-kulturellen Inhalten zu setzen.

---

[1] genetisch: entwicklungsgeschichtlich; von „Genese" = Entwicklung.

B. Sprache und Denken

Sprache ist Äußerung unseres Denkens.

„Wenn ich den Gedanken wiedergeben will, daß ich heute gesehen habe, wie ein Junge barfuß in einer blauen Bluse die Straße entlanglief, sehe ich nicht einzeln den Jungen, einzeln die Bluse, einzeln, daß sie blau ist, einzeln, daß der Junge keine Schuhe anhat, einzeln, daß er läuft. Ich denke das alles zusammen, aber ich zergliedere es in der Sprache in einzelne Wörter.

Was im Denken simultan[2] enthalten ist, entfaltet sich in der Sprache sukzessiv[3]. Den Gedanken könnte man mit einer hängenden Wolke vergleichen, die sich durch einen Regen von Wörtern entleert." *(Lew S. Wygotski: Denken und Sprechen. Frankfurt: S. Fischer, 5. Aufl. 1974, S. 353)*

Mit Hilfe der Sprache teilen wir das, was wir denken oder fühlen, anderen mit. Dies kann geschehen durch „*stumme Sprache*" (Gebärden, Mienen, Blicke), durch *gesprochene Sprache* (Stimme) oder durch *geschriebene Sprache* (Schrift).

Schriftlosigkeit allein bedeutet noch nicht Kulturlosigkeit. *Die Schrift* entstand erst mit den Bedürfnissen der Verwaltung, sie *ist ein Kennzeichen der Zivilisation.*

Dabei bildeten sich völlig verschiedene Schriftformen:

Bilderschriften	Zeichenschriften (Sigel)	Buchstabenschrift
Hieroglyphen chinesische Schrift japanische Schrift aztekische Schrift	arabische Schrift Keilschrift Runen hebräische Schrift	griechische Schrift lateinische Schrift deutsche Schrift russische (cyrillische) Schrift

C. Aneignung von Sprache

Wir eignen uns die Sprache anfangs durch Nachahmung an. Dabei lernen wir, bestimmten Vorstellungen und Begriffen bestimmte Wortformen zuzuordnen. Gedanke und Sprache, Begriff und Wort sind unlösbar verknüpft.

1. Spracherwerb des Kindes

„O. Rieder hat das Erlernen des ersten Wortes seiner Tochter unter kontrollierten Bedingungen beobachtet. Er beschreibt, wie er zusammen mit seiner Frau von der Mitte des elften Lebensmonates an durch eine hinweisende Gebärde mehrmals zwischen der vorgesprochenen Lautgestalt „bal" und dem Objekt „Ball" den Bedeutungszusammenhang anzeigte. Aber erst nach einigen Wochen schaute das Kind nicht mehr auf den Mund des Vaters, sondern gemeinsam mit dem Vater hin auf den Ball und spricht zweimal das vorgesprochene „Ball" nach. Nach dem ersten

---

[2] simultan: gleichzeitig.

[3] sukzessiv: nacheinander.

Erfolg, abends um 18.30 Uhr, fragt der Vater am nächsten Morgen, wo der Ball sei: er befindet sich am Fußende des Bettes. Die Tochter spricht zunächst „Ball" nach, sucht ihn mit den Augen, wiederholt nochmals „Ball", sobald sie ihn sieht, geht zu ihm hin und ergreift ihn schließlich. Eine Woche später steht das Mädchen ruhig im Bett und lallt vor sich hin; es stutzt, als es den Ball bemerkt, hört auf zu lallen und sagt nach einer Pause „Ball"; es läßt sich neben dem Spielzeug nieder und nimmt es in die Hand." *(Aus: Sprache — System und Funktion, Wort und Sinn Arbeitsbücher: Deutsch — Sekundarstufe II. Paderborn: Schöningh 1980, S. 38; dort nach Guiseppe Francescato: Spracherwerb und Sprachstruktur beim Kinde)*

2. Kompetenz und Performanz

Ein Kind vollbringt mit dem Erlernen der Sprache und dem Erfassen der Bedeutungen eine hohe geistige Leistung. Bemerkenswert ist darüber hinaus allerdings, daß niemand von uns zur vollkommenen Beherrschung der Sprache gelangt.
„In der Sprachwissenschaft hat sich dieser Unterschied zwischen dem allgemeinen Wissen um eine richtige Sprachverwendung und der Erkenntnis, daß Sprache im tatsächlichen Vollzug immer mehr oder weniger von dieser richtigen Verwendung abweicht, in begrifflichen Unterscheidungen niedergeschlagen.
So spricht der Sprachwissenschaftler Ferdinand de Saussure von der Sprache *(langue)* als ihrem Regel- und Wortbestand, vom Sprechen *(parole)* als der Menge aller Formen, in denen Sprache verwendet wird, verwendet worden ist.
Jüngere Sprachforscher haben versucht, in dieser Begriffsunterscheidung noch mehr einzufangen: So spricht Noam Chomsky von der *Kompetenz* als jener Fähigkeit, die ein idealer Sprecher/Hörer einer Sprache hätte, alle Regeln seiner Sprache vollkommen anzuwenden [. . .].
Dagegen verfügt der einzelne Sprecher nur über einen Teil dieser Möglichkeiten. Er ist vergeßlich, nicht immer auf der Höhe seiner Zeit, ist zerstreut, hat ein begrenztes Gedächtnis und macht Fehler. Deswegen ist das, was er als Sprechender zusammenbringt, im Gegensatz zur *Kompetenz* im Begriff *Performanz* zusammengefaßt." *(Dorothea Ader/ Axel Kress: Sprechen-Sprache-Unterricht. Paderborn: Schöningh 1980, S. 93)*
Eine Sprachlehre wie diese ist immer auf den Gesamtbestand an Wörtern und Regeln abgestellt. Durch Unterricht werden dann in die ‚Performanz' des Sprechers ‚Kompetenz'-Anteile eingebracht.

D. Mitteilungsfunktion der Sprache

Sprache dient der Mitteilung. Sie ist Werkzeug der Verständigung und damit unentbehrliches Bindemittel menschlicher Gemeinschaft. Hätten die Menschen als Einsiedler gelebt, so hätte sich kaum eine Sprache entwickelt.

1. Kommunikation

„Als eine Sammelbenennung für alles, was beim (sprachlichen) In-Beziehung-Treten von Menschen zueinander wirksam ist, verwendet man heute gern die Bezeichnung

Kommunikation. Gemeint ist damit als sicher wichtigster Teilbereich das Miteinander-Sprechen. Aber es bleibt nicht nur dieses „Gesprochene", gleichsam der nackte Text, wie er sich als geäußerte Kette von Wörtern hören oder lesen läßt [. . .] *Kommunikation* meint alle Umstände[4], unter denen sich dieses Miteinandersprechen vollzieht." *(Ader/Kress, a.a.O., S. 54)*
Kommunikation ist jede Übermittlung einer Information von einer ausgebenden Instanz (Sender) zu einer aufnehmenden Instanz (Empfänger).
Wir nennen die zu übermittelnde und übermittelte Information eine *Nachricht*.
Wird diese Nachricht z. B. brieflich oder telefonisch übermittelt, ist sie an einen *Kanal* gebunden.

Daraus leitet man das *Kommunikationsschema* ab:

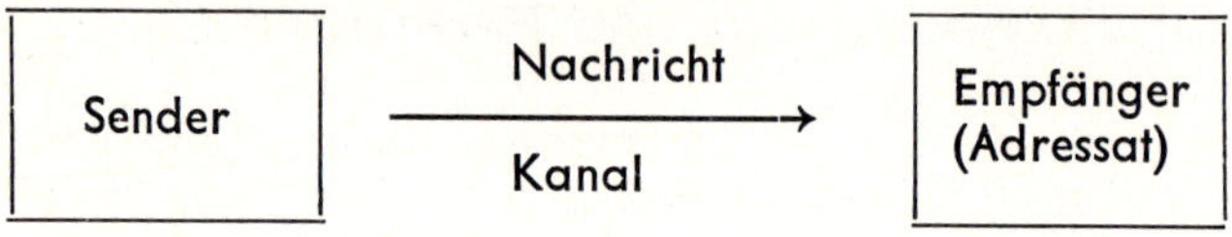

2. Kode

Kommunikation ist nicht allein an Sprache gebunden. So kann man auch mit dem Morsealphabet Nachrichten übermitteln.
Man verwendet einen *Kode* (System von verabredeten Zeichen).
Die Nachricht wird Buchstabe für Buchstabe in Morsezeichen kodiert (verschlüsselt) und vom Empfänger ebenso dekodiert (entschlüsselt).
Es gibt sehr viele Systeme von verabredeten Zeichen/Kodes.
Selbst der Kunde, der beim Friseur während des Haareschneidens intensiv Zeitung liest, teilt mit diesem „Zeichen" dem Friseur mit, daß er weder sprechen will noch angesprochen werden möchte.

3. Sprachbarriere

Wenn das Kodieren und Dekodieren, das Sprechen und Verstehen Schwierigkeiten bereiten, stehen wir vor *Sprachbarrieren*.
Diese treten besonders auf, wenn Sprecher aufeinandertreffen, die nur bestimmte Spiel- und Abarten (Varietäten) einer Sprache beherrschen. So wird der Bayer, der nur seinen Dialekt spricht, sehr schwer mit dem allein niederdeutsch sprechenden Fischer von der Nordsee kommunizieren können.
An diesem Beispiel wird deutlich, daß einer allgemeinen Verkehrs- und Amtssprache die Rolle des überbrückenden Mediums zukommt. Das Erlernen dieser „Hochsprache" ist unerläßlich.

---

[4] d. h. Ton, Gesichtsausdruck, Situation.

E. Varietäten

Sprache kommt in vielen Spielarten (Varietäten) vor.
Norbert Dittmar (Soziolinguistik. Frankfurt: Akadem. Verlagsges. Athenaion 1973, S. 134) bezeichnet die Einheitssprache, also unser Hochdeutsch, als *Standard-Varietät.*
Er unterscheidet davon die *regionalen Varietäten* (Dialekte, Mundarten), die *sozialen Varietäten* (Schichten-Sprachen) und die *funktionalen Varietäten* (Berufssprachen).

1. Standard-Varietät

Jene Sprachschicht, die sich in Äußerungen und Darstellungen von Presse, Rundfunk und Fernsehen, in Vorträgen, Predigten und Reden, im Bereich der Wissenschaft, im amtlichen Schriftverkehr und in der gehobenen Literatur findet, bezeichnen wir als *Hochsprache* oder *Standard-Varietät.* Sie ist überregional und institutionalisiert. Die Duden-Grammatik unterscheidet die Hochsprache von der Alltagssprache und der Umgangssprache.
Die *Alltagssprache* wird von denen benutzt, die ein gutes und korrektes Deutsch sprechen wollen, ohne den gehobenen Schriftstil zu verwenden; Satzbau, Wortwahl und Aussprache weichen dabei von der hochsprachlichen Norm ab.
Charakteristisch für die *Umgangssprache*, die sich noch stärker von der Hochsprache absetzt, sind die bisweilen derben Redewendungen und bildhaften Ausdrücke, die oft mundartlich geprägt sind (z. B. jemandem eins auswischen, das ist doch Jacke wie Hose, sich saumäßig fühlen).

2. Regionale Varietät (Dialekt)

Das deutsche Volk setzt sich aus vielen Stämmen zusammen, die alle ihre Eigenarten haben. Eine dieser Eigenarten ist die jeweilige Stammessprache, die Mundart, der Dialekt. *Die Mundart* ist nicht irgendein Kauderwelsch, das man verachten müßte, sondern eine echte Ausprägung landschaftlich gewachsener Eigenformen unserer Muttersprache; sie verdient besondere Aufmerksamkeit und Pflege. Die Mundartforschung gliedert das deutsche Sprachgebiet in drei große Dialekträume, die unterschiedlich von der zweiten oder hochdeutschen Lautverschiebung (s. Kapitel ‚Sprachgeschichte') erfaßt wurden, nämlich in Ober-, Mittel- und Niederdeutsch.

Oberdeutsch

1. *Bayrisch:*
   Wiafüi Pfund Wuescht und wiafüi Brot woits hom?
2. *Schwäbisch:*
   Wiaviel Pfond Wurschd und wiaviel Brood wellet'r?
3. *Fränkisch:*
   Wieviel Pfund Woscht und wieviel Brot wöllter haobn?

Mitteldeutsch

1. *Hessisch:*
   Wäiviel Pond Worscht onn wäiviel Brut willt'r hunn?

2. *Obersächsisch:*
Wieviel Pfund Worst un wieviel Brot wullt'r ham?

3. *Schlesisch:*
Wiev'l Fund Wurscht und wiev'l Brout wollt'r honn?

Niederdeutsch

Holsteinisch:
Woveel Pund Wust un woveel Brod wöllt ji hebbm?

Aufgabe 1: Übersetze einen Text, der in deiner Mundart geschrieben ist, ins Hochdeutsche! Vergleiche Lautbestand und Wortformen, Ausdrücke und Satzbau!

Aufgabe 2: Vergleiche einen Text deiner heimatlichen Mundart mit dem einer anderen Mundart!

Aufgabe 3: Sammle mundartliche Redensarten, Sprichwörter und Inschriften!

Aufgabe 4: Jede Sprachlandschaft entwickelte besondere Ausdrücke. Gliedere nach „Küste" — „Gebirge":
Logger, Lawine, Schnadahüpfl, Alm, Deern, Fleet, Grat, Riff, Maat, Gstanzln, Föhn, Krabbe, Haxen, Schmarrn, schrubben, kraxeln, paddeln, buddeln, hakeln, baggern, platteln, robben.

Aufgabe 5: Suche aus anderen Sachgebieten ähnliche Gegensätze:
Der Österreicher geht zum Greißler, kauft Erdäpfel, Paradeiser, Marillen, Ribisel, Zwetschgen, Topfen, Gerstel, Obers, Germ, Senf, Kren, Karfiol.
Der Norddeutsche geht zum Krämer, kauft Kartoffeln, Tomaten, Aprikosen, Johannisbeeren, Pflaumen, Quark, Graupen, Sahne, Hefe, Mostrich, Meerrettich, Blumenkohl.

Aufgabe 6: Erzähle eine Geschichte oder sprich ein Gedicht in deiner Mundart!

3. Soziale Varietät (Schichten-Sprache, Soziolekt)

Es gibt neben den regionalen Sprachunterschieden auch solche, die durch die Zugehörigkeit zu einer bestimmten gesellschaftlichen Gruppe oder sozialen Schicht bestimmt sind. Derartige Ausprägungen der Sprache nennt man *Soziolekt.*
Der Sprachwissenschaftler spricht in diesem Zusammenhang davon, daß derjenige, der aufgrund seiner Herkunft („Unterschicht") nur über einen sehr gewöhnlichen Wortschatz und wenig ausgefeilte Satzbaumuster verfügt, sich nur in einem *restringierten (eingeschränkten) Kode* verständigen kann und daher vor Sprachbarrieren (s. S. 18) steht, wenn er im *elaborierten (ausgearbeiteten) Kode* der Mittel- oder Oberschicht „empfangen" oder „senden" soll.

4. Funktionale Varietät (Berufs- und Fachsprache)

Berufs- und Fachsprachen — etwa die Seemannssprache, die Jägersprache, die Wissenschaftssprache (z. B. die der Mediziner, der Elektrotechniker, der Historiker), die Sprache der Politiker — stellen keine eigenen Sprachsysteme dar, sondern betreffen immer nur einen begrenzten Bereich des Wortschatzes. Fachsprachen werden funktional eingesetzt, d. h. sie sind an besondere Arbeitsabläufe oder an bestimmte Institutionen gebunden.

Aufgabe 7:

a) Welche Bedeutung haben folgende Wörter der Seemannssprache?

Bake, Back, Besanmast, Besteck, Davit, dippen, dwars, Fallreep, Fender, Fock, Gaffel, hieven, kalfatern, Kombüse, Lee, Luv, Maat, Marlspieker, Persenning, Pinne, Pütz, Riemen, Ruder, Schäkel, Schot, Talje, Tampen, Wanten, zurren.

Stelle aus anderen Fachsprachen ähnliche Rätsellisten für deine Klassenkameraden zusammen!

b) Untersuche, ob in der Sprachverwendung deiner Altersstufe ein bestimmter „modischer" Trend vorherrscht, ein sogenannter „Jargon", der Außenstehenden Verständnisschwierigkeiten bereiten kann.

5. Idiolekt

In der Sprachwissenschaft wird der individuelle Sprachgebrauch eines einzelnen Sprechers als *Idiolekt*, sozusagen als ganz persönliche Mundart, bezeichnet.

Lautlehre

A. Grundbegriffe

1. Sätze

Wir sprechen und schreiben gewöhnlich in Sätzen. *Der Satz ist die kleinste geschlossene Einheit* zum Ausdruck einer Mitteilung, einer Feststellung, eines Urteils, eines Gedankens, eines Gefühls, einer Frage, eines Befehls oder einer Aufforderung.
Sätze entstehen nicht durch ein Nebeneinanderstellen von Wörtern in ihrer lexikalischen Grundform, sondern sie bilden erst eine Sinneinheit, wenn die Lexikon-Wörter formal aufeinander bezogen werden.

2. Wörter

Ein Wort ist eine Lautgruppe bzw. eine Buchstabengruppe, die einen Bedeutungsinhalt besitzt. Sätze bestehen aus einzelnen, aufeinander bezogenen Wörtern[1]:

die Wörter

heute / kommen / die / Mutter / aus / das / Krankenhaus

werden so zum Satz

Heute kommt die Mutter aus dem Krankenhaus.

Für Lexikon- oder Grundwörter verwendet man auch den Begriff *Lexem*. Ein Lexem bezeichnet den bei der Wortbeugung (Flexion) unveränderten Wortstamm. Dazu treten als kleinste *bedeutungstragende* Einheiten der Sprache die *Morpheme*, nämlich Vor- und Nachsilben (Präfixe und Suffixe, vgl. S. 110 f.), z. B.

ent- (ent/kommen), miß- (Miß/erfolg), un- (un/möglich),
-lich (fröh/lich), -heit (Faul/heit),

und Konjugations- und Deklinationsendungen (sog. ‚grammatische Morpheme', vgl. S. 107), z. B.

-t (er ruf/t), -er (die Kind/er).

Einige Sprachforscher verwenden zur feineren Abgrenzung
für Wortstämme den Begriff ‚Monem', z. B.

spiel- (wir spiel/ten),

[1] Anmerkung zum Plural von ‚Wort': Ich schlage im Wörterbuch nach. — Er sprach ergreifende Worte. Wörter = ohne Zusammenhang; Worte = Zusammenhängendes.

und für Wörter, die unabhängig von der Redesituation auf Gegenstände und Sachverhalte verweisen, den Begriff ‚Lexem', z. B.

Nase, rot, zwei, heute, er.

3. Silben

Das Wort ist noch nicht der einfachste Baustein der Sprache.

Beispiel: Das Wort ‚Zirkus' läßt sich in die Teile Zir- und -kus zerlegen.

Diese Teile eines Wortes nennen wir *Silben*. Eine Silbe ist ein Wortteil, der mit einem einzigen Ansatz der Stimme gesprochen wird.

Ihrem Gebrauch nach unterscheiden wir **Sprechsilben** und **Sprachsilben**.

Die Sprechsilben entstehen durch die Zerlegung eines Wortes bei langsamem Sprechen, wie es die Silbentrennung verlangt:

je-des, Zei-tung, Ver-le-gen-heit.

Für die *Silbentrennung* sind einzig und allein die *Sprechsilben* maßgebend!

Aufgabe 7: Trenne nach Sprechsilben und versuche, Regeln für die Silbentrennung zusammenzustellen. Schlage im Zweifelsfall im Duden Band 1 (Rechtschreibung) nach!

abholen, anmalen, fischen, reißen, schreiben, sitzen, spazierengehen, Farbband, Fenster, Geheimfach, Gewitter, Hammer, Honigbrot, Stauung, Studentin, Telefon, Weihnachtsabend, Zucker, am besten, außer, besser, dunkel, ebenso, weiter, zurück.

Mit den Sprechsilben nicht zu verwechseln sind die Sprachsilben, jene Bestandteile eines Wortes, die entstehen, wenn man ein Wort in Vorsilbe, Stamm und Endung zerlegt.

Die *Kurzschrift* trennt nach *Sprachsilben!*

jed/es, Zeit/ung, Ver/leg/en/heit.

Das Erkennen der Sprachsilben ist die Voraussetzung für das Verstehen eines Wortes.

Besteht ein Wort aus mehreren Silben, so ragt eine Silbe durch Betonung vor den anderen hervor: sie trägt den *Hauptton;* die übrigen Silben haben entweder einen *Nebenton* oder sind *unbetont*. In dem Wort ‚Königin' hat die erste Silbe den Hauptton, die dritte den Nebenton, die zweite ist unbetont.

Im Deutschen trägt die *Stammsilbe* als die wichtigste im Wort den Hauptton (im Gegensatz zum Lateinischen). Wenn ein Wort den Hauptton nicht auf der Stammsilbe trägt, so ist das ein Zeichen dafür, daß das Wort aus einer fremden Sprache übernommen worden ist oder eine fremde Endung hat: Partei, Geographie, buchstabieren. Nur selten haben auch deutsche Wörter eine fremdwortartige Betonung, z. B. Forelle, Holunder.

4. Phoneme

Der Grammatik-Duden definiert den Begriff ‚*Phonem*' wie folgt:

„Zwei Laute sind verschiedene Phoneme, wenn sie in derselben lautlichen Umgebung vorkommen und verschiedene Wörter unterscheiden können. So sind [r] und [l] verschiedene Phoneme, denn erstens treten sie in derselben lautlichen Umgebung auf,

z. B. vor [a] in Ratte ['ratə] und Latte ['latə], und zweitens unterscheiden sie verschiedene Wörter, z. B. Ratte ['ratə] und Latte ['latə]. Phoneme und mit Phonemen geschriebene Wörter setzt man zwischen schräge Striche: /r/, /l/; /'ratə/, /'latə/."

(Duden Bd. 4 — Grammatik, bearb. von Paul Grebe. Mannheim: Bibliographisches Institut, 3. neu bearb. u. erw. Aufl. 1973, S. 25)

Anders ausgedrückt:

Phoneme (Sing.: das Phonem) sind die kleinsten *bedeutungsunterscheidenden* Einheiten der Sprache:

/d/ in dem Wort „Land" und /g/ in dem Wort „lang" sind Phoneme, ebenso /m/, /b/ und /d/ in den Wörtern „Mauer", „Bauer" und „Dauer".

Häufig wirken mehrere Phoneme zusammen, um eine Bedeutungsunterscheidung hervorzubringen:

/l/ und /t/ in dem Wort „Welt" und /r/ und /k/ in dem Wort „Werk" sind Phoneme, deren Austausch eine Bedeutungsveränderung bewirkt. Der Phonemaustausch ließe sich hier mit folgender Wortkette verdeutlichen: We*lt* — wel*k* — We*rk* — Wer*t* (— Wel*t*)

5. Buchstaben

Die *kleinsten Bestandteile der Silben* nennt man, wenn man sie *schreibt*, *Buchstaben*. Man verwendet für ‚Buchstabe' heute auch den Begriff ‚*Graphem*'.

Unser *Abc* hat 26 Buchstaben:

a b c d e f g h i j k l m n o p q r s t u v w x y z.

Das *Abc* wird auch *Alphabet* genannt, und zwar nach Alpha (α) und Beta (β), den beiden ersten Buchstaben des griechischen Alphabets.

Sechs der Buchstaben aus dem *Abc* stehen für *Vokale* (Selbstlaute): a, e, i, o, u, y, die übrigen für *Konsonanten* (Mitlaute).

Weitere Vokalzeichen sind die *Umlautzeichen*: ä ö ü.

Zusammensetzungen aus verschiedenen Vokalen nennt man *Diphthonge* (Zwielaute): ei (ai, ey, ay), eu (äu), au.

Aus der Verbindung des sog. „langen s" mit dem „runden (Schluß-)s" in der deutschen Schreibschrift entstand das Zeichen „ß".

Die meisten Konsonanten können verdoppelt werden. In deutschen Wörtern schreibt man dann das doppelte „k" als „ck", das doppelte „z" als „tz".

Im Fernsprechverkehr gibt es für jeden Buchstaben ein „Buchstabierwort", ein vereinbartes Kennwort, das bei schwierigen Wörtern das Verstehen und Mitschreiben erleichtert.

Buchstabiertafel der Deutschen Bundespost (Inlandsdienst)

A	Anton	J	Julius	Sch	Schule
Ä	Ärger	K	Kaufmann	T	Theodor
B	Berta	L	Ludwig	U	Ulrich
C	Cäsar	M	Martha	Ü	Übermut
Ch	Charlotte	N	Nordpol	V	Viktor
D	Dora	O	Otto	W	Wilhelm
E	Emil	Ö	Ökonom	X	Xanthippe
F	Friedrich	P	Paula	Y	Ypsilon
G	Gustav	Q	Quelle	Z	Zacharias
H	Heinrich	R	Richard		
I	Ida	S	Samuel		

International übliche Buchstabiertafel

Buch-stabe	Schreib-weise	Aussprache und Betonung (deutsch)	Buch-stabe	Schreib-weise	Aussprache und Betonung (deutsch)
A	Alfa	*Al*-fa	N	November	No-*vem*-ber
B	Bravo	*Bra*-vo	O	Oscar	*Oss*-kah
C	Charlie	*Tschar*-lie	P	Papa	*Pah*-*Pah*
D	Delta	*Del*-ta	Q	Quebec	*Ki*-beck
E	Echo	*Eck*-oh	R	Romeo	*Roh*-mi-oh
F	Foxtrott	*Fox*-trott	S	Sierra	Si-*är*-rah
G	Golf	Golf	T	Tango	*Tan*-go
H	Hotel	Ho-*tell*	U	Uniform	*Ju*-niform
I	India	*In*-di-ah	V	Victor	*Wik*-toh
J	Juliett	*Dju*-li-*ett*	W	Whisky	*Uis*-kih
K	Kilo	*Ki*-loh	X	X-Ray	*Icks*-räh
L	Lima	*Li*-mah	Y	Yankee	*Jän*-kih
M	Mike	Maik	Z	Zulu	*Su*-luh

Morse-Alphabet

Das Morse-Alphabet ist ein Kode. Unter dem Begriff ‚Kode' versteht man ein vorher vereinbartes System von Zeichen, mit denen sich eine Nachricht übermitteln läßt. Dazu gehören die Rauchsignale der Indianer ebenso wie die Flaggensignale der Seeschiffahrt.

Der Kode des Morsealphabets verwendet kurze und lange optische oder akustische Signale bzw. Striche und Punkte (Telegraf) für die Übermittlung einer Nachricht, die Buchstabe für Buchstabe in Morsezeichen kodiert und vom Empfänger dekodiert wird.

a	.—	e	.	k	—.—	p	.——.	ü	..——
ä	.—.—	f	..—.	l	.—..	q	——.—	v	...—
b	—...	g	——.	m	——	r	.—.	w	.——
c	—.—.	h	....	n	—.	s	...	x	—..—
ch	————	i	..	o	———	t	—	y	—.——
d	—..	j	.———	ö	———.	u	..—	z	——..

Beispiel: Das Wort ‚Morse' würde so übermittelt werden:

| —— | ——— | .—. | ... | . |

Aufgabe 8: Dekodiere folgende Zeilen:

|..—.|.|..—|.|.—.|.——|.|....|.—.|
|—..|.—|...|—...|.|—.—|.—|—.|—.|—|.|...|—|.|——|———|
.—.|...|.|...|..|——.|—.|.—|.—..|..|...|—|...|———|...|

Aufgabe 9: Kodiere folgende Sätze:

Wir schreiben morgen eine Klassenarbeit im Fach Mathematik.
Im Juni gibt es Sommerferien. Dann besuche ich meine Tante im Harz.

Übermittle einen eigenen Text in Morsezeichen.

6. Laute

Die *kleinsten Bestandteile der Silben* nennt man, wenn man sie *spricht*, *Laute*; sie „lauten", man hört sie. Die Anzahl der Laute läßt sich nicht genau bestimmen. Wollten wir die feinsten Unterschiede zwischen den Lauten unserer Muttersprache bezeichnen, so brauchten wir ungefähr 73 Lautzeichen!

Je nach der Stelle, welche die Laute im Wort einnehmen, unterscheiden wir

Anlaute, z. B. *Sch*ule, *B*uch;
Inlaute, z. B. Sch*u*le, B*u*ch;
Auslaute, z. B. Schul*e*, Bu*ch*.

Man verwendet für ‚Laut' heute auch den Begriff ‚*Phon*'. Unter ‚Phonetik' versteht man entsprechend die Untersuchung von Sprachlauten im Hinblick auf Aussprache (Artikulation) und Sprachehören.

Phonetisch gleich sind z. B.

Meer — mehr	Stadt — statt	Lied — Lid
Moor — Mohr	lehren — leeren	Nachnahme — Nachname
Saite — Seite	malen — mahlen	viel — (er) fiel

Gleicher Lautung entsprechen hierbei verschiedene Schreibweisen und Bedeutungen. Erst der Zusammenhang (Kontext) entscheidet hier beim Sprachehören über das angemessene Verständnis dieser Wörter und die richtige Schreibweise.

Da die Buchstaben — gerade in Fremdsprachen — die Aussprache nur unvollkommen wiedergeben, mußte man eine ‚phonetische Schrift" entwickeln (Lautschrift).

Beispiel: Die Zeichen

[ˈ] Hauptbetonung, steht vor der betonten Silbe
[iˑ] halblanges i
[uː] langes u
[ə] abgeschwächtes e

dienen zur Aussprachebezeichnung von ‚Minute': [miˑˈnuːtə] (Näheres sagt der Duden, Band 4, Grammatik).

B. Vokale – Konsonanten

Wir unterscheiden solche Laute; die *selbst* deutlich klingen, und solche, die nur *mit* anderen gut vernehmlich sind.

Vokale (Selbstlaute): a e i o u y
Konsonanten (Mitlaute): b c d f g h j k l m n p q r s t v w x z.

Für die *Kurzschrift* ist folgendes wichtig: Die Konsonanten sind die Träger des Wortbildes. Es wäre nicht schwer, einen Satz zu entziffern, der nur aus Konsonanten bestünde:

wr slln d schlfsck zm hsmstr brngn, wnn wr mrgn vn dr klssnfhrt kmmn.

Aus den Vokalen dieses Satzes wäre kein Sinn entnehmbar:

i oe ie aäe u aueie ie, e i oe o e aea oe

Daher werden die Vokale in der Kurzschrift meist nur angedeutet.

1. Vokale

Vokale sind Laute, bei denen die Stimmbänder im Kehlkopf schwingen und die Atemluft ungehindert durch den Mund oder durch Mund und Nase ausströmt. Sie kommen entweder einfach, zusammengesetzt oder umgelautet vor (siehe S. 25 ‚Buchstaben').

Vokale können entweder *kurz* oder *lang* gesprochen werden.

a) Unbezeichnete Länge

Meistens wird die Länge nicht bezeichnet:

haben, leben, loben, rufen, schonen, klären, spülen ...

Aufgabe 10: Sammle Wörter, in denen die Länge des Vokals nicht bezeichnet wird!

Das lange „i" taucht nur selten unbezeichnet auf:

Biber, Igel, Fibel, Titel, Klima, Lid, Stil, Kamin ...

Aufgabe 11: Suche Wörter, in denen die Länge des „i" nicht bezeichnet wird!

b) Bezeichnete Länge

Manchmal wird die Länge durch ein „h" gekennzeichnet:

Kohlen, Mehl, Rahmen, Dehnung, Sohn, Ehre, Floh, Zeh ...

Aufgabe 12: Sammle Wörter mit Dehnungs-h!

Selten wird die Länge durch Doppelschreibung des Vokals angegeben:

Haar, Aal, Staat, Teer, Meer, See, Boot, Moos, Zoo ...

Aufgabe 13: Suche weitere Wörter mit verdoppeltem Vokal!

Das lange „i" wird fast immer durch „ie" kenntlich gemacht:

Lied, Diele, Hieb, Biene, erziehen, frieren, kriechen ...

Aufgabe 14: Sammle weitere Wörter mit „ie"!

c) Das „e" in Endsilben

Das „e" in Endsilben ist stets unbetont und wird ganz kurz gesprochen:

Knabe, Affe, Rose, Mutter, Atem, gutes, schönes, betet ...

Vor „n" und „l" wird das „e" der Endsilbe überhaupt nicht gesprochen:

Ofen, hoffen, Handel, wandeln ...

Aufgabe 15: Suche weitere Beispiele für das unbetonte „e"!

d) Diphthonge (Zwielaute)

Zwei einfache Vokale können zu einem Diphthong (griechisch: „Zweiklinger") verbunden werden. So entstehen:

ei (ai, ey, ay), eu (äu), au

Vereinzelt finden wir sog. unechte Diphthonge, wie z. B. das „ui“ in „pfui“ oder das „oi (oy)“ in „Alois“.

Aufgabe 16: Suche für jeden angegebenen Diphthong drei Beispielwörter!

2. Konsonanten

Laute, bei denen der Atem an irgendeiner Stelle des Mundraums gehemmt wird, nennt man *Geräuschlaute*, *Mitlaute* oder *Konsonanten*. Nur selten sind Konsonanten allein „Silbenträger“:

pst, mmm, ksch-ksch, scht . . .

Wir teilen die Konsonanten ein nach der Stelle im Mund, wo sie gebildet werden, und nach dem Mitschwingen der Stimmbänder.

a) Bildung

Nach der Stelle im Mund, wo sie gebildet werden, teilen wir ein:

Lippenlaute (Labiale):	p, b, f (v), w, m
Zahnlaute (Dentale):	c, z, t, d, s, n
Gaumenlaute (Gutturale):	k, g, ch
Nasenlaute (Nasale):	m, n, ng

Vom Hören her teilt man ein:

Fließlaute (Liquidae):	l, r
Zischlaute:	s, sch

(Genauere Angaben findest du im Grammatik-Duden.)

b) Mitschwingen der Stimmbänder

Nach dem Mitschwingen der Stimmbänder unterscheiden wir stimmlose und stimmhafte Laute.

Stimmlos, d. h. ohne Tätigkeit der Stimmbänder, werden gesprochen:

p t k f sch ch

Alle anderen Konsonanten sind stimmhaft.

Nicht einzuordnen sind:

„j“ ist ein sog. Halbvokal.
„x“ ist das Zeichen für „ks“, ist also eine Konsonantenverbindung.
„z“ ist das Zeichen für „ts“, ist also ebenfalls eine Konsonantenverbindung.
„qu“ ist das Zeichen für die Konsonantenverbindung „kw“.
„s“ kann stimmhaft (Sage) und stimmlos (Kiste) sein.
„ch“ kann weich (Küche), aber auch hart (Fuchs) klingen.

Aufgabe 17: Gerade die Aussprache der Konsonanten weicht in der Mundart oder Umgangssprache stark von der Hochsprache ab.

Suche in deiner Umgangssprache nach Abweichungen von der Hochsprache! Arbeite so: „gem“ statt „geben“; „Bost“ statt „Post“; „chut“ statt „gut“ usw.

C. Lautwandel

1. Lautwandel bei Vokalen

a) Umlaut

In der Wort- und Formenbildung unserer Sprache begegnen uns die Wörter:

Baum : Bäume	Stamm : Stämme	Dunst : dünsten
Hof : höflich	Gunst : günstig	Kauz : Käuze

Die „Erhellung“ des Vokals in der Stammsilbe nennen wir *Umlaut*. Der Umlaut entstand, weil ein „i“ in der folgenden Silbe das vorangehende „a“ in „ä“, das „o“ in „ö“, das „u“ in „ü“ einfärbte. Das wird deutlich, wenn wir folgende Wörter genau betrachten:

Zank : zänk*i*sch	Schande : schändl*i*ch	Bund Bündn*i*s
Mund : mündl*i*ch	Not : nöt*i*g	braun : bräunl*i*ch

Das „i“ in der folgenden Silbe ist in unserer Sprache allerdings meist nicht mehr erhalten, sondern zu „e“ abgeschwächt worden. Im Althochdeutschen aber lassen sich die „i“-Laute wieder auffinden:

gast*i* : Gäste	trag*i*t : trägt	lauf*i*st : läufst

Auch im Komparativ und Superlativ der Adjektive stand früher ein „i“, daher haben sie heute zumeist den Umlaut:

alt — alt*i*r — alt*i*st : alt — älter — am ältesten

Der Umlaut von „a“ wird zuweilen durch „e“ bezeichnet, z. B. „Eltern“ von „alt“; „behende“ von „Hand“; „Mensch“ von „Mann“.

Aufgabe 18: Welche Beispiele für den Umlaut finden wir in den folgenden Sätzen? Wie könnte man ihn erklären?

Unablässig schaute er nach den köstlichen Früchten. — In den nördlichen Ländern ist es kälter als in den südlichen. — Die Häuser auf dem Lande sind oft älter als in den Städten. — Die fürchterlichen Stürme knickten selbst die stärksten Bäume. — Mit Speck fängt man Mäuse.

b) Ablaut

Bei der Bildung der verschiedenen Zeitformen verändern die starken Verben ihren Stammvokal; wir sprechen dann von einer *Ablautreihe*.

Am bekanntesten ist die Reihe „i“ — „a“ — „u“:

p*i*ff — p*a*ff — p*u*ff, b*i*m — b*a*m — b*u*m, str*i*pp — str*a*pp — str*u*ll.

In der Wort- und Formenbildung begegnen uns folgende Fälle:

ich f*i*nde	: er f*a*nd	: gef*u*nden
ich h*e*lfe	: er h*a*lf	: geh*o*lfen
ich schl*a*ge	: er schl*u*g	: geschl*a*gen
ich g*e*be	: er g*a*b	: geg*e*ben
ich r*ei*te	: er r*i*tt	: ger*i*tten
ich b*ie*te	: er b*o*t	: geb*o*ten
der Tr*i*nker	: der Tr*a*nk	: der Tr*u*nk
die B*i*nde	: das B*a*nd	: der B*u*nd

Auch in zusammengesetzten Wörtern begegnen wir dem Ablaut:

Z*i*ckz*a*ck, T*i*ckt*a*ck, W*i*rrw*a*rr, M*i*schm*a*sch, S*i*ngs*a*ng.

Aufgabe 19: Bilde Ablautreihen zu folgenden starken Verben:

nehmen, fallen, gehen, essen, singen, lesen, schreiben, fahren, reiten, gleiten, kneifen, meiden, preisen, treiben, liegen, fliegen, fließen.

c) Wechsel „e" zu „i"

Wir finden folgende Beispiele in unserer Sprache:

*E*rde : *i*rdisch	H*e*rde : H*i*rt	schl*e*cht : schl*i*cht
B*e*rg : Geb*i*rge	st*e*chen : St*i*ch	r*e*cht : r*i*chten

Das „i" tritt auf, weil in der folgenden Silbe ein „i" steht oder stand.

Aufgabe 20: Welche Ableitungen findest du?

Feld, Stern, Wetter, Feder, geben, Quecksilber.

d) Brechung „u" zu „o"

Die Wurzeln dieses Lautwechsels liegen im Althochdeutschen. Wir finden ihn bei:

G*u*lden : G*o*ld   F*ü*lle : v*o*ll   T*ü*r : T*o*r   d*ü*rr : verd*o*rren

Früher gab es noch einen Wechsel zwischen „eu" und „ie". Daher erklären sich die altertümlichen Formen:

ich biete — du beutst; was da kreucht und fleucht; Seuche — siech; zeuch dein Schwert (Schiller).

e) Abschwächung zu „e"

Früher gab es einen weitaus mannigfaltigeren Vokalwechsel. Der Plural von „Tag" hieß damals:

taga, tago, tagum, taga,

von Gast:

gesti, gesto, gestim, gesti.

Vom 11. Jahrhundert an schwächten sich diese vollen Vokale ab zu „e".

Überhaupt schwindet heute auch das unbetonte „e":

niemand sagt mehr im Genitiv „Denkmales", sondern bildet „Denkmals"; niemand verwendet mehr den Dativ „dem Könige", sondern sagt „dem König".

Auch in Vorsilben ist das „e" geschwunden:

aus „gelauben" wurde „glauben", aus „veressen" wurde „fressen".

2. Lautwandel bei Konsonanten

Ähnlich wie der Vokal kann auch der Konsonant in den verschiedenen Formen des Stammes wechseln.

a) „f“ zu „b“

au*f*	: ü*b*er	Schau*f*el	: schie*b*en	bedür*f*en	: dar*b*en

b) „d“ zu „t“

Her*d*e	: Hir*t*e	Schnei*d*er	: Schni*tt*er	lei*d*en	: geli*tt*en

c) „h“ zu „g“

zie*h*en	: gezogen	ze*h*n	: zi*g*	ho*ch*	: Hügel

d) „s“ zu „r“

gewe*s*en	: wa*r*en	kie*s*en (wählen)	: Ku*r*fürst	gene*s*en	: näh*r*en

Vor der Endung „t“, durch die aus Verben neue Nomina gebildet werden, wird

e) „b“ zu „f“; „g“ zu „ch“; „d“ zu „s“

ge*b*en	: Gi*f*t	la*d*en	: La*s*t	gra*b*en	: Gru*f*t
tragen	: Tra*ch*t	pflegen	: Pfli*ch*t	wägen	: Gewi*ch*t

f) Schließlich verstärken sich einige Konsonanten

scha*ff*en	: schö*pf*en	wi*ss*en	: Wi*tz*	Da*ch*	: de*ck*en

Ursprung all dieser Veränderungen sind uralte Wechsel in der Betonung, die heute nicht mehr erkennbar sind.

Aufgabe 21: Zeige, daß die angeführten Wortpaare inhaltlich verwandt sind!

Wortlehre

A. Einteilung

Jede Wortart erfüllt innerhalb der Sprache eine besondere Aufgabe.

Dies soll am folgenden Text nachgewiesen werden:

Das zweite Jahr dieser unglücklichen Ehe ward mit einem Sohne, man kann nicht sagen erfreut, denn Margreth soll sehr geweint haben, als man ihr das Kind reichte. Dennoch, obwohl unter einem Herzen voll Gram getragen, war Friedrich ein gesundes, hübsches Kind, das in der frischen Luft kräftig gedieh. Der Vater hatte ihn sehr lieb, kam nie nach Hause, ohne ihm ein Stückchen Wecken oder dergleichen mitzubringen, und man meinte sogar, er sei seit der Geburt des Knaben ordentlicher geworden; wenigstens ward das Lärmen im Hause geringer.

Friedrich stand in seinem neunten Jahre. Es war um das Fest der Heiligen Drei Könige, eine harte, stürmische Winternacht. Hermann war zu einer Hochzeit gegangen und hatte sich schon beizeiten auf den Weg gemacht, da das Brauthaus Dreiviertelmeilen entfernt lag. Obgleich er versprochen hatte, abends wiederzukommen, rechnete Frau Mergel doch um so weniger darauf, da sich nach Sonnenuntergang dichtes Schneegestöber eingestellt hatte. Gegen zehn Uhr schürte sie die Asche am Herde zusammen und machte sich zum Schlafengehen bereit. Friedrich stand neben ihr, schon halb entkleidet, und horchte auf das Geheul des Windes und das Klappen der Bodenfenster.

„Mutter, kommt der Vater heute nicht?“ fragte er. — „Nein, Kind, morgen.“ — „Aber warum nicht, Mutter? er hat’s doch versprochen.“ — „Ach Gott, wenn der alles hielte, was er verspricht! Mach, mach voran, daß du fertig wirst.“

Sie hatten sich kaum niedergelegt, so erhob sich eine Windsbraut, als ob sie das Haus mitnehmen wollte. Die Bettstatt bebte, und im Schornstein rasselte es wie ein Kobold. — „Mutter — es pocht draußen!“ — „Still, Fritzchen, das ist das lockere Brett im Giebel, das der Wind jagt.“ [. . .]

Friedrich ward still; er horchte noch ein Weilchen und schlief dann ein. Nach einigen Stunden erwachte er. Der Wind hatte sich gewendet und zischte jetzt wie eine Schlange durch die Fensterritze an seinem Ohr. Seine Schulter war erstarrt; er kroch tief unters Deckbett und lag aus Furcht ganz still.

(aus: Annette von Droste-Hülshoff, Die Judenbuche)

1. Verb (Zeitwort)

Am wichtigsten sind jene Wörter, die aussagen, was sich ereignet oder was ist, nämlich die *Verben:*

Friedrich *stand* in seinem neunten Jahre. — Gegen zehn Uhr *schürte* sie die Asche am Herde zusammen. — *Kommt* der Vater heute nicht?

Da alles Geschehen, auch jeder Zustand, innerhalb der Zeit stattfindet, nennt man diese Wörter auch Zeitwörter (s. S. 37).

Aufgabe 22: Erweitere die begonnene Liste der Verben aus unserem Text!

2. Nomen (Hauptwort)

Als ebenso wichtig treten die Wörter hervor, die Lebewesen oder Dinge benennen:

Kind, Friedrich, Schneegestöber, Asche, ...

Auch Begriffe und Vorstellungen, die nur im Denken der Menschen bestehen, sind *Nomina*[1] (s. S. 69):

Gram, Furcht, ...

Aufgabe 23: Sammle weitere Nomina aus unserem Text!

3. Adjektiv (Eigenschaftswort)

Andere Wörter wieder geben an, welche Eigenschaften die im Satz genannten Wesen oder Dinge haben. Dann bilden sie mit dem Nomen eine Sinneinheit (s. S. 83):

ein *gesundes, hübsches* Kind — in der *frischen* Luft — ...

Einige moderne Grammatiker zählen auch die Numeralien zu den *Adjektiven* (Zahladjektive).

Aufgabe 24: Erweitere die begonnene Aufstellung der Adjektive aus unserem Text!

4. Artikel (Geschlechtswort)

Der *Artikel* gibt das grammatische Geschlecht an (männlich, weiblich, sächlich), das nicht mit dem natürlichen Geschlecht übereinzustimmen braucht (s. S. 67):

das zweite Jahr — mit *einem* Sohne — *das* Kind — ...

Strenggenommen ist allerdings der Artikel keine eigene Wortart. Die bestimmten Artikel sind eigentlich abgeschwächte, unbetonte *Demonstrativpronomen*, die unbestimmten sind abgeschwächte *Numeralia* (Zahlwörter).

Aufgabe 25: Suche für alle Nomina des Textes den Artikel!

---

[1] Der Terminus ‚Nomen' (Plural: Nomina) wird aus folgenden Gründen dem Terminus ‚Substantiv' vorgezogen:

— Die moderne Grammatik (s. Kapitel ‚Wege der Sprachbeschreibung') verwendet den Begriff ‚Nominalphrase', die Wortlehre den Begriff ‚Pronomen'.

— Verwendet man ‚Nomen', gibt es im Unterricht keine Verwechslungen von ‚Substantiv' und ‚Subjekt'

— Im Französischen heißt es ‚le nom', im Englischen ‚noun'.

5. Pronomen (Fürwort)

Einige Wörter „vertreten“ das Nomen oder weisen darauf hin:

dieser unglücklichen Ehe — als *man ihr* das Kind reichte — der Vater hatte *ihn* sehr lieb — obgleich *er* versprochen hatte — . . .

Wegen dieser stellvertretenden Funktion sprechen wir auch von Fürwörtern oder *Pronomen* (s. S. 76).

Aufgabe 26: Schreibe aus unserem Text alle Pronomen heraus!

6. Numerale (Zahlwort)

Bestimmte Wörter zählen die Dinge oder Wesen:

das *zweite* Jahr — in seinem *neunten* Jahre — . . .

Daher heißen sie auch Zahlwörter oder *Numeralia*. (Singular: das Numerale; s. S. 89)
In einigen neueren Grammatiken gelten die Numeralia nicht als eigene Wortart, sondern werden als *Zahladjektive* bezeichnet.

Aufgabe 27: Welche Numeralia kommen im Text noch vor?

Die folgenden nicht flektierbaren, d. h. weder zu deklinierenden noch zu konjugierenden Wortarten werden auch im Begriff **Partikeln** zusammengefaßt.

7. Adverb (Umstandswort)

Einige Wörter geben die näheren Umstände eines Geschehens oder eines Zustands an:

er hatte sich *beizeiten* auf den Weg gemacht — *abends* wiederzukommen — es pocht *draußen* — . . .

Da diese Umstandswörter zumeist beim Verb stehen, heißen sie *Adverbien* (s. S. 92).

Aufgabe 28: Wo stehen weitere Adverbien in unserem Text?

8. Präposition (Verhältniswort)

Andere Wörter bezeichnen die Verhältnisse, in denen sich Wesen oder Dinge befinden:

mit einem Sohne — *unter* einem Herzen — *in* der frischen Luft — *nach* Hause — . . .

Man nennt sie daher Verhältniswörter oder, nach ihrer Stellung vor dem von ihnen abhängigen Wort, *Präpositionen* (s. S. 97).

Aufgabe 29: Suche weitere Präpositionen aus dem Text heraus!

9. Konjunktion (Bindewort)

Wörter, die Satzteile oder Sätze durch Neben- oder Unterordnen verbinden, heißen Bindewörter oder *Konjunktionen* bzw. *Subjunktionen* (s. S. 102):

denn Margreth soll sehr geweint haben — *als* man ihr das Kind reichte — *ob*wohl unter einem Herzen voll Gram getragen — . . .

Aufgabe 30: Suche aus dem Text weitere Bindewörter!

10. Interjektion (Ausrufewort)

Einige Wörter stehen als Ausdruck von Gefühlsausbrüchen außerhalb eines grammatischen Zusammenhangs:

Ach Gott, wenn der alles hielte . . .

Man nennt sie daher auch Ausrufewörter oder Interjektionen[2] (s. S. 106).

Aufgabe 31: Kennst du noch andere Interjektionen?

11. Zusammenfassung

a) Veränderliche Wortarten

Verben (Zeitwörter):	erfreuen, weinen
Nomina (Hauptwörter)[3]:	Jahr, Ehe, Sohn
Adjektive (Eigenschaftswörter):	unglücklich, gesund
Artikel (Geschlechtswörter):	der, die, das, ein
Pronomen (Fürwörter):	er, sie, ihn, ihr, dieser
Numeralia (Zahlwörter):	drei, neunte

Die *Veränderung der Verben* nennt man *Abwandlung* oder **Konjugation.**

Nomina, Pronomen, Adjektive und *Numeralia* heißen mit einem gemeinschaftlichen Namen *Nennwörter;* ihre Veränderung nennt man *Beugung* oder **Deklination.**

b) Unveränderliche Wortarten

Adverbien (Umstandswörter):	nie, beizeiten, abends
Präpositionen (Verhältniswörter):	mit, unter, in, seit
Konjunktionen bzw. **Subjunktionen (Bindewörter):**	denn, als, obwohl
Interjektionen (Ausrufewörter):	ach!, he!, iii!

Der Grammatik-Duden teilt, moderner Sprachauffassung folgend, anders ein:

1. Verben — 2. Substantive — 3. Adjektive — 4. Begleiter und Stellvertreter des Substantivs, und zwar Artikel, Pronomen, Numeralien — 5. Partikeln, und zwar Adverbien, Präpositionen, Konjunktionen — 6. Interjektionen.

Aufgabe 32: Suche zu jeder der veränderlichen und unveränderlichen Wortarten aus folgendem Text möglichst viele Beispiele!

---

[2] *Interjektion* ist ein Begriff zwischen Wortlehre und Satzlehre; Ausrufe haben oft Satzcharakter.

[3] Sämtliche Wortarten können zu Nomina werden; meist steht dann der Artikel oder ein Pronomen davor.

Wie Eulenspiegel in Bamberg um Geld aß

Mit List verdiente Eulenspiegel Geld bei einem Mahle zu Bamberg, wohin er von Nürnberg kam. Er war sehr hungrig und kam da in einer Wirtin Haus. Die war fröhlichen Sinnes und hieß ihn willkommen, denn sie sah an seinen Kleidern, daß er ein seltsamer Gast war.
Als er nun essen wollte, fragte ihn die Wirtin, wie er es halten möchte, ob er an der Wirtstafel sitzen oder nur eine Kleinigkeit essen wolle. Eulenspiegel antwortete, er sei ein armer Gesell, und bat, sie möge ihm um Gottes Lohn zu essen geben. Die Wirtin entgegnete: „Freund, beim Metzger und beim Bäcker gibt man mir auch nichts umsonst. Darum muß ich für das Essen ebenfalls Geld haben." Eulenspiegel sprach: „Ach, Frau, es paßt mir auch wohl, für Geld zu essen! Für wieviel kann ich denn hier essen und trinken?" Die Frau antwortete: „Am Herrentisch um vierundzwanzig Pfennig, an der Tafel daneben um achtzehn Pfennig und mit meinem Gesinde um zwölf Pfennig." Darauf sprach Eulenspiegel: „Frau, das meiste Geld dient mir am besten", setzte sich an den Herrentisch und aß sich satt.
Als er nun wohl gegessen und getrunken hatte, bat er die Wirtin, sie möge ihn zur Reise abfertigen; denn er müsse weiterwandern, da er nicht viel Geld habe. „Lieber Gast", sprach die Frau, „gebt mir für das Mahl vierundzwanzig Pfennig und geht, wohin Ihr wollt! Gott geleite Euch!" — „Nein", entgegnete Eulenspiegel, „Ihr müßt mir vierundzwanzig Pfennig geben, wie Ihr gesagt habt; denn Ihr sprachet, an der Tafel esse man das Mahl für vierundzwanzig Pfennig, das habe ich so verstanden, daß ich damit Geld verdienen sollte; denn es ward mir schwer genug. Ich aß, daß mir der Schweiß ausbrach und als ob es Leib und Leben gegolten hätte. Ich hätte nicht mehr essen können. Darum gebt mir meinen sauer verdienten Lohn!" — „Freund", sprach die Wirtin, „es ist wahr, Ihr habt wohl für drei Mann gegessen; daß ich Euch dafür aber noch bezahlen soll, das will sich mir nicht zusammenreimen. Doch soll mir's schließlich nicht leid um diese Mahlzeit sein, Ihr möget damit hingehen; ich gebe Euch aber nicht noch Geld dazu, das wäre verlorenes Bemühen. Kommt mir jedoch nicht wieder! Denn sollte ich alle meine Gäste das Jahr über also speisen, ich müßte bald auf diese Weise Haus und Hof verlieren." So schied Eulenspiegel ohne Dank von dannen.

(Volksgut)

B. Verb (Zeitwort)

1. Funktion

a) Tätigkeit, Vorgang, Zustand

Das Verb ist das wichtigste Wort im deutschen Satz. Es bildet den Kern der Aussage. Seine überragende Bedeutung bringt auch das lateinische Wort *verbum* zum Ausdruck, das einfach „Wort" bedeutet.

Verben bezeichnen Tätigkeiten, Vorgänge und Zustände:

Tätigkeit: Der Specht *hämmerte.*
Vorgang: Der Wind *fuhr* durch den Wald.
Zustand: Die Nadeln *dufteten.*

b) Verbaler Ausdruck

Unsere Sprache *bevorzugt die verbale Ausdrucksweise* zur Wiedergabe eines Zustands oder Geschehens und *vermeidet* die farblos-abstrakten Nomina auf -ung, -heit und -keit, d. h. *die nominale Ausdrucksweise.*

Verbalstil:

Das Gesundheitsamt läßt das gefährlich verschmutzte Freibad schließen. Man möchte verhindern, daß die Kurgäste erkranken.

Nominalstil:

Die sofortige Schließung des verschmutzten Freibads ist nach Angabe des Gesundheitsamts im Hinblick auf die Gefährdung der Gesundheit unserer Kurgäste eine Notwendigkeit.

2. Einteilung

Die Zeitwörter lassen sich ihrer Bedeutung nach in *eigentliche, selbständige Verben* und in *Hilfsverben* unterteilen.

a) Eigentliche, selbständige Verben[4]

Sie drücken den vollen Begriff einer Tätigkeit aus:

schreiben, laufen, singen.

Dabei kann die Tätigkeit von einem bestimmten Ding ausgehen:

die Sonne scheint,

oder die Tätigkeit wird ohne das Ding gedacht, von dem sie ausgeht:

es regnet — es klingelt.

Man unterscheidet transitive, intransitive und reflexive Verben.

Transitive (zielende) Verben

Transitive, zielende *Verben* sind solche, die ein *Objekt* (eine Ergänzung) im *Akkusativ* (4. Fall) zu sich nehmen, d. h. bei denen die Tätigkeit von einem Ding ausgeht und auf ein anderes übergeht:

Der Lehrer lobt den Schüler. — Der Fahrer stoppte das Auto.

Ohne diese Ergänzung ergeben die Sätze nicht den beabsichtigten Sinn.

Transitive Verben werden in den vollendeten Formen des Aktivs mit „haben" gebildet:

Der Lehrer hat den Schüler gelobt. — Der Fahrer hatte das Auto gestoppt.

Diese Verben können im *Passiv* (der Leideform) in *allen* Personen gebraucht werden:

Ich werde gelobt, du wirst gelobt, . . .

Das Akkusativ-Objekt wird hierbei zum Subjekt.

---

[4] Vgl. Konjugationstabelle S. 63 f.

Daneben gibt es Verben mit einer Ergänzung im Dativ oder im Genitiv:

ich gehorche dir, er folgt mir, wir helfen ihm (Verben mit Dativ-Objekt); wir gedenken seiner (Verb mit Genitiv-Objekt).

Intransitive (nichtzielende) Verben

Alle anderen Verben nennen wir intransitive Verben; sie zielen nicht auf eine Person oder einen Gegenstand:

ich komme, du gehst, wir lachen, sie schlafen, ...

Diese Verben können im *Passiv nur* in der *3. Person Sing. Neutrum* gebraucht werden:

Morgen wird spazierengegangen. — Es wird gelacht.

Intransitive Verben können durch Vorsilben transitiv werden:

Er geht. — Er begeht ein Verbrechen.
Er lebt. — Er hat den Flugzeugabsturz überlebt.

Reflexive (rückbezügliche) Verben

Reflexiv nennt man Verben, wenn sie ein *auf das Subjekt* (den Satzgegenstand) *rückbezügliches Fürwort* (Reflexivpronomen) zu sich nehmen. Es gibt Verben, die (in der jeweiligen Bedeutung) nur reflexiv gebraucht werden:

Ich beeile *mich*. — Er nahm *sich* das fest vor.

Andere werden reflexiv und nicht reflexiv gebraucht:

Ich habe *mich* bekehrt. — Ich habe *ihn* bekehrt.
Jeder wäscht *sich* heute. — Die Mutter wäscht *das Kind*.

Aufgabe 33: Bilde mit folgenden Verben Sätze, ordne sie in die genannten Verbklassen ein!

antworten, bleiben, essen, denken, fallen, fällen, geben, heben, irren, kaufen, gleichen, zögern, sich schämen, schenken, tadeln, sich freuen, loben, tragen, sich schaden, leiten, wünschen, stehlen, schreien, schlagen, strafen, ruhen, sich retten, trinken, rauchen, kommen.

b) Hilfsverben[5]

Die *Hilfsverben* dienen dazu, die *Zeit- und Aussageverhältnisse* der übrigen Verben auszudrücken. Entsprechend gibt es Hilfsverben der Zeit und Hilfsverben der Aussageweise (Modalverben).

(1) Hilfsverben der Zeit

Die *Hilfsverben der Zeit* bilden *mit* dem *Partizip Perfekt* eines Verbs („geduscht") oder mit dessen *Infinitiv* („duschen") die *zusammengesetzten Zeiten* des Verbs. Es sind: **sein, haben, werden.**

Merke:

Ohne Hilfsverb = einfache Zeitformen (Präsens, Präteritum)

Sie duschen sich. — Sie duschten sich.
Ich verreise. — Ich verreiste.

[5] Vgl. Konjugationstabelle S. 65.

Mit Hilfsverb = zusammengesetzte Zeitformen (Perfekt, Plusquamperfekt, Futur I und II)

Sie *haben* sich geduscht.	Ich *bin* verreist.
Sie *hatten* sich geduscht.	Ich *war* verreist.
Sie *werden* sich duschen.	Ich *werde* verreisen.
Sie *werden* sich geduscht *haben*.	Ich *werde* verreist *sein*.

Jedes der genannten Verben „sein", „haben", „werden" kann *selbständig* und *unselbständig* auftreten:

Tritt es zu einem *Verb*, so ist es unselbständig (Hilfsverb):

Wir haben *gelacht*. — Hans ist *verreist*. — Sie wird *weinen*.

Tritt es zu einem *Nomen* oder *Adjektiv*, so ist es selbständig (Vollverb):

Ich habe *Geld*. — Ich bin *reich*. — Ich werde *Millionär*.

Aufgabe 34: Gib an, ob „haben", „sein" oder „werden" unselbständig oder selbständig ist!

Du warst traurig. — Du wirst Maurer. — Er ist Tankwart. — Sie ist froh. — Er wird ruhiger. — Wir hatten es gesehen. — Wir haben Pech gehabt. — Hattest du viel Verspätung? — Sie ist verreist. — Du warst dumm. — Ich werde Weltraumfahrer. — Sie hatten Schulden. — Sie sind weggelaufen. — Ihr seid die erste Gruppe. — Wir haben gesungen. — Sie hatten gerade gebadet. — Du hast Geduld. — Er ist zu spät gekommen. — Wir werden bald anrufen. — Ich hatte Ärger. — Sie werden sofort abfahren. — Es wird Abend. — Er war verwirrt. — Er war ein guter Lehrmeister. — Ihr werdet schnell einschlafen.

Bildung des Perfekts mit „haben" und „sein"

Ich habe geschlafen. — Ich bin gelaufen.

Die meisten deutschen Verben bilden das Perfekt und Plusquamperfekt mit dem Hilfsverb „haben":

alle transitiven Verben:

Sie hat mich gestern gesehen. — Wir hatten das Haus gekauft.

alle reflexiven Verben:

Er hat sich gefreut. — Sie hatten sich lange nicht gesehen.

viele intransitive Verben:

Du hast auswärts gefrühstückt. — Wir hatten ihm geholfen.

Mit dem Hilfsverb „sein" bilden das Perfekt und Plusquamperfekt jene intransitiven Verben, die eine Zustands- oder Ortsveränderung bezeichnen:

Sie ist heute morgen gestorben. — Wir waren nach Frankreich gefahren.

Einige Verben können das Perfekt und Plusquamperfekt sowohl mit „haben" als auch mit „sein" bilden; zum einen drücken sie eine Handlung aus, zum anderen einen abgeschlossenen Vorgang:

Ich habe den Ast abgebrochen. — Der Ast ist abgebrochen.
Er hatte ihn gestoßen. — Er war bei seinen Nachforschungen auf einen wichtigen Hinweis gestoßen.
Der Wasserhahn hat wochenlang getropft. — Das Wasser ist auf das Auto getropft.
Das Haus hat gebrannt. — Das Haus ist abgebrannt.

Aufgabe 35: Setze in den folgenden Sätzen die Formen von „haben" oder „sein" ein:

Ich _ seinem Rate gern gefolgt. — In den Zweigen der Linde _ es gerauscht. — Wie lange _ ich dir nicht begegnet! — Wir _ bis zum Eingang der Schule gelaufen; dann _ wir umgekehrt. — Wir _ uns nicht weiter vorgewagt. — Das Flugzeug _ gelandet. — Das Schiff _ gestern ausgelaufen. — Es _ mehrere Häfen angelaufen. — Er _ durch den Kanal geschwommen. — Er _ den ganzen Vormittag geschwommen. — Ich _ in der Sonne gelegen. — Er _ den Verletzungen erlegen. — Es _ bereits mehrere Male geblitzt. — Der Gedanke _ in ihm aufgeblitzt. — Das Wrack _ lange im Strom getrieben und _ nun endlich ans Ufer getrieben. — Ich _ schnell um die Ecke gesprungen. — Auf diesem Sportplatz _ ich gut gesprungen.

Aufgabe 36: Bilde je einen Satz mit „haben" und mit „sein":

rudern, springen, reisen, treten, schwimmen, fahren, segeln.

Aufgabe 37: Bilde von jedem Ausdruck zwei Sätze, welche die Handlung oder den abgeschlossenen Vorgang ausdrücken:

gebaute Turnhalle, eingeschlagene Fensterscheibe, verlorenes Geld, geschmücktes Schulhaus, geteerte Straße, geputztes Auto, gelacktes Fenster, zerbrochenes Glas, geheilte Wunde, geschmolzener Schnee, getrocknete Wäsche.
Arbeite so: Handlung: Ich habe das Glas zerbrochen. — Zustand: Das Glas ist zerbrochen.

werden — geworden — worden

werden kann sein:

— *Futur Aktiv:* Ich werde rufen.
— *Präsens Passiv:* Ich werde gerufen.

— *selbständig* (in Verbindung mit einem Nomen oder Adjektiv):

Ich werde Kapitän. — Ich werde schlank.

geworden ist das Partizip Perfekt von werden:

Er ist Kapitän geworden. — Ihr seid alle still geworden.

Nach einem Partizip steht statt „geworden" nur *worden:*

Ihr seid gefahren worden. — Bist du verletzt worden?

Aufgabe 38: Setze die richtigen Formen von „werden" ein:

Als es Nacht _ war, war es sehr kalt _. Die Autofahrer waren gewarnt _. Sie brachen dennoch auf, aber durch das Glatteis war die Straße so gefährlich _, daß viele halten mußten. Sie waren nun doch vorsichtiger _ und warteten so lange am Fahrbahnrand, bis die Straße gestreut _ war. Durch dieses Erlebnis sind viele belehrt _, daß Glatteiswarnungen ernst genommen _ sollten.

Aufgabe 39: Ist „werden" hier Aktiv, Passiv oder selbständig?

Es wird Winter. — Sie wurde arm. — Ich werde Lehrer. — Ich werde geprüft. — Das Heft wurde gefunden. — Sie werden lange gesucht haben. — Es wird bald Winter werden. — Was werden die gewartet haben! — Ich bin krank geworden. — Ich werde geschlagen.

(2) Modalverben (Hilfsverben der Aussageweise)

Sie bestimmen das Verhältnis des Handelnden zur Handlung (Möglichkeit, Aufforderung, Zwang, Verpflichtung, Absicht, Wunsch, Erlaubnis usw.) und werden auch *Verhältniswörter* genannt: **dürfen, können, mögen, müssen, sollen, wollen, lassen.**

Diese Modalverben werden verwendet

— als *selbständige* Verben:

Sie *möchte* kein neues Fahrrad. — Das *hatte* er nicht *gewollt*.

— als *Hilfsverben* mit einem Verb im Infinitiv:

Er *konnte* nicht gehen. (einfache Zeitform)
Er *hat* nicht gehen *können*. (zusammengesetzte Zeitform)

Beachte: Modalverben als selbständige Verben bilden das Perfekt und Plusquamperfekt regelmäßig (Partizip Perfekt: gedurft, gekonnt, gewollt . . .); als Hilfsverben eingesetzte Modalverben aber stehen im Perfekt und Plusquamperfekt in der Grundform (Infinitiv).

Ähnlich wie die Hilfsverben der Aussageweise werden behandelt:

hören, sehen, helfen, lehren, brauchen, machen, heißen

selbständig:

Ich *habe* dich nicht *gehört*.

Hilfsverb:

Ich *hörte* dich nicht kommen. (einfache Zeitform)
Ich *habe* dich nicht kommen *hören*. (zusammengesetzte Zeitform)

Aufgabe 40: Bilde mit jedem Hilfsverb der Aussageweise zwei Sätze, verwende es einmal selbständig, einmal als Hilfsverb!

3. Konjugation[6]

a) Person und Zahl

Man unterscheidet *drei Personen im Singular* (in der Einzahl) und *drei Personen im Plural* (in der Mehrzahl).

Singular	Plural
1. Person: ich frage	1. Person: wir fragen
2. Person: du fragst	2. Person: ihr fragt
3. Person: er, sie, es fragt	3. Person: sie fragen

Aufgabe 41: Bestimme Person und Zahl:

Wir segeln. — Das sollt ihr wissen. — Es schneit. — Ich helfe dir. — Du sollst jetzt einschlafen. — Sie kommen zu uns. — Sie kommt zu uns. — Ihr freut euch. — Er schnarcht.

b) Tempora (Zeitformen)

Es gibt sechs Tempora (Singular: Tempus):

[6] Starke und schwache Konjugation s. S. 63f.

(1) zwei einfache Zeitformen: Präsens, Präteritum

Präsens (Gegenwart)

Mein Freund *kommt*, und ich *sage* zu ihm: „Ich *male* ein Bild.“ *(jetzt, dauernd)*

Die Gegenwart drückt aus, daß eine Tätigkeit oder ein Zustand gegenwärtig andauert, sich wiederholt oder allgemein gültig ist.

Sehr häufig, besonders in der Rede, setzt man die Gegenwart, wenn man eine zukünftige Handlung ausdrücken will.

Auch eine vergangene Handlung kann in der Gegenwart erzählt werden, wenn man sie recht lebendig machen will, das ist dann die erzählende Gegenwart, das historische Präsens.

Bei Inhaltsangaben gebraucht man immer die Gegenwart!

Aufgabe 42: Beobachte das Leben auf der Straße, im Schwimmbad, in der Pause, und schreibe deine Beobachtungen im Präsens auf!

Präteritum (Imperfekt, Vergangenheit)

Als gestern mein Freund *kam*, *malte* ich ein Bild. *(gestern, dauernd)*

Das Präteritum ist die Erzählzeit der Hochsprache.

In Süddeutschland setzt man in Mundart und Umgangssprache dafür gern das Perfekt ein.

Aufgabe 43: Erzähle ein Erlebnis im Präteritum!

(2) vier zusammengesetzte Zeitformen: Perfekt, Plusquamperfekt, Futur I und II

Futur I (Zukunft)

Mein Freund *wird kommen*, und ich *werde* vielleicht gerade *malen*. *(morgen, dauernd)*

Wir verwenden das Futur nur dann, wenn wir eine zukünftige Handlung (oder einen solchen Zustand) ausdrücklich von einer gegenwärtigen unterscheiden wollen. Sonst steht immer das Präsens.

Auch dient die Zukunft der Vermutung: „Es wird wohl so sein.“

Aufgabe 44: Erzähle, was du in den Sommerferien tun wirst! Bleibe im Futur!

Perfekt (Vollendete Gegenwart)

Ich sage zu meinem Freund: „Ich *habe* soeben ein Bild *gemalt*.“ *(vollendet, fertig)*

Die süddeutsche Umgangssprache verwendet gern das Perfekt als Erzählzeit. Das Perfekt bewahrt aber in der Hochsprache immer seine Nähe zum Präsens.

Aufgabe 45: Bilde immer zwei inhaltsgleiche Sätze, den einen im Präsens, den anderen im Perfekt:

Die Uhr schlägt. — Die Uhr hat eben geschlagen.

Plusquamperfekt (Vollendete Vergangenheit)

Als mein Freund kam, *hatte* ich ein Bild *gemalt*. *(vollendet, fertig)*

Das Plusquamperfekt bezeichnet eine Handlung, die in der Vergangenheit schon abgeschlossen war. Das Plusquamperfekt steht also selten allein, sondern wird durch das Präteritum (Imperfekt) eingeleitet.

Aufgabe 46: Bilde Sätze der Dauer und Vollendung!

Dauer: Als ich um die Ecke kam, schlug die Uhr gerade sieben.
Vollendung: Als ich um die Ecke kam, hatte die Uhr gerade sieben geschlagen.

Futur II (Vorzukunft, Futur Perfekt)

Wenn mein Freund morgen kommen wird, *werde* ich das Bild schon *gemalt haben.* *(vollendet, fertig)*

Diese Form ist dem Lateinischen nachgebildet und gehört dem „Papierdeutsch" an. Nur dann, wenn wir eine Vermutung aussprechen, die sich auf das Vergangene bezieht, verwenden wir das Futur II: „Er wird schon abgereist sein." — „Sie wird sich verspätet haben."

Aufgabe 47: Bilde solche Sätze mit Vermutungen:

Die Uhr wird nicht geschlagen haben. — Sie wird stehengeblieben sein.

(3) Zusammenfassung

	Gegenwart
Dauer (Präsens)	Vollendung (Perfekt)
ich spiele	ich habe gespielt
du spielst	du hast gespielt
er, sie, es spielt	er, sie, es hat gespielt
wir spielen	wir haben gespielt
ihr spielt	ihr habt gespielt
sie spielen	sie haben gespielt
	Vergangenheit
Dauer (Präteritum)	Vollendung (Plusquamperfekt)
ich spielte	ich hatte gespielt
du spieltest	du hattest gespielt
er, sie, es spielte	er, sie, es hatte gespielt
wir spielten	wir hatten gespielt
ihr spieltet	ihr hattet gespielt
sie spielten	sie hatten gespielt
	Zukunft
Dauer (Futur I)	Vollendung (Futur II)
ich werde spielen	ich werde gespielt haben
du wirst spielen	du wirst gespielt haben
er, sie, es wird spielen	er, sie, es wird gespielt haben
wir werden spielen	wir werden gespielt haben
ihr werdet spielen	ihr werdet gespielt haben
sie werden spielen	sie werden gespielt haben

Aufgaben zur Wiederholung

Aufgabe 48: Setze folgende Sätze in das Perfekt!

Ich gebe dir den Schlüssel. — Er sucht das Taschentuch. — Wir sehen den Omnibus. — Er zeichnet sein Haus. — Du trinkst Wasser. — Ich schreibe einen Brief. — Ihr rechnet die Aufgabe. — Ich bitte dich um Geld. — Du trägst den Korb. — Ich zerbreche das Glas. — Sie hilft der Lehrerin. — Ich liege im Gras. — Wir beenden die Stunde. — Er fragt nach dem Weg. — Wir erwarten den Brief. — Ich schieße auf die Scheibe. — Er verliert die Partie. — Sie nehmen uns mit. — Ich laufe nach Haus. — Sie will nicht arbeiten. — Wir müssen uns beeilen. — Ich begegne meiner Tante.

Aufgabe 49: Setze dieselben Sätze in das Plusquamperfekt!

Aufgabe 50: Bilde von den folgenden Verben die 1. Person Singular Präsens, Präteritum, Futur I, Perfekt, Plusquamperfekt und Futur II; z. B. „Ich kaufe — ich kaufte — ich werde kaufen — ich habe gekauft — ich hatte gekauft — ich werde gekauft haben".

tragen, bewegen, siegen, schicken, lieben, bieten, bitten, beten, legen, lenken, fragen, schneiden, gehen, sich waschen, greifen, leben, lesen, geben, sehen, flehen, wählen, sprechen, baden, schaden, raten, melden, fallen, sich vorstellen, halten, brechen, binden, gewinnen, abreisen.

Aufgabe 51: Bilde mit Hilfe der folgenden Verben Sätze, in denen die 3. Person Singular Perfekt vorkommt; z. B. „leiden": Er hat viel gelitten.

zerreißen (Kleid), fahren (Stadt), schlafen (lange), wachen (Nacht), verlieren (Geld), verschwinden (plötzlich), eindringen (Stadt), versinken (Meer), lenken (Auto), sitzen (Stuhl), setzen (sich), ertrinken (See), baden (See), liegen (Gras), sparen (Geld), klettern (Baum), ergreifen (Hand), begegnen (Lehrer), fragen (Weg), putzen (Stiefel), öffnen (Schrank), vergessen (Heft), füllen (Eimer), fallen (Wasser), backen (Kuchen), auswandern (Australien), lachen (Witz), schreiben (Aufsatz), anziehen (sich).

Aufgabe 52: Bilde mit den Verben der vorigen Aufgabe Sätze, in denen die 3. Person Plural Plusquamperfekt vorkommt, z. B. „Sie hatten lange geschlafen".

Aufgabe 53: Bilde mit Hilfe derselben Wörter Sätze, in denen mit dem Futur II etwas vermutet wird, z. B. „Er wird lange geschlafen haben".

c) Consecutio temporum (Zeitfolge)

Wir können ein und denselben Vorgang im Präsens und im Präteritum ausdrücken. Treten nun die Zeitformen der Vollendung, d. h. Perfekt und Plusquamperfekt, hinzu, so gehören zusammen:

Präsens und Perfekt

In fünfzehn Minuten geht unser Zug. Wir haben also noch etwas Zeit und bummeln langsam durch die Hauptstraße. Da sehen wir plötzlich einen Freund. Ehe wir ihn heranwinken können, ist er schon an uns vorübergegangen. Wir laufen hinter ihm her; doch da fällt uns ein, daß wir vergessen haben, nach der Uhr zu sehen. Wir rennen schnell zum Bahnhof. Aber der Zug ist gerade abgefahren.

Aufgabe 54: Notiere alle Formen des Präsens und Perfekts! Erzähle selbst eine Geschichte im Präsens, in der das soeben Geschehene im Perfekt steht, z. B. „Das Geld vergessen" oder „Eine Verspätung".

Präteritum (Imperfekt) und Plusquamperfekt

In fünfzehn Minuten ging unser Zug. Wir hatten also noch etwas Zeit und bummelten langsam durch die Hauptstraße. Da sahen wir plötzlich einen Freund. Ehe wir ihn heranwinken konnten, war er schon an uns vorübergegangen. Wir liefen hinter ihm her; doch da fiel uns ein, daß wir vergessen hatten, nach der Uhr zu sehen. Wir rannten schnell zum Bahnhof. Aber der Zug war gerade abgefahren.

Aufgabe 55: Notiere alle Formen des Präteritums und Plusquamperfekts! Erzähle eine ähnliche Geschichte!

Ausnahme: Zeitfolge Präteritum — Präsens

Der Wechsel vom Präteritum in das Präsens ist meist dann üblich, wenn eine Geschichte so spannend wird, daß das Präteritum zu leblos wirkte. So ist es in folgendem Beispiel:

... Mutter *stieg* langsam mit dem Milchtopf die Kellertreppe empor. Da *hört* sie den Schrei, *ahnt*, was geschehen, *läßt* den Topf *fallen* und *rast* zur Haustür ...

Aufgabe 57: Erzähle (z. B. „Ein Probealarm in der Schule") und wende das eben gezeigte Stilmittel an!

Eine ebenso enge Zeitfolge von *Futur I* und *Futur II* ist unüblich. Aber gegenwärtig ablaufendes Geschehen (Präsens) läßt sich z. B. mit Ankündigungen (Futur I) oder Vermutungen (Futur II) verbinden:

Ich *treffe* Karin nicht zu Hause an. Ich *werde* ihr eine Nachricht *hinterlassen*. Sie *wird* in die Stadt *gefahren sein*.

d) Genera verbi (Zustandsformen des Verbs)

Man unterscheidet beim Verb zwei Zustandsformen, zwei Richtungen des Geschehens oder Seins, zwei Verhaltensweisen: das **Aktiv** und das **Passiv**.

(1) Aktiv (Tatform)

Das Aktiv hat seinen Namen von jenen Sätzen, in denen das *Subjekt* (die tätige Person) *aktiv tätig* ist. Bei den meisten Aktivsätzen bezeichnet das transitive Verb die Handlung, die vom Subjekt ausgeht und auf das Akkusativobjekt bezogen wird:

Der Richter bestraft den Verkehrssünder.

Ein tätiges Subjekt kann aber auch bei intransitiven Verben stehen:

Der Richter redet.

Auch solche Sätze sind „aktivisch", in denen das Subjekt ruht:

Der Zeuge schläft.

Ja, selbst dann, wenn das Subjekt dem Sinn nach leidet, kann die Form „aktivisch" sein:

Er leidet große Not. Sie weinte.

(2) Passiv (Leideform)

In der Leideform wird das Ding oder Wesen, mit dem etwas geschieht, zur Hauptsache. Dieses *leidende Ding* wird also zum *Subjekt:*

Der Verkehrssünder wird bestraft.

Wieder kann der Sinn anders sein als die Form. Ist die Angelegenheit noch so erfreulich: der Satz bleibt „passivisch", auch wenn das Subjekt dem Sinn nach nicht leidet:

Der Sieger wird geehrt.

Bildung des Passivs

Das Passiv (die Leideform) wird gebildet, indem man zu dem Partizip Perfekt des betreffenden Verbs die entsprechenden Formen des Hilfsverbs „werden" setzt (Handlungspassiv):

Aktiv:
Der Lehrer *sucht* die Schüler.

Passiv:
Die Schüler *werden* vom Lehrer *ge*sucht.

Oft können wir das gleiche Partizip auch mit dem Hilfsverb „sein" verbinden (Zustandspassiv):

Aktiv:
Die Fabrik *sucht* gute Facharbeiter.

Handlungspassiv:
Gute Facharbeiter *werden* *ge*sucht.

Zustandspassiv:
Gute Facharbeiter *sind* heute *ge*sucht.

Intransitive Verben haben meist ein „es" als Subjekt:

Aktiv:
Der Schüler *berichtete* kurz.

Passiv:
Es wurde kurz (vom Schüler) berichtet.

Wenn das betreffende Verb im Infinitiv bereits eine Vorsilbe hat, entfällt bei der Bildung des Partizips Perfekt die Vorsilbe „ge-":

Die Schüler werden vom Lehrer *unter*richtet. — Der Wagen wurde von den Arbeitern *be*laden. — Dies wurde nie *be*stritten. — Die Stadt wurde durch ein Erdbeben *zer*stört. — Er wird in eine andere Abteilung *ver*setzt.

Unterscheide:

Präsens Passiv	*Futur I Aktiv*
(wann? jetzt! leidend)	(wann? später! tätig)
Sie werden *ge*rufen.	Sie werden rufen.
Sie werden *ge*malt.	Sie werden malen.
Sie werden *ge*fahren.	Sie werden fahren.

Das Passiv kann wie das Aktiv in allen sechs Zeitformen gebildet werden.

Gegenwart	
Dauer (Präsens)	Vollendung (Perfekt)
Das Boot *wird* von mir *gesteuert.*	Das Boot *ist* von mir *gesteuert worden.*
Vergangenheit	
Dauer (Präteritum)	Vollendung (Plusquamperfekt)
Das Boot *wurde* von mir *gesteuert.*	Das Boot *war* von mir *gesteuert worden.*
Zukunft	
Dauer (Futur I)	Vollendung (Futur II)
Das Boot *wird* von mir *gesteuert werden.*	Das Boot *wird* von mir *gesteuert worden sein.*

In den drei Formen der Vollendung steht die Kurzform „worden" für „geworden" („geworden") wird aktivisch als Partizip Perfekt des Vollverbs „werden" verwendet: Ich werde Arzt. — Ich bin Arzt geworden. Das Futur II wird wenig gebraucht.

Aufgabe 58: Stelle Aktiv und Passiv nach folgendem Muster gegenüber:

	Aktiv	*Passiv*
Präsens:	Mutter bohnert.	Der Fußboden wird von Mutter gebohnert.
Perfekt:	Mutter hat gebohnert.	Der Fußboden ist gebohnert worden.
Präteritum:	Mutter bohnerte.	Der Fußboden wurde gebohnert.
Plusquamperfekt:	Mutter hatte gebohnert.	Der Fußboden war gebohnert worden.
Futur I:	Mutter wird bohnern.	Der Fußboden wird gebohnert werden.
Futur II:	Mutter wird gebohnert haben.	Der Fußboden wird gebohnert worden sein.

Verwende folgende Verben:

loben, sehen, tadeln, rufen, grüßen, holen, drehen, melden, suchen, fragen, beißen, prüfen, hassen.

Aufgabe 59: Bestimme Person, Zahl (Singular/Plural), Tempus (Zeitform) und Genus verbi (Zustandsform) aller Verben des nachfolgenden Textes!

Rübezahl und die Wandergesellen

Einst reisten zwei arme Wandergesellen über das Riesengebirge. Als sie nun in trüben Gedanken dahinzogen, sahen sie eine prächtige Kutsche vorüberfahren, die von vier Schimmeln gezogen und von etlichen Pagen begleitet wurde. Sie dachten, daß wohl ein vornehmer Herr darin sitzen müsse, eilten hinzu und baten demütig um einen Reisepfennig.

Da sprang der vornehme Herr aus dem Wagen; er veranlaßte, daß zwei Stöcke aus dem Gebüsch geschnitten wurden, und überreichte sie ihnen mit den Worten:

„Damit nehmt für diesmal vorlieb! Ihr werdet euch schon daran erholen und wieder auf die Beine kommen."

Die Gesellen nahmen die Stöcke und bedankten sich, denn sie trauten sich nicht, das Geschenk eines so vornehmen Herrn abzulehnen. Hierauf stieg Rübezahl — wer sollte es sonst gewesen sein? — wieder in den Wagen, der ihn eilends forttrug. Die beiden Wanderer humpelten langsam ihres Weges und schwatzten von dem prächtigen Wagen und den armseligen Stöcken, bis endlich der eine verdrießlich sagte:

„Ei, was soll ich mit dem Stock! Ein solcher Herr hätte uns etwas Besseres schenken können als ein Stück Holz, das ich mir selber schneiden kann!"

Damit warf er den Stock geringschätzig von sich. Er wurde aber von seinem Gefährten getadelt, welcher sprach:

„Ich will meinen Stock behalten. Wer weiß denn, wozu er gut ist?"

Mit solchen und anderen Reden kamen sie endlich über das Gebirge und gingen in eine Herberge. Als nun der Geselle, der seinen Stab behalten hatte, diesen betrachtete, da rieb er sich verwundert die Augen. Aber er hatte richtig gesehen —

der schlichte Stock war in lauter Gold verwandelt worden. Als der andere das nun sah, sprach er: „Wir machen Halbpart, Bruder! Wir wollen ehrlich teilen!" — „Nein, Bruder", entgegnete jener, „warum hast du deinen Stock weggeworfen?" Da lief der Bursche, der vom Neid getrieben wurde, ins Gebirge zurück, um den Stock zu suchen. So lange er aber auch suchte, er fand ihn nicht, und schließlich mußte er mit leeren Händen und trübseligen Gedanken zu seinem Gefährten zurückkehren. Auch später wurde der Stock nicht entdeckt.

(Volksgut)

Aufgabe 60: Setze die Rübezahl-Sage in das Präsens bzw. Perfekt um!

Aufgabe 61: Setze die im Infinitiv angegebenen Verben ( ) in das Präsens bzw. Perfekt:

Bismarck (hassen) schon in jungen Jahren die Unpünktlichkeit. Er selbst (pünktlich sein) immer auf die Minute.

Als Beamter in Berlin (arbeiten lassen) er seine Stiefel bei einem Schuster, der als Handwerker (tüchtig sein), aber festgesetzte Termine nie (einhalten). Einmal (übertreiben) der Mann seine Unpünktlichkeit derart, daß dem jungen Bismarck die Galle (überlaufen) und er auf Abhilfe (sinnen).

Er (finden) das richtige Mittel, den Handwerker von seiner Unpünktlichkeit zu heilen. Er (schicken) nämlich, als er die versprochene Reparatur trotz mancher Mahnung nicht (bekommen können), frühmorgens einen Boten und (anfragen lassen), ob die Stiefel für Herrn von Bismarck (fertig sein). Der Schuster (verneinen), der Bote (gehen). Nach zehn Minuten (erscheinen) ein neuer Bote mit der gleichen Frage, und zehn Minuten später (klopfen) der dritte an die Werkstattür. So (weitergehen) es ohne Unterlaß den ganzen Vormittag bis zum Abend.

Alle zehn Minuten (auftauchen) ein neuer Bote mit der gleichen Frage. Am Abend (fertig sein) die Stiefel.

Bismarck (durchsetzen) durch diese Aufdringlichkeit seinen Willen. Er (sich erziehen) so einen Schuhmacher, dessen Pünktlichkeit in Zukunft über jeden Zweifel (erhaben sein).

(nach einer mündlichen Überlieferung)

Aufgabe 62: Setze die im Infinitiv angegebenen Verben ( ) der Bismarck-Anekdote in das Präteritum bzw. Plusquamperfekt!

Stilistischer Gebrauch des Passivs

Vergleiche:

Die Pilze werden gesammelt.
Die Birke wurde gefällt. } Passiv

und

Unsere Klasse sammelt Pilze.
Der Waldarbeiter fällte die Birke. } Aktiv

Das Aktiv ist lebendiger und genauer als das Passiv, die Darstellung im Aktiv wirkt kraftvoller.

Das Passiv sollte nur dann verwendet werden, wenn die erleidende Person oder Sache wirklich im Mittelpunkt steht! Das Passiv steht außerdem, wenn der Täter unbekannt ist: „Gestern wurde bei uns eingebrochen."

Aufgabe 63: Erzähle vom Straßenbau! Zeige, wie die Darstellung im Passiv leblos, die Darstellung im Aktiv lebendig wirkt!

e) Modi (Aussageweisen)[7]

Die Geltung einer Äußerung kann man durch *Modaladverben* (z. B. hoffentlich, vielleicht, möglicherweise, anscheinend) und durch *Modalverben* (s. S. 41) anzeigen.

Sie läßt sich aber auch am Verb selbst verdeutlichen, nämlich durch den Gebrauch von **Indikativ** (Wirklichkeitsform), **Konjunktiv** (Möglichkeitsform) und **Imperativ** (Befehlsform).

(1) Indikativ (Wirklichkeitsform)

Mit dem Indikativ machen wir Aussagen über die Wirklichkeit. Es kommt dabei ganz darauf an, daß der Sprecher den angesprochenen Sachverhalt für *tatsächlich gegeben* oder zumindest für *glaubwürdig* hält (Märchen sind im Indikativ geschrieben!); dies gilt auch für Fragen, für Aussagen über die Zukunft und für indirekte Rede, die mit einem Einleitewort versehen ist.

Jochen liest. — Gisela hat ihre Prüfung bestanden. — Er ist nicht dumm.
Hast du den Film über China gesehen?
Im nächsten Sommer werden wir an die Nordsee fahren.
Er sagt, daß er versetzt wurde.

(2) Konjunktiv (Möglichkeitsform)

Der Konjunktiv bezeichnet den Bereich des *Möglichen*, des *Wahrscheinlichen* oder des bloß *Gedachten*, *Vorgestellten*. Durch den Gebrauch des Konjunktivs schränken wir die Gewißheit einer Aussage ein.

Es gibt zwei Konjunktivformen: den *Konjunktiv Präsens*, auch *Konjunktiv I* genannt, und den *Konjunktiv des Präteritums*, auch *Konjunktiv II* genannt. Sie geben jedoch nicht verschiedene Zeitstufen an, sondern unterscheiden sich nur in der Art der Aussage.

Der **Konjunktiv I** steht,

1. um einen *Wunsch* (Segen), eine *Aufforderung*, eine *Anweisung* (Rezept) mitzuteilen:
   Der Herr *behüte* dich!
   Es *sei* genug.
   Man *nehme* diese Tablette nur abends.

Eine Verwandtschaft zum Imperativ ist vorhanden, doch richtet sich dieser **direkt** an eine oder mehrere Personen:

Nimm/nehmt diese Tablette nur abends!

Häufiger als diese Verwendung des Konjunktivs I ist die Bildung mit dem Modalverb „mögen":

Der Herr *möge* dich *behüten*.
Möge dieser Tag allen in guter Erinnerung *bleiben*.

2. um bei der nichtwörtlichen Wiedergabe von fremder Rede kenntlich zu machen, daß man *keine Gewähr für das Gesagte* übernimmt:
   Er sagt, er *komme* gern.

Näheres zur Verwendung der Konjunktivformen in indirekter Rede s. S. 52 f.

---

[7] Der Singular zu 'Modi' heißt 'der Modus'.

Der **Konjunktiv II** steht

1. immer dann, wenn man ausdrücken will, daß es sich um etwas *Vorgestelltes*, nur *Gedachtes*, *Irreales* handelt:

   Hätte er doch auf mich *gehört*. (Irrealer Wunschsatz)
   Das *würde* ich an deiner Stelle auch *tun*. (irreale Bedingung)

2. in *Höflichkeitsformeln*:

   Wir *würden* uns *freuen*, wenn Sie zu uns *kämen*.
   Ich *hätte* gern Herrn Schneider *gesprochen*.

3. in *irrealen Vergleichssätzen*:

   Sie tat so, als ob sie taub *wäre*.

4. in *irrealen Konditionalgefügen*: der Hauptsatz nennt die Folge, der Gliedsatz die Bedingung, die in der Realität nicht erfüllbar ist:

   Wenn ich Geld *hätte*, *flöge* ich in die Karibik.

Sind Bedingung und Folge dagegen als real anzunehmen, steht der Indikativ:

Wenn ich Geld *habe*, *fliege* ich nach Florida. (... damit ist in zwei Monaten zu rechnen)

Gelegentlich ist die Bedingung nicht ausdrücklich mitgeteilt:

Das *ließe* ich nicht zu. (... wenn ich an deiner Stelle *wäre*)

Zur Bildung des Konjunktivs

Konjunktiv I (Präsens)

Der Konjunktiv I unterscheidet sich heute nur noch in der 2. und 3. Person Singular und in der 2. Person Plural vom Indikativ Präsens:

Indikativ Präsens	*Konjunktiv I*
du kommst	du komm*e*st
du nimmst	du nehm*e*st
er kommt	er komm*e*
er läuft	er lauf*e*
er nimmt	er nehm*e*
ihr lobt	ihr lob*e*t

Konjunktiv II (Präteritum)

Der Konjunktiv II geht von den Indikativformen des Präteritums (Imperfekts) aus. Dabei gilt:

Bei schwachen Verben sind die Formen mit den Indikativformen des Präteritums gleichlautend.

Bei starken Verben ohne umlautfähigen Stammvokal (i, ie) hat der Konjunktiv II die gleichen Vokale wie der Indikativ, hängt aber ein „e“ an oder fügt es ein:

Indikativ Präteritum	*Konjunktiv II*	
ich ging	ich ging*e*	(ich würde gehen)
du riefst	du rief*e*st	(du würdest rufen)
er griff	er griff*e*	(er würde greifen)

Bei starken Verben mit umlautfähigem Stammvokal lautet man die Indikativform des Präteritums um:

Indikativ Präteritum	*Konjunktiv II*	
ich sang	ich s*ä*ng*e*	(ich würde singen)
du flogst	du fl*ö*g*e*st	(du würdest fliegen)
er fuhr	er f*ü*hr*e*	(er würde fahren)
wir nahmen	wir n*ä*hmen	(wir würden nehmen)

Mit „würde" sollte man den Konjunktiv II nur bilden, wenn Verwechslungen mit dem Indikativ des Präteritums vermieden werden sollen:

sie lachten (Indik. Prät. *und* Konj. II), sie *würden* lachen.

Ist aber im Satz bereits ein echter und unverwechselbarer Konjunktiv II vorhanden, soll man auf das „würde" verzichten:

Wenn er jetzt *käme*, *lachten* wir.

Aufgabe 64: Stelle dir vor, welche Möglichkeiten du hättest, wenn ... — Bilde dazu Sätze mit „wenn" und dem Konjunktiv II der folgenden Verben!

verdienen, essen, mitfahren dürfen, ein Auto besitzen, Geld haben, kommen, Klavier spielen können, schwimmen, weggehen, mitnehmen, Brief schreiben.

Aufgabe 65: Beschreibe, wie es bei uns aussähe, wenn es keine Elektrizität (Autos, Eisenbahnen, Dampfschiffe) gäbe!

Es lassen sich mit den Konjunktivformen verschiedene zeitliche Beziehungen ausdrücken, und zwar jeweils vom Standpunkt des Sprechers aus gesehen: im Bereich des *Irrealen*

— Abgeschlossenes, oft auch Vergangenes:

Sie *hätte* mich nicht *wiedererkannt*. (Konj. II von ‚haben' und Part. Perf. des Vollverbs)

— Gegenwärtiges:

Er *bliebe* gern. (Konj. II des Vollverbs)

— Zukünftiges:

Er *würde* mich nicht *wiedererkennen*. (Konj. II von ‚werden' und Inf. des Vollverbs)

Jedoch ist die Verwendung des Konjunktivs in erster Linie durch die Wiedergabe modaler Unterschiede bestimmt, die Zeitenfolge gilt weitgehend nur für die Formen des Indikativs (s. S. 45 f.).

Will man zusammengesetzte Formen des Konjunktivs beschreiben, so gibt man die Bestandteile an, z. B.

er hätte gesungen : Konj. II von ‚haben' und Part. Perf.
er werde kommen : Konj. I von ‚werden' und Inf.
er habe sich geirrt : Konj. I von ‚haben' und Part. Perf.

Zum Konjunktiv bei indirekter (nichtwörtlicher) Rede

z. B. *Direkte Rede:*	*Indirekte Rede:*
„Alle Vorbereitungen zur Reise", sagte mein Vater, „sind getroffen; ich habe die Koffer gepackt und werde morgen abreisen."	Mein Vater sagte, es seien alle Vorbereitungen zur Reise getroffen; er habe die Koffer gepackt und werde morgen abreisen.

In der indirekten Rede steht der *Konjunktiv I*, gleichgültig, welche Zeit im Einleitesatz gebraucht wird:

Er *sagt*, Er *sagte*, Er *hat gesagt*, Er *hatte gesagt*, Er *wird sagen*,	er *sei* ermüdet und *habe* sich etwas hingelegt.

Nur dann, wenn der Konjunktiv I mit der Indikativform des Präsens übereinstimmt, tritt an seine Stelle der *Konjunktiv II*:

Ein römischer Schriftsteller erzählt von den Wohnsitzen der Chauken, daß dort die Meeresflut das Land weithin überschwemme; die Hütten der Menschen *ständen* auf Erdhügeln. Dort *brächten* sie ihr Leben hin, Seefahrern gleich, wenn die Flut eintrete. Die Menschen *könnten* sich nicht einmal Vieh halten, da weit umher kein Strauch gedeihe. Sie *nährten* sich deshalb von Fischen, die sie in schlechten Netzen *einfingen*, ihr einziges Getränk sei Regenwasser.

Man setzt in diesen Fällen den Konjunktiv II, um Irrtümer zu vermeiden; der Konjunktiv II ist in der indirekten Rede also nur der Vertreter des Konjunktivs I!

Der Angeklagte sagt: „Andere haben das getan!" (direkte Rede)
Der Angeklagte sagt, andere hätten das getan. (wir verwenden in der indirekten Rede hier nicht „haben", weil das Unsichere der Aussage betont werden soll!)

Entsprechend ergeben sich folgende Muster für den Gebrauch des Konjunktivs I bzw. II in der indirekten Rede:

sein		*dürfen*		*haben*		*werden*	
ich sei	I	ich dürfe	I	ich hätte	II	ich würde	II
du seiest	I	du dürfest	I	du habest	I	du werdest	I
er sei	I	er dürfe	I	er habe	I	er werde	I
wir seien	I	wir dürften	II	wir hätten	II	wir würden	II
ihr seiet	I	ihr dürfet	I	ihr habet	I	ihr würdet	II
sie seien	I	sie dürften	II	sie hätten	II	sie würden	II

Die indirekte Rede bei Befehls-, Frage- und Wunschsätzen

Befehlssätze

Der Bettler sagt: „Teile deinen Besitz mit mir!" — Der Bettler sagt, er *solle* seinen Besitz mit ihm teilen. Er sagt, *daß* er seinen Besitz mit ihm teilen *solle*.

Fragesätze ohne Fragewort

Direkte Fragen ohne Fragewort werden mit Hilfe der Subjunktion „ob" in indirekte Fragen verwandelt.

Er fragt: „Hast du nun genug gesehen?" — Er fragt, *ob* er jetzt genug gesehen habe.

Wunschsätze

Bei Wunschsätzen wird, abweichend von den übrigen indirekten Reden, der Konjunktiv II verwendet, weil die entsprechende Situation irreal ist, d. h. nur gedacht werden kann.

Er wünscht sich, daß alle Festungsgräben von Straßburg voll feiner Nadeln *wären*, daß zu jeder Nadel ein Schneider *gehörte*, daß alle Schneider nichts als Säcke *nähten* und daß er alle Säcke voll Gold *hätte*.

Aufgabe 66: Übertrage im folgenden die direkte Rede in die indirekte, achte auf die Veränderung der Pronomen!

„Wir haben", sagten meine Freunde, „alle Vorbereitungen zum Abflug getroffen, wir werden morgen schon abfliegen." — Ein Pfadfinder meldet: „Unser Trupp traf die Münchener Gruppe an, als sie ihr Zelt aufbaute". — Mein Lehrer fragte mich: „Wann reist du ab? Besuchst du uns noch vorher?" Ich antwortete: „Ich weiß nicht, wie lange das Einpacken dauern wird. Wir sind noch nicht ganz fertig." — Ein antiker Geschichtsschreiber berichtet: „Wer in Ägypten eine Katze ums Leben bringt, muß sterben, er mag die Sünde absichtlich begangen haben oder nicht; das Volk rottet sich zusammen und schlägt ihn tot." — Der Römer Cato beantragte wiederholt: „Karthago muß zerstört werden." — Ein Gastgeber sagte einmal: „Viele Gäste erkundigen sich nach Dingen, die sie nichts angehen."

Aufgabe 67: Setze diesen Text aus der indirekten Rede (Konjunktiv) in die direkte Rede (Indikativ) um:

Ein Politiker machte einem Industriellen in einer wichtigen Angelegenheit einen Besuch in dessen Privatwohnung.

Während des Gesprächs meinte er, der Industrielle werde gewiß ziemlich häufig von lästigen Besuchern in Anspruch genommen. Dieser antwortete, dies sei leider der Fall, doch es gebe auch erprobte Mittel, diese Besucher wieder loszuwerden.

Der Politiker bezweifelte, daß dies in der Praxis möglich sei. Daraufhin erklärte der Industrielle, die bewährteste Methode sei, sich durch den Butler an eine dringende Verabredung erinnern zu lassen. Der Erfolg sei hundertprozentig, die Gäste müßten sich dann wohl oder übel verabschieden.

Kurz darauf erschien der Butler und sagte mit unbewegter Miene, er gestatte sich zu erinnern, daß es für den Hausherrn Zeit werde, sich umzuziehen, da in 45 Minuten der große Empfang im Hotel ‚Kaiserblick' beginne.

Der Politiker nahm die Angelegenheit humorvoll auf, erhob sich und verabschiedete sich lächelnd.

(3) Imperativ (Befehlsform)

Der Imperativ ist die Verbform, die einen *Befehl*, eine *Bitte* oder eine *Aufforderung* ausdrückt. Er ist auf die 2. Person Singular und die 2. Person Plural des Präsens beschränkt:

reite! — reitet!, flieg[e]! — fliegt!, hilf! — helft!, gib! — gebt!, wechsle! — wechselt!

Merke dir folgende Formen des Imperativs Singular, die sich der 2. und 3. Person des Präsens Indikativ angepaßt haben:

lies! — wirf! — stirb! — verdirb! — sprich! — iß! — miß! — vergiß! — nimm! — hilf! — gib! — wirb! — sieh!

Der Imperativ von „sein": sei! — seid!

Aufgabe 68: Bilde den Imperativ Singular und Plural von:

essen, helfen, treffen, geben, merken, aufpassen, zerbrechen, bitten, anmalen, anstecken, ausmessen, vergessen, werben, wandeln, handeln, basteln.

f) Infinitformen (Formen ohne Personalendung)

Alle bisher genannten Formen (außer dem Imperativ Singular) hatten Personalendungen; sie bildeten zusammen das *bestimmte* Zeitwort *(Verbum finitum)*. Die Formen ohne Personalendung bilden das *unbestimmte Zeitwort*, wir nennen sie auch *Infinitformen*.

(1) Infinitiv (Nennform)

Der Infinitiv ist die unbestimmteste Form des Verbs, er hat weder Person noch Zahl. *Er nennt die bloße Tätigkeit unverändert, ohne Beugung* und heißt daher auch „*Nennform*".

loben, essen, denken, laufen, sein, haben, wollen ...

Einfacher Infinitiv

Der einfache Infinitiv war früher sehr verbreitet. Heute steht er in der Regel bei folgenden Verben:

Er *will* nicht *hören*. — Du *darfst* nicht *zögern*. — Da *muß* man *zugreifen*. — Ich *bleibe sitzen*. — Ich *gehe baden*. — Wer *hilft löschen?* — Ich *lerne radfahren*.

Weiter steht er nach einigen Verben mit Akkusativobjekt:

Er *hieß* mich *kommen*, *hörte* mich *gehen*, *lehrte* mich *malen*, *sah* mich *schreiben*.

Der Infinitiv kann auch als Nomen gebraucht werden[8].

„Mir fiel das *Gehen* schwer." — „Er schoß *im Stolpern* noch ein Tor."

Beachte: Der nominalisierte Infinitiv wird groß geschrieben!

Aufgabe 69: Suche zu allen Verben der Rübezahl-Sage (s. S. 48, Aufgabe 59) die Infinitive!

Infinitiv mit „zu"

Der Infinitiv mit „zu" gab ursprünglich das Ziel an. Aus „*Ich bin bereit zur Tat*" wurde „*Ich bin bereit, es zu tun*".

Bei trennbaren Zusammensetzungen (abreisen, ich reise ab) steht „zu" vor dem Grundwort:

ab*zu*reisen, fort*zu*schicken, über*zu*setzen, um*zu*stellen.

Beachte: Der erweiterte Infinitiv mit „zu" wird durch ein Komma vom Hauptsatz getrennt[9]:

„Er scheute sich nicht, ihm die volle Wahrheit zu sagen."

Aufgabe 70: Bilde Infinitivsätze aus folgenden Nebensätzen:

Ich beantrage, daß unser Klassentreffen verschoben wird. — Ich gehe früher weg, damit ich bald zu dir kommen kann. — Ich verspreche dir, daß ich Blumen mitbringe. — Ich hoffe sehr, daß ich mit dir ins Kino gehen kann. — Gesünder wäre es, wenn man öfter eine Pause einlegte. — Man wird oft müde, ohne daß man die Ursache kennt. — Es wäre schön, wenn ich diese Arbeit bald beenden könnte. — Sie muß sich beeilen, damit sie den Bus noch erreicht.

---

[8] Vgl. latein. ‚Gerundium'.

[9] Zum Infinitivsatz siehe S. 135.

(2) Partizip (Mittelwort)

Das Partizip wird *aus einem Verb gebildet* und *wie ein Adjektiv gebraucht*, daher nennt man es auch *Mittelwort*. Es bezeichnet keine bestimmte Zeitstufe, sondern nur die *Zeitart*, nämlich Dauer oder Vollendung, und das *Zeitverhältnis*, nämlich Gleichzeitigkeit oder Vorzeitigkeit. Es gibt *zwei Partizipien:* das Partizip Präsens (das Mittelwort der Gegenwart) und das Partizip Perfekt (das Mittelwort der Vergangenheit).

Partizip Präsens (Mittelwort der Gegenwart)

Das Partizip Präsens wird aus dem Infinitiv durch Anhängen von *-d* gebildet. Es drückt oft die Dauer oder die Gleichzeitigkeit aus:

Singend ziehen wir ein. — *Singend* zogen wir ein. — *Singend* werden wir einziehen.

Es wird gebraucht:

adjektivisch: der *singende* Mann, die *reisende* Frau,
als Nomen: der *Singende*, die *Reisende*,
adverbial: Der Kranke sitzt *lesend* im Bett.

Aufgabe 71: Setze das Partizip Präsens ein:

(schweigen) Lange stand er _ da. — (rauchen) Vater ging _ durch den Garten. — (weinen) Das Kind lief _ zur Lehrerin. — (drohen) Geschickt vermied er die _ Gefahr. — (leben) Fische werden _ gefangen. — (weinen) Wir sahen das _ Kind. — (schimpfen) _ stand der Fahrer neben seinem Wagen. — (fragen) Der Lehrer sah mich _ an. — (lächeln) Er fragte _ nach meinem Namen. — (schlafen) Das Märchen erzählt vom _ Riesen.

Aufgabe 72: Bilde Beispiele: „Auf dem Jahrmarkt gibt es lachende Kinder . . .“ oder „In der Werkhalle gibt es sausende Motoren . . .“ usw.

Partizip Perfekt (Mittelwort der Vergangenheit)

Das Partizip Perfekt endet entweder auf *-en* (bei starken Verben, s. S. 57) oder auf *-t* (bei schwachen Verben, s. S. 59). Als Vorsilbe steht zumeist *ge-*. Hat der Infinitiv bereits eine Vorsilbe (*er-, ver-, zer-, ent-, be-, über-* . . .), so übernimmt das Partizip Perfekt diese Vorsilbe anstelle des vorangestellten *ge-*. Beispiele:

Infinitiv ohne Vorsilbe, starkes Verb:

laden — die *ge*lad*enen* Gäste

Infinitiv ohne Vorsilbe, schwaches Verb:

schmücken — das *ge*schmück*te* Dorf

Infinitiv mit Vorsilbe, starkes Verb:

entleihen — das *ent*liehe*ne* Buch

Infinitiv mit Vorsilbe, schwaches Verb:

bestellen — die *be*stell*te* Ware

Meistens dient das Partizip Perfekt zur Bildung der zusammengesetzten Verbformen:

Er *hat* es *gelesen*. — Ich *bin erschüttert*.

Es wird auch gebraucht:

adjektivisch: der *ge*röste*te* Kaffee, das *ge*strande*te* Schiff
als Nomen: das *Ge*schrieb*ene*, der *Ver*letz*te*

Aufgabe 73: Bilde Partizipformen des Perfekts, wähle dazu das Thema „Nach dem Erdbeben": „Wir sehen eingestürzte Häuser" ... usw.

Partizipialsätze und deutscher Stil

Partizipien werden in einigen Fällen so durch eigene Satzglieder verstärkt, daß sie zu *Nebensätzen* werden:

Auf den Stadtplan deutend, beschrieb sie ihm den Weg zum Rathaus. — Von dieser Nachricht tief betroffen, weinte er. — Kaum in Ulm angekommen, fuhren sie schon weiter gen Süden.

Achte bei der Bildung von Partizipialsätzen darauf, daß das Subjekt von Partizipialsatz und Hauptsatz identisch ist.[10]

Die Partizipialsätze entstammen dem Lateinischen und sind der deutschen Sprache fremd!

Vergleiche:

Cäsar-Übersetzung (wörtlich):

Cäsar, nachdem er, nach Ansprache an die zehnte Legion zum rechten Flügel hinübergegangen, seine Truppen in Bedrängnis erblickte, ging, einem Soldaten seinen Schild entrissen habend, in die vorderste Linie.

Cäsar-Übersetzung (eingedeutscht):

Nach seiner Ansprache an die zehnte Legion ging Cäsar zum rechten Flügel hinüber. Er fand seine Truppen bedrängt, entriß kurz entschlossen einem Soldaten den Schild und eilte in die vorderste Linie.

g) Konjugationsarten

Man unterscheidet zwei Arten der Konjugation: die *starke* und die *schwache*. Entsprechend unterscheidet man starke und schwache Verben.

(1) Die starken Verben

Sie bilden das Präteritum (Imperfekt) durch Veränderung des Stammvokals, d. h. durch den Ablaut, und enden im Partizip Perfekt auf *-en*.

ich n*e*hme — ich n*a*hm — ich habe gen*o*mme*n*
ich f*a*hre — ich f*u*hr — ich bin gef*a*hre*n*

Sechs Klassen ablautender Verben

Die am häufigsten vorkommenden Ablautreihen sind:

i — a — u: binden — band — gebunden
ebenso: dringen, finden, klingen, schwingen, singen, sinken, trinken, zwingen, ...

e — a — o: treffen — traf — getroffen
ebenso: brechen, empfehlen, erschrecken, helfen, nehmen, sprechen, stehlen, werfen, ...

a — u — a: fahren — fuhr — gefahren
ebenso: graben, laden, schaffen, schlagen, tragen, wachsen, waschen, ...

[10] Zum Partizipialsatz siehe S. 136.

e — a — e: geben — gab — gegeben

ebenso: essen, geschehen, lesen, messen, setzen, treten, vergessen, ...

ei — i — i: pfeifen — pfiff — gepfiffen

ebenso: beißen, gleiten, greifen, kneifen, leiden, reißen, reiten, schneiden, streiten, ...

ie — o — o: wiegen — wog — gewogen

ebenso: biegen, fliegen, fließen, kriechen, riechen, schießen, verlieren, ziehen, ...

Daneben gibt es:

e — i — a: gehen	ie — a — e: liegen	e — a — a: stehen
i — a — o: schwimmen	a — i — a: fangen	ü — o — o: lügen
i — a — e: bitten	o — a — o: kommen	ei — ie — ie: meiden

Aufgabe 74: Bilde mit den Beispielwörtern zu den Ablautreihen Sätze im Präsens, Perfekt und Imperfekt!

Reduplizierende Verben (Verdoppelnde Zeitwörter)

a — ie — a : lassen — ließ — gelassen; du läßt
o — ie — o : stoßen — stieß — gestoßen; du stößt
u — ie — u : rufen — rief — gerufen
ei — ie — ei : heißen — hieß — geheißen
au — ie — au: laufen — lief — gelaufen; du läufst

Diese Verben bildeten die Vergangenheit ursprünglich durch Wiederholung (Reduplikation) des anlautenden Konsonanten mit „e". So lautete die Form von „heißen" im Gotischen „he-hait".

Aufgabe 75: Suche aus dem nachstehenden Text die starken Verben heraus, und bilde die Ablautreihen. Wo handelt es sich dabei um reduplizierende Verben?

In der Postkutsche nach Weimar

Es war Ende November inmitten der zwanziger Jahre.
Da reiste ich mit meiner Kammerjungfer von Frankfurt aus zu Goethe.
Gott, war das ein weiter Weg, vom Main bis nach Weimar, es ging nicht vom Flecke in dem elenden Postkarren, überall wimmelte es von Räubern, und überall wurde man aufgehalten: bald durch ein Loch in der Straße, bald durch niedergebrochene Baumstämme, bald durch ein gebrochenes Rad, bald durch ein gefallenes Pferd oder einen davongelaufenen Postillion.
Bis nach Hanau ging es noch; gleich dahinter aber fing das Unglück an.
Obwohl die Nacht bereits hereinbrach, waren wir doch schon an einigen Wirtshäusern der Straße vorübergefahren; denn diese Wirtshäuser sind die reinen Fangnester, in denen die Reisenden tüchtig ausgeplündert werden. — Da aber blieben wir in einem Loche stecken, und dann mußten wir doch aussteigen und Quartier suchen. — Händeringend trat der Wirt an und drückte uns mit süßsaurer Miene sein Beileid aus.
„Oh", sagte er, „ich habe schon den Schmied und den Stellmacher bestellt, die werden den Schaden bis morgen früh schon ausgebessert haben, da könnt Ihr ruhig schlafen in meinen guten Betten."
„Den Schmied und den Stellmacher?" fragte ich erschrocken, „ist denn was passiert mit dem Wagen?"

Weil der Wirt nur „Jo“ und „Ja“ machte und nichts Ordentliches herausbrachte, stand ich auf, um selbst nachzusehen.
Als das geschehen war, schob ich die beiden Handwerker zur Seite und sagte: „Da ist nichts zu verdienen, ihr Leute: — der Wagen ist noch ganz, und wenn der Mond aufgegangen ist, geht's weiter!“
Der Wirt redete ab, es seien Räuber in dem nahen Walde, und auch der Postknecht schien der Sache nicht zu trauen.
So wurde denn der Wagen in den Hof gebracht, wir bestellten uns ein Abendbrot und machten's uns bequem.
Plötzlich trieb mich's hinaus an den Wagen, und ich fand zu meinem Entsetzen den Wirt, wie er beim Scheine eines Windlichtes mein Gepäck untersuchte.
Er erschrak, als er mich sah, und als ich sagte: „Nein, nein, guter Freund, wenn ich hier schon unter die Räuber gefallen sein soll, dann fahre ich alsbald weiter“, da wußte er nichts zu entgegnen.

(aus: Bettina von Arnim: Goethes Briefwechsel mit einem Kinde)

Umlaut bei starken Verben

Starke Verben mit dem Stammvokal „a“ oder „o“ haben in der 2. und 3. Person Singular Indikativ Präsens einen entsprechenden Umlaut; schwache Verben haben nie Umlaut. Beispiele:

ich trage,	du tr*ä*gst,	er tr*ä*gt,	wir/sie tragen	ihr tragt
ich stoße,	du st*ö*ßt,	er st*ö*ßt,	wir/sie stoßen,	ihr stoßt
ich laufe,	du l*äu*fst,	er l*äu*ft,	wir/sie laufen,	ihr lauft

Ausnahme:

ich komme,	du kommst,	er kommt,	wir/sie kommen,	ihr kommt

Aufgabe 76: Umlaut oder nicht? Stark oder schwach? Bilde die 2. und 3. Pers. Sing. Ind. Präs. und die drei Stammformen!

saufen, lassen, hassen, fassen, klagen, schlagen, jagen, fragen, laufen, fahren.

Wechsel zwischen „e“ und „i“

Starke Verben mit dem Stammvokal „e“ haben in der 2. und 3. Person Sing. Ind. Präs. und beim Imperativ Sing. meist ein „i“:

ich werfe, du wirfst, er wirft; wirf!

Aufgabe 77: Wie heißt der Imperativ von:

treten, treffen, vergessen, messen, essen, helfen, verbergen, werfen, sprechen, sehen, brechen, lesen, geben, sterben?

(2) Die schwachen Verben

Sie bilden das Präteritum (Imperfekt) durch Anhängen der Silbe *-te* und enden im Partizip Perfekt auf *-t*.

sie leben — sie leb*ten* — sie haben geleb*t*

ebenso: atmen, bauen, dienen, enden, falten, glauben, hoffen, jagen, kaufen, läuten, meinen, ordnen, pressen, reden, sagen, schenken, spielen, steuern, tanzen, üben, wählen, wechseln, zählen, zeigen, . . .

Aufgabe 78: Bilde mit den angeführten Beispielwörtern die Stammformen!

Aufgabe 79: Suche aus dem Text der Aufgabe 75 (S. 58) die schwachen Verben heraus, und bilde die Stammformen!

Aufgabe 80: Stark oder schwach? Bilde die drei Stammformen! Wie lautet die 2. Pers. Sing. Ind. Präs.?

besitzen, lieben, raten, erkranken, sterben, weinen, streiten, beben, bieten, bitten, reichen, siegen, lassen, laufen, raffen, schlafen, trinken, tränken, tragen, fragen.

(3) Schwankender Gebrauch: Unregelmäßige Verben

Viele starke Verben sind mit der Zeit ganz zu schwachen abgewandelt worden, z. B. „bellen“, denn noch im 18. Jahrhundert sagte man „der Hund billt, boll, hat gebollen“.
Bei anderen Verben ist dieser Übergang nicht völlig durchgeführt, bei „triefen“ heißt es entweder „triefte“ oder „troff“; bei „backen“ noch „buk“ neben „backte“.

Verben mit zwei möglichen Konjugationsarten und entsprechend verschiedenen Bedeutungen:

hängen: ‚hing — gehangen‘ (Zustand) und ‚hängte — gehängt‘ (Vorgang, transitiv);

schaffen: ‚schuf — geschaffen‘ (hervorbringen, schöpferisch sein) und ‚schaffte — geschafft‘ (erledigen, arbeiten);

bewegen: ‚bewog — bewogen‘ (zu einem Entschluß veranlassen) und ‚bewegte — bewegt‘ (die Lage ändern);

wiegen: ‚wog — gewogen‘ (Gewicht feststellen) und ‚wiegte — gewiegt‘ (schaukeln);

erschrecken: ‚erschrak — erschrocken‘ (in Schrecken geraten, intransitiv) und ‚erschreckte — erschreckt‘ (in Schrecken versetzen, transitiv).

Aufgabe 81: Setze die richtige Form des Präteritums oder des Partizips Perfekt ein!

Ich ... jedesmal aufs neue, obwohl ich wußte, daß mein Bruder mich bei jeder Gelegenheit ... (erschrecken). — Nachdem er mich ... hatte, ließ er mich eine Weile in Ruhe (erschrecken). — Sie ... das Bild an die Stelle, wo zuvor ein Wandteppich ... hatte (hängen). — Dort ... es dann ein paar Wochen. Als ich sie wieder besuchte, hatte sie das Bild bereits in ein anderes Zimmer ... (hängen). — Die Frau ... ihr Kind in den Schlaf, nachdem sie es auf der neuen Waage ... hatte. Es ... mehr als vor einer Woche. (wiegen) — Gott ... die Welt, er hat Himmel und Erde ... (schaffen). — Ihr habt heute wenig ..., gestern wart ihr fleißiger. Ich ... aber auch nicht viel mehr als ihr. (schaffen) — Was mag ihn nur zu seinem Verhalten ... haben (bewegen)? — Der Wind ... das Gras (bewegen).

(4) Präteritopräsentia (Wandelzeitwörter)

Die Verben „*dürfen, können, mögen, wollen, wissen*“ haben unregelmäßige Formen:

Sie verwenden im Präsens Ablautformen des starken Präteritums (daher der Name ‚Präteritopräsens‘, Pl. ‚Präteritopräsentia‘) und bilden dann ein schwach gebeugtes Präteritum:

1. Pers. Sing. Ind. Präs.	1. Pers. Plur. Ind. Präs.	1. Pers. Sing. Ind. Prät.
ich darf	wir dürfen	ich durfte
ich kann	wir können	ich konnte
ich mag	wir mögen	ich mochte
ich will	wir wollen	ich wollte
ich weiß	wir wissen	ich wußte

h) Komposita[11] (Zusammengesetzte Zeitwörter)

Viele Verben können sich mit Silben oder Wörtern verbinden und nehmen dann eine andere Bedeutung an:

kommen, *be*kommen, *unter*kommen, *vorwärts*kommen, *ent*kommen, *ver*kommen.

Aufgabe 82: Bilde Komposita zu den Verben „setzen, folgen stehen, fallen, gehen, fahren, legen, brauchen"; verwende diese Komposita in Sätzen, so daß die jeweilige Bedeutung klar wird!

Wir unterscheiden echte und unechte Komposita:

Bei den *echten Komposita* sind die Bestandteile zu einer untrennbaren Einheit verschmolzen:

*be*suchen, ich *be*suche, du *be*suchst . . .
*unter*nehmen, ich *unter*nehme, du *unter*nimmst . . .

Bei den *unechten Komposita* werden alle Formen außer dem Infinitiv getrennt:

*unter*kommen, ich komme *unter*; *stehen*bleiben, ich bleibe *stehen*; *teil*nehmen, ich nehme *teil* . . .

	echte Komposita	unechte Komposita
Infinitiv mit „zu"	„zu" vor dem Infinitiv: *zu* besuchen, *zu* vergeben, *zu* erklären, *zu* überwinden	„zu" zwischen den Wortbestandteilen: unter*zu*kommen, stehen*zu*bleiben, teil*zu*nehmen
Partizip Perfekt	ohne ge- als Vorsilbe: besucht, vergeben, erklärt, überwunden mit ge- vor dem Wort: *ge*weissagt, *ge*brandmarkt	mit ge- zwischen den Wortbestandteilen: unter*ge*kommen, stehen*ge*blieben, teil*ge*nommen

Aufgabe 83: Unterscheide in den folgenden Sätzen echte und unechte Komposita:

Dieser Unfall war vorauszusehen. — Diese Verletzung brauchtest du dir nicht zuzuziehen. — Du sollst mich nicht vergessen. — Wir klagen ihn vor Gericht an. — Er wird aber freigesprochen. — Ich möchte kein Mitleid erregen. — Er wendete alle Listen an, um den Lehrer umzustimmen. — Warte nicht, sondern gib ihm das Buch zurück. — Er hat meine Handlungsweise verurteilt. — Der Tag des Sportfestes wurde hinausgeschoben. — Endlich kehrte er zurück. — Ich überrede ihn. — Du darfst die Gesetze nicht übertreten. — Hast du mein Vertrauen mißbraucht? — Ich entziehe dir mein Vertrauen. — Ihr alle sollt an unserem Glück teilhaben!

[11] Singular: das Kompositum.

Arbeite so:

	echtes Kompositum	unechtes Kompositum
Infinitiv	verkaufen	nachdenken
1. Pers. Sing. Ind. Präs.	ich verkaufe	ich denke nach
Infinitiv mit „zu“	zu verkaufen	nachzudenken
Part. Perf.	verkauft	nachgedacht

Komposita verschiedener Bedeutung

Komposita mit den Vorsilben *durch-*, *um-*, *über-* und *unter-* können *sowohl echt als auch unecht* sein. Die *echten* Komposita betonen die *Stammsilbe*, die *unechten* die *Vorsilbe*; die echten werden im Präsens und im Präteritum in einem Wort geschrieben, die unechten stellen die Vorsilbe nach:

*durch*brechen:	Er will den Stock durchbrechen.	Er bricht den Stock durch.
durch*brechen*:	Er will die Schallmauer durchbrechen.	Er durchbricht die Schallmauer.
*um*stellen:	Er will die Bücher umstellen.	Er stellte die Bücher um.
um*stellen*:	Wir werden die Gegner umstellen.	Wir umstellen die Gegner.
*über*setzen:	Ich will auf das andere Ufer übersetzen.	Ich setze an das andere Ufer über.
über*setzen*:	Ich will den Text übersetzen.	Ich übersetzte den Text.
*unter*halten:	Ich soll die Hand unterhalten.	Ich hielt die Hand unter.
unter*halten*:	Ich will dich unterhalten.	Ich unterhalte dich.

Aufgabe 84: Bilde zu den genannten Beispielen Infinitivsätze („Er versuchte, ...“) und Sätze mit dem Partizip Perfekt („Er hat/hatte ...“).

Aufgabe 85: Zeige ähnliche Unterschiede an:

durchsuchen, durchstreichen, durchstechen, durchsetzen, durchschneiden, durchfliegen, durchdringen, umfahren, umziehen, umgehen, umkleiden, umpflanzen, umschreiben, umspringen, übergehen, überziehen, überwerfen, übertreten, überlaufen, unterschlagen, unterstellen.

Bilde dazu Sätze, aus denen die jeweils unterschiedliche Bedeutung hervorgeht.

i) Konjugation eines schwachen Verbs

	Aktiv	Infinitiv: loben	Passiv
INDIKATIV	ich lobe du lobst er, sie, es lobt wir loben ihr lobt sie loben	**Präsens**	ich werde gelobt du wirst gelobt er, sie, es wird gelobt wir werden gelobt ihr werdet geiobt sie werden gelobt
INDIKATIV	ich lobte du lobtest er, sie, es lobte wir lobten ihr lobtet sie lobten	**Präteritum**	ich wurde gelobt du wurdest gelobt er, sie, es wurde gelobt wir wurden gelobt ihr wurdet gelobt sie wurden gelobt
INDIKATIV	ich habe gelobt du hast gelobt er, sie, es hat gelobt wir haben gelobt ihr habt gelobt sie haben gelobt	**Perfekt**	ich bin gelobt worden du bist gelobt worden er, sie, es ist gelobt worden wir sind gelobt worden ihr seid gelobt worden sie sind gelobt worden
INDIKATIV	ich hatte gelobt du hattest gelobt er, sie, es hatte gelobt wir hatten gelobt ihr hattet gelobt sie hatten gelobt	**Plusquamperfekt**	ich war gelobt worden du warst gelobt worden er, sie, es war gelobt worden wir waren gelobt worden ihr war[e]t gelobt worden sie waren gelobt worden
INDIKATIV	ich werde loben du wirst loben er, sie, es wird loben wir werden loben ihr werdet loben sie werden loben	**Futur I**	ich werde gelobt werden du wirst gelobt werden er, sie, es wird gelobt werden wir werden gelobt werden ihr werdet gelobt werden sie werden gelobt werden
INDIKATIV	ich werde gelobt haben du wirst gelobt haben er, sie, es wird gelobt haben wir werden gelobt haben ihr werdet gelobt haben sie werden gelobt haben	**Futur II**	ich werde gelobt worden sein du wirst gelobt worden sein er, sie, es wird gelobt worden sein wir werden gelobt worden sein ihr werdet gelobt worden sein sie werden gelobt worden sein
	ich lobe du lobest er, sie, es lobe wir loben ihr lobet sie loben	**Konjunktiv I**	ich werde gelobt du werdest gelobt er, sie, es werde gelobt wir werden gelobt ihr werdet gelobt sie werden gelobt
	ich lobte du lobtest er, sie, es lobte wir lobten ihr lobtet sie lobten	**Konjunktiv II**	ich würde gelobt du würdest gelobt er, sie, es würde gelobt wir würden gelobt ihr würdet gelobt sie würden gelobt
	lobe! (Singular) lobt! (Plural)	**Imperativ**	[werde gelobt!] (Singular) [werdet gelobt!] (Plural)
	lobend (Präsens) gelobt (Perfekt)	**Partizip**	gelobt werdend (Präsens) gelobt worden (Perfekt)

j) Konjugation eines starken Verbs

	Aktiv	Infinitiv: tragen	Passiv
INDIKATIV	ich trage du trägst er, sie, es trägt wir tragen ihr tragt sie tragen	Präsens	ich werde getragen du wirst getragen er, sie, es wird getragen wir werden getragen ihr werdet getragen sie werden getragen
INDIKATIV	ich trug du trugst er, sie, es trug wir trugen ihr trugt sie trugen	Präteritum	ich wurde getragen du wurdest getragen er, sie, es wurde getragen wir wurden getragen ihr wurdet getragen sie wurden getragen
INDIKATIV	ich habe getragen du hast getragen er, sie, es hat getragen wir haben getragen ihr habt getragen sie haben getragen	Perfekt	ich bin getragen worden du bist getragen worden er, sie, es ist getragen worden wir sind getragen worden ihr seid getragen worden sie sind getragen worden
INDIKATIV	ich hatte getragen du hattest getragen er, sie, es hatte getragen wir hatten getragen ihr hattet getragen sie hatten getragen	Plusquamperfekt	ich war getragen worden du warst getragen worden er, sie, es war getragen worden wir waren getragen worden ihr war[e]t getragen worden sie waren getragen worden
INDIKATIV	ich werde tragen du wirst tragen er, sie, es wird tragen wir werden tragen ihr werdet tragen sie werden tragen	Futur I	ich werde getragen werden du wirst getragen werden er, sie, es wird getragen werden wir werden getragen werden ihr werdet getragen werden sie werden getragen werden
INDIKATIV	ich werde getragen haben du wirst getragen haben er, sie, es wird getragen haben wir werden getragen haben ihr werdet getragen haben sie werden getragen haben	Futur II	ich werde getragen worden sein du wirst getragen worden sein er,sie,es wird getragen worden sein wir werden getragen worden sein ihr werdet getragen worden sein sie werden getragen worden sein
	ich trage du tragest er, sie, es trage wir tragen ihr traget sie tragen	Konjunktiv I	ich werde getragen du werdest getragen er, sie, es werde getragen wir werden getragen ihr werdet getragen sie werden getragen
	ich trüge du trüg[e]st er, sie, es trüge wir trügen ihr trüg[e]t sie trügen	Konjunktiv II	ich würde getragen du würdest getragen er, sie, es würde getragen wir würden getragen ihr würdet getragen sie würden getragen
	trage! (Singular) tragt! (Plural)	Imperativ	[werde getragen!] (Singular) [werdet getragen!] (Plural)
	tragend (Präsens) getragen (Perfekt)	Partizip	getragen werdend (Präsens) getragen worden (Perfekt)

k) Konjugation der Hilfsverben

	Infinitiv	sein	haben	werden
INDIKATIV	Präsens	ich bin du bist er, sie, es ist wir sind ihr seid sie sind	ich habe du hast er, sie, es hat wir haben ihr habt sie haben	ich werde du wirst er, sie, es wird wir werden ihr werdet sie werden
	Präteritum	ich war du warst er, sie, es war wir waren ihr wart sie waren	ich hatte du hattest er, sie, es hatte wir hatten ihr hattet sie hatten	ich wurde du wurdest er, sie, es wurde wir wurden ihr wurdet sie wurden
	Perfekt	ich bin gewesen du bist gewesen er, sie, es ist gewesen wir sind gewesen ihr seid gewesen sie sind gewesen	ich habe gehabt du hast gehabt er, sie, es hat gehabt wir haben gehabt ihr habt gehabt sie haben gehabt	ich bin geworden du bist geworden er, sie, es ist geworden wir sind geworden ihr seid geworden sie sind geworden
	Plusquamperfekt	ich war gewesen du warst gewesen er, sie, es war gewesen wir waren gewesen ihr wart gewesen sie waren gewesen	ich hatte gehabt du hattest gehabt er, sie, es hatte gehabt wir hatten gehabt ihr hattet gehabt sie hatten gehabt	ich war geworden du warst geworden er, sie, es war geworden wir waren geworden ihr wart geworden sie waren geworden
	Futur I	ich werde sein du wirst sein er, sie, es wird sein wir werden sein ihr werdet sein sie werden sein	ich werde haben du wirst haben er, sie, es wird haben wir werden haben ihr werdet haben sie werden haben	ich werde werden du wirst werden er, sie, es wird werden wir werden werden ihr werdet werden sie werden werden
	Futur II	ich werde gewesen sein du wirst gewesen sein er, sie, es wird gewesen sein wir werden gewesen sein ihr werdet gewesen sein sie werden gewesen sein	ich werde gehabt haben du wirst gehabt haben er, sie, es wird gehabt haben wir werden gehabt haben ihr werdet gehabt haben sie werden gehabt haben	ich werde geworden sein du wirst geworden sein er, sie, es wird geworden sein wir werden geworden sein ihr werdet geworden sein sie werden geworden sein
	Konjunktiv I	ich sei du sei[e]st er, sie, es sei wir seien ihr seiet sie seien	ich habe du habest er, sie, es habe wir haben ihr habet sie haben	ich werde du werdest er, sie, es werde wir werden ihr werdet sie werden
	Konjunktiv II	ich wäre du wär[e]st er, sie, es wäre wir wären ihr wär[e]t sie wären	ich hätte du hättest er, sie, es hätte wir hätten ihr hättet sie hätten	ich würde du würdest er, sie, es würde wir würden ihr würdet sie würden
	Imperativ Sing. Pl.	sei! seid!	habe! habt!	werde! werdet!
	Partizip Präs. Perf.	seiend gewesen	habend gehabt	werdend geworden/worden

Aufgabe 86: Bilde von „nehmen“ folgende Formen:

Aktiv 3. Sing. Ind. Prät.; Aktiv 2. Plur. Ind. Präs.; Aktiv 3. Plur. Ind. Prät.; Aktiv 3. Plur. Konj. Präs.; Aktiv 2. Sing. Ind. Fut. I.

Bilde von „holen“ folgende Formen:

Passiv 2. Sing. Konj. Prät.; Aktiv 3. Plur. Ind. Fut. II; Passiv 1. Sing. Konj. Präs.; Aktiv 3. Plur. Konj. Prät.; Aktiv 1. Plur. Ind. Perf.; Aktiv 3. Sing. Konj. Präs.; Aktiv 2. Plur. Ind. Präs.; Aktiv 3. Sing. Ind. Prät.

Aufgabe 87: Bestimme die Verben dieses Textes so genau wie möglich, z. B. „Ich kam ...“: 1. Pers. Sing. Ind. Prät. Akt.

Der Spatz

Ich kam von der Jagd zurück und ging die Gartenallee entlang. Mein Hund lief mir voraus. Plötzlich verringerte er seinen Lauf und begann zu schleichen, wie wenn er ein Wild vor sich witterte.

Ich blickte den weiten Weg entlang und sah einen jungen Spatz, noch gelb um den Schnabel herum und mit Flaum auf dem Kopf. Er war aus dem Nest gefallen (der Wind schaukelte heftig die Birken der Allee) und saß unbeweglich, hilflos die Flügelchen gespreizt.

Mein Hund näherte sich ihm langsam, als plötzlich, sich vom nahen Baum herabstürzend, ein alter, schwarzbrüstiger Spatz gerade dem Hund wie ein Stein vor die Schnauze fiel; und mit gesträubtem Gefieder, vor Verzweiflung ganz verzerrt und mit kläglichem Piepsen, hüpfte er einige Male dem geöffneten Rachen entgegen.

Er warf sich, um sein Kind zu retten, ihm entgegen und beschirmte es mit sich selber ... aber sein ganzer kleiner Körper bebte vor Schreck; sein Stimmchen wurde wild und heiser, er war erstarrt, er opferte sich selber. Wie ein riesiges Ungeheuer mußte ihm der Hund erscheinen. Und trotzdem konnte er nicht auf seinen hohen, gefahrlosen Zweigen sitzenbleiben. Eine Kraft, stärker als sein Wille, ließ ihn sich von da hinabstürzen.

Mein Hund blieb stehen, er schob sich etwas zurück. Offenkundig erkannte er diese Kraft an.

Ich beeilte mich, den eingeschüchterten Hund zurückzurufen, und entfernte mich ehrfürchtig.

Ja, lacht nicht. Ich empfand Ehrfurcht vor diesem kleinen, heldenmütigen Vogel, vor seinem liebevollen Trieb.

Liebe — dachte ich — ist stärker als der Tod und Todesfurcht. Nur durch sie, nur durch die Liebe, erhält und bewegt sich das Leben.

(Iwan Turgenew)

C. Artikel (Geschlechtswort)

1. Natürliches und grammatisches Geschlecht

Wir unterscheiden ein *natürliches* und ein *grammatisches* Geschlecht:

Natürliches Geschlecht

männlich: der Vater, der Lehrer, der Hahn,
weiblich: die Mutter, die Lehrerin, die Henne.

Was von Natur aus weder männlich noch weiblich ist, sollte auch in der Sprache als „keines von beiden" (lat. „ne-utrum"), als geschlechtslos oder, wie der Deutsche sagt, als sächlich bezeichnet werden:

sächlich: das Telefon, das Lied, das Holz.

Doch hat die Phantasie des Menschen frühzeitig die Natur beseelt, die ihn umgibt, und daher das männliche oder weibliche Geschlecht auch auf Dinge übertragen:

männlich: der Sturm, der Berg, der Mond,
weiblich: die Wolke, die Luft, die Sonne.

Bemerkenswert ist auch, daß lebende Wesen, denen ein natürliches Geschlecht zukommt, als sächlich behandelt werden (grammatisches Geschlecht):

das Pferd, das Mädchen, das Weib.

Grammatisches Geschlecht (Genus)

Es gibt drei Geschlechter, wobei der Artikel entweder bestimmt oder unbestimmt ist[12]:

Maskulinum (männliches Geschlecht): der, ein

Männlich sind einmal die Namen aller männlichen Wesen. Ferner: die Namen der Wochentage, Jahreszeiten und Himmelsrichtungen.

Femininum (weibliches Geschlecht): die, eine

Weiblich sind die Namen weiblicher Wesen, ferner alle Grundzahlen, wenn sie als Nomina gebraucht werden. Eine Nachahmung des Englischen sind die weiblichen Schiffsnamen: die „Wien".

Neutrum (sächliches Geschlecht): das, ein

Sächlich sind die Namen der meisten Dinge, ebenso Verkleinerungsformen (-chen, -lein). Ferner sind alle übrigen Wortarten sächlich, wenn sie als Nomina gebraucht werden (das Schöne, das Lesen).

Außer dem Artikel hat die Sprache noch andere Möglichkeiten, das Geschlecht zu bezeichnen, z. B. verschiedenartige Wörter für Wesen verschiedenen Geschlechts (Hengst — Stute).

Die *zusammengesetzten Nomina* haben in der Regel das Geschlecht des Grundwortes, z. B. „das Stadthaus".

---

[12] Strenggenommen ist der Artikel nicht eine eigene Wortart, sondern „der, die, das" sind Demonstrativpronomen (hinweisende Fürwörter), und „ein, eine, ein" sind Numeralia (Zahlwörter).

2. Besonderheiten

Einige Nomina wechseln mit dem Artikel ihre Bedeutung. Die gebräuchlichsten sind:

der Band (Buch)	das Band (zum Binden)
der Bauer (Landmann)	das Bauer (Käfig)
der Bund (Bündnis)	das Bund (das Gebundene)
der Flur (Hausflur)	die Flur (freies Feld)
der Gehalt (Inhalt)	das Gehalt (Einkommen)
der Harz (Gebirge)	das Harz (vom Baume)
der Kiefer (Kinnbacken)	die Kiefer (Baum)
der Leiter (Führer)	die Leiter (zum Hinaufsteigen)
die Mark (Bezirk; Münze)	das Mark (in den Knochen)
der Mast (Schiffsbaum)	die Mast (Mästung)
der Messer (der da mißt)	das Messer (zum Schneiden)
der See (Binnensee)	die See (das Meer)
die Steuer (Abgabe)	das Steuer (im Auto)
der Stift (Bleistift)	das Stift (Kloster)
der Tau (Niederschlag)	das Tau (Seil)
der Tor (töricht)	das Tor (im Fußballspiel; große Tür)
der Verdienst (Erwerb)	das Verdienst (durch eine Tat)

Einige Nomina weisen zwei mögliche Artikel auf, der weniger gebräuchliche steht in Klammern:

(der) die Geisel	(der) das Knäuel
(der) die Wulst	der (das) Spind
(der) das Münster	(der) das Zubehör
der (das) Bonbon	der (das) Liter

Beachte: Die Maßangabe „Meter" wird sowohl mit dem männlichen als auch mit dem sächlichen Artikel gebraucht, jedoch heißt es „der Kilometer" und „das Thermometer".

Aufgabe 88: Bestimme das Geschlecht folgender Nomina:

Vater, Neffe, Stute, Huhn, Geist, Kater, Eber, Efeu, Floh, Orgel, Tau, Tuch, Dotter, Pech, Strick, Altar, Zehe, Euter, Zink, Stahl, Montag, Wenn und Aber, April, Sieben, Sommer, Büchlein, Fürstentum, Jugend, Tor, Gewissen, Eisen, Rechnung, Gewicht, Habicht, Güte.

3. Deklination des Artikels (des Geschlechtswortes)

	Maskulinum		*Femininum*		*Neutrum*		
			Singular				Plural[13]
Nom.	der	ein	die	eine	das	ein	die
Gen.	des	eines	der	einer	des	eines	der
Dat.	dem	einem	der	einer	dem	einem	den
Akk.	den	einen	die	eine	das	ein	die

Ebenso wie der bestimmte Artikel werden dekliniert:

dieser, jeder, jener, mancher, solcher, welcher.

[13] Unbestimmte Artikel haben keine Pluralformen; hier steht das Nomen im Plural für sich: ein Kind — Kinder.

D. Nomen (Substantiv, Hauptwort, Dingwort)

1. Funktion

Die Nomina[14] bezeichnen meistens Personen, Tiere oder Sachen. Das Nomen ist also hier die Bezeichnung für etwas, was man mit den Sinnen wahrnehmen kann:

Haus, Katze, Mutter, Baum.

Solche Nomina nennen wir auch **Konkreta**.

Wir unterteilen die Konkreta in

1. Gattungsnamen:	Baum, Tisch, Mann, Feld, Wiese
2. Eigennamen:	Hans, Frankreich, Elbe, Zugspitze
3. Sammelnamen:	Gebirge, Allee, Gewässer
4. Stoffnamen:	Wasser, Gold, Silber, Stein

Es gibt aber auch Nomina, die etwas bezeichnen, was man nicht mit den Sinnen wahrnehmen kann:

Gott, Gerechtigkeit, Güte, Liebe.

Solche Nomina nennen wir **Abstrakta**.

Wir unterteilen die Abstrakta nach folgenden Gesichtspunkten:

1. Eigenschaften:	Schönheit, Größe, Röte, Begabung
2. Tätigkeiten:	Geschrei, Schlag, Ruf, Sprung
3. Tugenden:	Höflichkeit, Gerechtigkeit, Hilfsbereitschaft
4. Zeitabschnitte:	Sommer, Stunde, Jahrhundert
5. Wissenschaften:	Philosophie, Biologie, Erdkunde
6. Seelische Kräfte:	Gedanke, Phantasie, Wille, Glaube, Liebe

Aufgabe 89: Teile nach Konkreta und Abstrakta ein:

Buch, Feder, Fleiß, Hand, Schaf, Gefälligkeit, Fluß, Schönheit, Sturz, Treue, Berg, Wagen, Hoffnung, Uhr, Turm, Freude, Kirche, Junge, Familie, Kupfer, Heinz, Haus, Brot, Gebirge, Gerda, Wein, Vieh, Wien, Eiche, Öl, Geflügel, Joseph, Zucker, Elend, Gehorsam, Wiese, Fuß, Größe, Fall, Chemie, Gedanke, Glaube, Pult, Arbeit, Schlüssel, Tinte, Physik, Frucht, Gewicht, Gemälde, Geduld, Zimmer.

Der Bildung nach sind die Nomina Stammwörter, abgeleitete Wörter oder zusammengesetzte Wörter:

Stammwörter sind von keinem anderen Wort abgeleitet:

Haus, Mann, Ort.

Durch Vor- und Nachsilben entstehen *abgeleitete Wörter:*

Gehäuse, Männlichkeit, Ortschaft.

Bei *zusammengesetzten Nomina* heißt das erste Wort *Bestimmungswort*, das zweite *Grundwort:*

Vaterhaus, Feuerwehrmann, Ausflugsort.

Geschlecht und Deklination richten sich immer nach dem Grundwort.

[14] Zum Terminus ‚Nomen' vgl. Fußn. 1, Seite 34.

2. Genus

Schlage hierzu das vorige Kapitel C. Artikel (S. 67) auf!

3. Numerus (Zahl)

Singular (Einzahl) und **Plural** (Mehrzahl) unterscheiden sich zum einen durch die Formen des Artikels und durch die Endungen, zum anderen oft durch den Umlaut im Plural:

der Wagen — *die* Wagen; aber: *der* Laden — *die* Läden
die Katze — die Katz*en*; aber: die Maus — die M*ä*us*e*
die M*u*tter — die M*ü*tter; aber: *das* Haus — *die* H*ä*us*er*

(Die mit „aber:" angeschlossenen Beispiele weisen jeweils darauf hin, daß ebenso Kombinationen bei den verschiedenen Kennzeichnungen des Plurals anzutreffen sind.)

a) Nomina ohne Plural bzw. ohne Singular

Nur den Singular haben oft:

1. Stoffe:	Gold, Sand, Rauch, Butter, Honig usw.
2. Sammelbegriffe:	Obst, Vieh, Getier usw.
3. Eigenschaften:	Treue, Mut, Tapferkeit, Gehorsam usw.
4. Eigennamen:	Donau, Harz, Kiel usw.

Nur den Plural haben oft:

1. Personengruppen:	Leute, Eltern, Geschwister usw.
2. Zeitabschnitte:	Ferien, Flitterwochen usw.
3. Geographische Begriffe:	Alpen, Niederlande, Karpaten usw.
4. Krankheiten:	Blattern, Masern, Pocken usw.
5. Sonstiges:	Kosten, Spesen usw.

b) Besonderheiten der Pluralbildung

Verschiedene Bedeutung bei verschiedenen Pluralformen

die Bänke (zum Sitzen)	die Banken (Geldinstitute)
die Mütter (Frauen)	die Muttern (an Schrauben)
die Sträuße (Blumen)	die Strauße (Vögel)
die Wörter (einzelne Vokabeln)	die Worte (im Zusammenhang)
die Männer (Mehrzahl)	die Mannen (Gefolgsleute)

Nomina mit dem Grundwort „-mann"

der Kaufmann	die Kaufleute	der Fachmann	die Fachleute
der Schutzmann	die Schutzleute	der Landsmann	die Landsleute

Auf *-männer* enden: Staatsmann, Schneemann, Strohmann.

Auf *-männer* oder auf *-leute* enden: Steuermann, Ersatzmann.

Unterscheide die Bedeutung von: Ehemänner, Eheleute!

Fremdwörter

das Thema	die Themen	der Atlas	die Atlanten
die Firma	die Firmen	das Ministerium	die Ministerien
das Schema	die Schemata	das Album	die Alben
das Mineral	die Mineralien	das Museum	die Museen
das Drama	die Dramen	das Gymnasium	die Gymnasien
das Stadion	die Stadien	der Rhythmus	die Rhythmen
die Praxis	die Praxen	der Charakter	die Charaktere
das Prinzip	die Prinzipien	das Konto	die Konten
das Zentrum	die Zentren	das Lexikon	die Lexika
das Datum	die Daten	das Material	die Materialien

Plural-s der Fremdwörter

der Balkon	die Balkone, die Balkons
der Ballon	die Ballone, die Ballons
der Waggon	die Waggone, die Waggons
der Salon	die Salons
das Sofa	die Sofas
das Hotel	die Hotels
die Saison	die Saisons
die Party	die Parties

Aufgabe 90: Kennst du einige der o. a. Fremdwörter nicht, so schlage deren Bedeutung im Wörterbuch nach! — Welche besonderen Pluralbildungen kannst du bei den grammatischen Fachausdrücken feststellen? Ziehe dazu das Verzeichnis am Schluß dieses Buches heran!

Merke: Deutsche Wörter haben kein Plural-s

der Junge	die Jungen	der Kerl	die Kerle
das Mädchen	die Mädchen	das Fräulein	die Fräulein

Pluralformen auf -s bei deutschen Wörtern sind nur bei einigen Wörtern niederdeutscher Herkunft zulässig:

Wracks, Haffs, Knicks, Docks (eigentlich englisch).

Umschreibende Pluralformen

der Dank	die Danksagungen	das Lob	die Lobsprüche
das Glück	die Glücksfälle	der Rat	die Ratschläge
der Schutz	die Schutzmaßnahmen	der Streit	die Streitigkeiten
die Furcht	die Befürchtungen	das Unglück	die Unglücksfälle
der Rauch	die Rauchschwaden	der Schnee	die Schneemassen

4. Kasus (Fall)

Es gibt vier Fälle:

1. Fall, **Nominativ:**	*wer* oder *was?*	*Das Kaffeewasser* kocht gleich.
2. Fall, **Genitiv:**	*wessen?*	Ich gedenke *des Mannes.*
3. Fall, **Dativ:**	*wem?*	Wir helfen *dem alten Nachbarn.*
4. Fall, **Akkusativ:**	*wen* oder *was?*	Sie beobachtet *eine Spinne.*

Einen besonderen Fall für die Anrede (lat. Vokativ) gibt es im Deutschen nicht; die Anrede steht immer im Nominativ und wird durch Komma vom übrigen Satz abgetrennt.

5. Deklination der Nomina (Beugung der Hauptwörter)

Es gibt drei Arten der Deklination: stark, schwach, gemischt.

Ein Nomen geht nach der *starken* Deklination, wenn es im *Genitiv Sing.* ein -*s* oder -*es* bekommt; nach der *schwachen*, wenn es im *Genitiv Sing.* und im *Nominativ Plur.* -*n* oder -*en* erhält. Nach der *gemischten* Deklination gehen jene Wörter, die im Singular stark, im Plural schwach dekliniert werden.

a) Die Deklination der Maskulina (der männlichen Hauptwörter)

Das einzig sichere Kennzeichen der **starken** Deklination ist das -*s* im *Genitiv Sing.*, dazu im *Dativ Plur.* ein -*n*. Der *Plural* der *starken* Maskulina kann *Umlaut* haben. Im *Genitiv* und *Dativ Sing.* wird das -e der Endung heute in der Umgangssprache und auch in der Schrift vernachlässigt; man sagt nicht mehr „dem Buche", sondern verwendet bereits die sprachlich einfachere Form „dem Buch".

Die *schwachen* Maskulina haben in allen Fällen (außer im Nominativ Sing.) -*en* oder -*n*. *Schwache* Nomina haben *niemals Umlaut!*

	Starke Deklination		*Schwache Deklination*
	Singular		Singular
Nom.	der Baum	der Fahrer	der Mensch
Gen.	des Baum*es*	des Fahrer*s*	des Mensch*en*
Dat.	dem Baum[*e*]	dem Fahrer	dem Mensch*en*
Akk.	den Baum	den Fahrer	den Mensch*en*
	Plural		Plural
Nom.	die B*ä*um*e*	die Fahrer	die Mensch*en*
Gen.	der B*ä*um*e*	der Fahrer	der Mensch*en*
Dat.	den B*ä*um*en*	den Fahrer*n*	den Mensch*en*
Akk.	die B*ä*um*e*	die Fahrer	die Mensch*en*

Einige Wörter schwanken zwischen schwacher und starker Deklination: man kann im Singular sowohl „des Bauern" als auch „des Bauers" (ungebräuchlich) sagen, ebenso im Dativ „dem Bauern" und „dem Bauer" (seltener). Gleiches gilt für das Wort „Nachbar".

Manche Maskulina sind von der schwachen zur starken Deklination übergewechselt, Reste finden wir in: „Hahnenschrei" und „Maiennacht".

Es gibt ebenso noch Reste eines endungslosen Plurals, wie wir ihn im Ruf „Alle Mann an Deck" finden. Einen solchen endungslosen Plural sehen wir auch in: drei Faß Wein, acht Sack Roggen, sechs Glas Milch, vier Paar Schuhe, zwei Stück Brot usw.

Aufgabe 91: Unterscheide starke und schwache Nomina:

Fluß, Graf, Hund, Tag, Narr, Gegner, Rabe, Trecker, Hubschrauber, Fürst, Arzt, Flieger, Riese, Ausländer, Bär, Bürger, Stoff.

b) Die Deklination der Feminina (der weiblichen Hauptwörter)

Alle Feminina sind im *Singular endungslos.*

In der **starken** Deklination enden sie im *Plural* auf -e *mit Umlaut*, nur im Dativ zeigen sie *-(e)n.*

In der **schwachen** Deklination enden sie im *Plural* auf -*en* oder -*n ohne Umlaut.*

	Starke Deklination		*Schwache Deklination*
	Singular		Singular
Nom.	die Nacht	die Wurst	die Nase
Gen.	der Nacht	der Wurst	der Nase
Dat.	der Nacht	der Wurst	der Nase
Akk.	die Nacht	die Wurst	die Nase
	Plural		Plural
Nom.	die N*ä*cht*e*	die W*ü*rst*e*	die Nase*n*
Gen.	der N*ä*cht*e*	der W*ü*rst*e*	der Nase*n*
Dat.	den N*ä*cht*en*	den W*ü*rst*en*	den Nase*n*
Akk.	die N*ä*cht*e*	die W*ü*rst*e*	die Nase*n*

Früher wurde auch der Singular der Feminina gebeugt. (Schillers ‚Lied von der Glocke' beginnt „Festgemauert in der Erden ...")

Aufgabe 92: Stark oder schwach?

Blume, Hand, Wand, Wiese, Laube, Kunst, Ratte, Spur, Decke, Kraft, Zeit, Nadel, Freude, Mutter, Treppe, Kuh, Mauer, Stadt, Freundin, Braut, Tochter, Schwester.

c) Die Deklination der Neutra (der sächlichen Hauptwörter)

Alle Neutra gehen im *Singular stark*, haben also ein -*s* im *Genitiv*. Im Plural beugen sie *entweder stark* auf -e oder -er (Umlaut!) *oder schwach* auf -en ohne Umlaut. Wörter, die im Singular stark und im Plural schwach dekliniert werden, rechnet man zur sog. *gemischten* Deklination.

	Starke Deklination		*Gemischte Deklination*
	Singular		Singular
Nom.	das Haar	das Lamm	das Auge
Gen.	des Haar*es*	des Lamm*es*	des Auge*s*
Dat.	dem Haar[*e*]	dem Lamm[*e*]	dem Auge
Akk.	das Haar	das Lamm	das Auge
	Plural		Plural
Nom.	die Haar*e*	die L*ä*mm*er*	die Auge*n*
Gen.	der Haar*e*	der L*ä*mm*er*	der Auge*n*
Dat.	den Haar*en*	den L*ä*mm*ern*	den Auge*n*
Akk.	die Haar*e*	die L*ä*mm*er*	die Auge*n*

Aufgabe 93: Stark oder gemischt?

Haus, Gebot, Hemd, Geschlecht, Jahr, Nest, Ende, Fenster, Tal, Bett, Dorf, Schaf, Lied, Segel, Leid, Gesetz, Auge, Ohr, Loch, Feld, Rad.

d) Die sog. gemischte Deklination

Schon bei den sächlichen Hauptwörtern lernten wir den Begriff der gemischten Deklination kennen. Zu ihr gehören jene Nomina, die *im Singular stark* und *im Plural schwach* gebeugt werden.

Nach der gemischten Deklination werden viele *Fremdwörter* auf -or gebeugt: Pastor, Doktor, Professor, Motor.

	Singular *(stark)*		Plural *(schwach)*	
Nom.	der Schmerz	das Ohr	die Schmerz*en*	die Ohr*en*
Gen.	des Schmerz*es*	des Ohr*es*	der Schmerz*en*	der Ohr*en*
Dat.	dem Schmerz[*e*]	dem Ohr[*e*]	den Schmerz*en*	den Ohr*en*
Akk.	den Schmerz	das Ohr	die Schmerz*en*	die Ohr*en*

Aufgabe 94: Dekliniere zwei der folgenden Nomina durch alle Fälle:

Staat, Strahl, See, Stachel, Mann, Bett, Leid.

e) Die Deklination der Eigennamen

Eigennamen *mit Artikel:*
unverändert

der Michael
des Michael
dem Michael
den Michael

Eigennamen *ohne Artikel:*
nur *im Genitiv verändert*

Michael
Michael*s*
Michael
Michael

Mehrere Eigennamen *mit Artikel:*
unverändert

der Johann Karl Peter
des Johann Karl Peter
dem Johann Karl Peter
den Johann Karl Peter

Mehrere Eigennamen *ohne Artikel:*
nur der letzte erhält ein *Genitiv-s*

Johann Karl Peter
Johann Karl Peter*s*
Johann Karl Peter
Johann Karl Peter

Besonders in der Literaturgeschichte wird diese Regel wichtig:

Johann Wolfgang von Goethe*s* Gedichte,
die Gedichte Johann Wolfgang von Goethe*s*.

Genitivbildung bei Namen mit Herkunftsort: a) Wenn Familienname als Ortsname erkennbar, Beugung des Vornamens: die Lieder Walthers von der Vogelweide. — b) Beugung des Ortsnamens, wenn dieser einem entsprechenden Nomen vorangeht: Wolfram von Eschenbachs „Parzival".

Titel vor Eigennamen

Mit Artikel: Artikel und Titel dekliniert, Eigenname unverändert:

der neue Wagen *des* Kaufmann*s* Otto Müller, die Gesetze *des* König*s* Friedrich.

Ohne Artikel: nur der Name dekliniert:

Kaufmann Otto Müller*s* neuer Wagen, die Gesetze König Friedrich*s*.

Der Titel „Herr" wird immer dekliniert:

der Herr Müller, *des* Herr*n* Müller usw.,
Herr*n* Müller*s* Wagen, der Platz des Herr*n* Direktor*s*, das Haus des Herr*n* Professor Schulze

Folgen wie im letzten Beispiel nach „des" mehrere Titel *und* der Name, so wird nur der erste Titel (s. o.: „Herr") dekliniert:

der Platz des Herr*n* Direktor Müller, das Buch *des* Professor*s* Doktor Schulz

Geographische Namen mit und ohne Artikel haben meist das Genitiv-s:

in den Straßen Rom*s*, an den Ufern des Rhein*s*, auf den Höhen des Spessart*s*

Nur bei Namen, die auf einen Zischlaut enden, bildet man den Genitiv mit „von":

die Straßen *von* Paris, die Innenstadt *von* Worms, die Bewohner *von* Mainz

Genitiv-Endung -ens bei Eigennamen mit Zischlautendung

Heinz*ens*, Hans*ens*, Schulz*ens* Haus

Genitiv-Apostroph bei Namen mit -s-Endung

Löns' Lieder. Besser: Die Lieder von Hermann Löns

Namen in Anführungszeichen werden immer dekliniert:

die letzte Ausgabe des „Alten Hamburger Anzeiger*s*"

Will man den Ausdruck unverändert lassen, so setzt man eine Gattungsbezeichnung davor:

die Ausgabe der Zeitung „Alter Hamburger Anzeiger", die Aufführung der Operette „Der Vogelhändler"

Aufgabe 95: Setze richtig ein:

Die Arbeit (der Autoschlosser Hans Ludwig Bär) ist stets preiswert. — Das Buch (der Professor Doktor Krause) ist aufschlußreich. — Die Ansprache (der Herr Studienrat Doktor Lange) ergriff alle. — Die Sprechstunde (der Herr Professor Müller) fällt aus. — Wir gehen zu (Lange) Buchhandlung. — Hole das Buch (Peter Rosegger)! — Lies die Gedichte (Joseph Freiherr von Eichendorff)! — Auf Anraten (der Herr Oberstudiendirektor Doktor Maier) verlasse ich die Schule. — In der Landschaft (der schöne Harz) erholen wir uns gut. — In den Städten (das südliche Hessen) gibt es viel Industrie. — Der Bruder (mein Vetter Peter) ist Offizier. — Der Bruder (unser Peter) ist Offizier. — Der Bruder (Peter) ist Offizier. — Die Praxis (der Herr Doktor) ist geschlossen. — Die Praxis (der Herr Doktor Maier) ist geschlossen. — Die Streiche (Max und Moritz) lesen sich amüsant. — Die Jubiläumsausgabe (die „Berliner Neue Illustrierte Zeitung") erscheint morgen.

Aufgabe 96: Bestimme Numerus und Kasus der Nomina des folgenden Textes!

Der Nordwind und die Sonne

An einem kalten Herbstmorgen sahen der Nordwind und die Sonne einen Mann zu Pferde, der einen nagelneuen Mantel trug.

„Der scheint sich in seinem schönen Gewand sehr wohl zu fühlen", sagte der Nordwind, „aber ich könnte es ihm mit Leichtigkeit vom Leibe blasen."

Da antwortete die Sonne: „Das wird nicht so einfach sein; doch wollen wir versuchen, wem es zuerst gelingt, ihm den Mantel auszuziehen. Du darfst anfangen."

Der Nordwind fing an, mit aller Kraft zu blasen.
Die Leute jagten ihren Hüten nach.
Die Bäume verloren alle Blätter.
Die Tiere hatten große Angst.
Viele Schiffe gingen unter im Sturm.
Aber so sehr der Nordwind sich auch anstrengte, der Reiter hielt seinen Mantel nur um so fester.

„Nun komme ich an die Reihe", rief die Sonne. Und als die Sonne anfing, ihre sanfte Wärme auszustrahlen, kamen die Bienen und Schmetterlinge hervor, und die Blumen öffneten ihre Kelche. Die Vögel ließen ihre Lieder erschallen. Die Tiere schliefen friedlich ein, und die Menschen kamen aus den Häusern, um zu plaudern. Dem Reiter aber in seinem schönen Mantel wurde es sehr heiß. Und als er einen Fluß sah, zog er sich aus und ging schwimmen.

So gelang der Sonne mit Wärme und Sanftmut, was der Nordwind mit aller Stärke und Raserei nicht erreicht hatte.

(Jean de LaFontaine)

E. Pronomen (Fürwörter)

1. Funktion

Das Pronomen *vertritt* ein Nomen. Da es *für* ein Nomen steht, nennen wir es auch „Für-wort" (lat. pro-nomen). Es kann jedoch auch das Nomen begleiten, auf dieses hinweisen, sich darauf beziehen oder danach fragen.

2. Einteilung

Das **Personalpronomen (persönliche Fürwort)** steht in echtem Sinne *für eine Person oder Sache:*

Ich rufe *ihn.*

Das **Reflexivpronomen (rückbezügliche Fürwort)** *bezieht sich* stets *auf das Subjekt* (den Satzgegenstand) *zurück* (lat. reflexivum = das rückwärts Gewendete):

Er wäscht *sich.*

Das **Possessivpronomen (besitzanzeigende Fürwort)** kennzeichnet das *Eigentumsverhältnis*, es bezeichnet den *Besitzer* des Wesens oder Dinges und vertritt damit gleichzeitig den Namen des Besitzers (lat. possidere = besitzen):

Es ist *unser* Platz, nicht *deiner.*

Das **Demonstrativpronomen (hinweisende Fürwort)** *zeigt* auf ein Wesen oder Ding (lat. demonstrare = zeigen):

Diese Briefmarke ist selten, *jene* nicht.

Das **Relativpronomen (bezügliche Fürwort)** steht nicht wie der Artikel vor dem Nomen, sondern hinter ihm. Es *bezieht sich auf das* Nomen und heißt daher „bezügliches Fürwort" (lat. relativum = das auf etwas Bezogene):

Eine Stadt, *die* ich gern besuche, ist München.

Das **Interrogativpronomen (fragende Fürwort)** *fragt* nach einem Wesen oder Ding (lat. interrogare = fragen):

Wer hat gesprochen? — *Was* ist da geschehen?

Das **Indefinitpronomen (unbestimmte Fürwort)** bezeichnet eine nicht genauer bestimmte Person oder Sache (lat. indefinitum = das nicht näher Bestimmte):

Man sagt, etwas habe ihn gestört.

3. Personalpronomen (Persönliches Fürwort)

Personalpronomen stehen für den Namen von Personen. Daher müssen wir drei Personen unterscheiden:

Die sprechende Person (1. Person): ich, wir.
Die angesprochene Person (2. Person): du, ihr.

Die Personalpronomen „du" und „ihr" sind die vertrauliche Form der Anrede. In Briefen schreibt man „du" und „ihr" in allen Deklinationsformen groß.

Die Formen der Anrede haben oft gewechselt. In alter Zeit redete man jedermann mit „du", mehrere Personen mit „ihr" an. Später wurde es üblich, eine einzelne Person mit „ihr" anzureden; man meinte, den Angesprochenen mit dieser Mehrzahlform zu ehren. Auch kannte man einen alten Genitiv Plur. für feierliche Anreden, z. B. „Ihro Majestät". Auch die Könige betrachteten sich selbst als Mehrheit, z. B. „Wir, König von Gottes Gnaden". Dann strebte man nach Verfeinerung. Das „ihr" reichte nicht mehr aus, also sprach man seinen Partner als unnahbaren Dritten mit „er" an. Diese Anredeform erfuhr später eine Wertminderung: jetzt gebrauchte man das „er" lediglich im Verkehr gegenüber Untergebenen, wie z. B. „Geh er und hole er . . .". Um 1800 war das „er" bereits zur beleidigenden Rede herabgesunken. Parallel zu dieser Entwicklung setzte sich jedoch zunehmend die Pluralform „Sie" als Anrede durch, die dann allgemein üblich wurde.

Die besprochene Person: er, sie (Singular), es, sie (Plural).

Als Anredeform und in der direkten Rede wird „Sie" in allen Deklinationsformen groß geschrieben. Dekliniert wird „Sie" wie die 3. Pers. Plural.

Die Deklination der Personalpronomen wirkt schwierig, weil sie ihre Formen von verschiedenen Wortstämmen aus bilden:

			Singular		
	1. Pers.	2. Pers.	3. Pers. (m.)	3. Pers. (w.)	3. Pers. (s.)
Nom.	ich	du	er	sie	es
Gen.	meiner	deiner	seiner	ihrer	seiner
Dat.	mir	dir	ihm	ihr	ihm
Akk.	mich	dich	ihn	sie	es
			Plural		
	1. Pers.	2. Pers.		3. Pers.	
Nom.	wir	ihr		sie	
Gen.	unser	euer		ihrer	
Dat.	uns	euch		ihnen	
Akk.	uns	euch		sie	

Aufgabe 97: Setze die richtigen Formen der Personalpronomen ein!

Luise ruft mich; ich will _ schnell helfen. — Franz ruft mich, ich will _ schnell helfen. — Du solltest dich nicht ängstigen; ich werde _ behüten. — Als wir ins Kino traten, begegnete _ unser Klassenlehrer. — Wir baten ihn, _ die Haare zu schneiden. — Herr, erbarme dich _. — Die Diebe hatten den Geldschrank mitgeschleppt, wir zwangen sie, _ _ zurückzugeben. — Bringe dem Direktor den Bericht, das Arbeitsergebnis und die Aufstellung, und sage ihm, er solle _ bald zurückreichen. — Er war unser bester Fußballer, aber der Nachbarverein hat _ _ weggeholt. — Unser Nachbar ist tot; wir vermissen _ sehr und gedenken _ jeden Augenblick. — Ich gab _ meine Arbeit; wann wirst du _ _ wiedergeben? — Er mag verschwinden, ich bin _ überdrüssig. — Mein Freund zeigte _ alle Sehenswürdigkeiten. — Er fand die Garage offen und bat, _ zu schließen. — Er bat um ein Heft, ich gab _ _ gern.

Aufgabe 98: Suche aus dem Text der Aufgabe 59 (S. 48) alle Personalpronomen heraus!

4. Reflexivpronomen (Rückbezügliches Fürwort)

Die dritte Person der Personalpronomen im Dativ und Akkusativ Sing. und Plur. heißt „*sich*", wenn das Pronomen auf das Subjekt des gleichen Satzes zurückzubeziehen ist. Bei der 1. und 2. Person und beim Genitiv der 3. Person gibt es keine besonderen Formen. Vom Gebrauch her kann man folgendes Paradigma zusammenstellen (der Nominativ entfällt!):

	Singular		
	1. Pers.	2. Pers.	3. Pers.
Nom.	—	—	—
Gen.	meiner	deiner	seiner selbst (ihrer selbst)
Dat.	mir	dir	sich
Akk.	mich	dich	sich
	Plural		
	1. Pers.	2. Pers.	3. Pers.
Nom.	—	—	—
Gen.	unser	euer	ihrer selbst
Dat.	uns	euch	sich
Akk.	uns	euch	sich

Beispiele für den Genitiv:

Ich spotte meiner, du spottest deiner, usw.

Beispiele für den Dativ:

Ich helfe mir, du hilfst dir, usw.

Beispiele für den Akkusativ:

Ich bade mich, du badest dich usw.

5. Possessivpronomen (Besitzanzeigendes Fürwort)

Aus dem Genitiv der Personalpronomen entstehen die Possessivpronomen „mein, dein, sein, ihr, unser, euer, ihr". Sie geben an, ob ein Ding der sprechenden, der angesprochenen oder der besprochenen Person gehört. Zumeist vor dem Nomen stehend, werden sie im Singular wie der unbestimmte Artikel dekliniert:

	Maskulinum	*Femininum*	*Neutrum*
	Singular		
Nom.	mein Garten	mein*e* Mappe	mein Buch
Gen.	mein*es* Gartens	mein*er* Mappe	mein*es* Buches
Dat.	mein*em* Garten	mein*er* Mappe	mein*em* Buch[e]
Akk.	mein*en* Garten	mein*e* Mappe	mein Buch
	Plural		
Nom.	mein*e* Gärten	mein*e* Mappen	mein*e* Bücher
Gen.	mein*er* Gärten	mein*er* Mappen	mein*er* Bücher
Dat.	mein*en* Gärten	mein*en* Mappen	mein*en* Büchern
Akk.	mein*e* Gärten	mein*e* Mappen	mein*e* Bücher

Ebenso werden dekliniert: *dein, sein, ihr, unser, euer, ihr.*

Um den Besitz mit Nachdruck hervorzuheben, setzt man zum Possessivpronomen oft das Adjektiv „eigen" hinzu:

mein eigenes Haus.

Aufgabe 99: Suche aus dem Text der Aufgabe 87 (S. 66) die Possessivpronomen heraus!

6. Demonstrativpronomen (Hinweisendes Fürwort)

Demonstrativpronomen weisen auf eine Person oder Sache hin. Wir kennen folgende Demonstrativpronomen:

der, die, das können Artikel oder Demonstrativpronomen sein:

Artikel	*Demonstrativpronomen*
Ich habe die Mappe gekauft.	*Die* Mappe will ich nicht!

Neben der besonderen Betonung unterscheiden sich die Demonstrativpronomen „der, die, das" vom Artikel nur durch die Deklination in folgenden Fällen:

Genitiv Sing.: dessen, deren, dessen.
Genitiv Plur: derer, deren.
Dativ Plur.: denen.

Aufgabe 100: Die Demonstrativpronomen „der, die, das" werden beim Sprechen besonders betont. Lies laut vor:

Die Frau kenne ich nicht! — Das Buch möchte ich haben! — Das ist ein guter Einfall. — Der taugt nichts. — Ihre Eltern und deren Tod waren unser Gesprächsthema. — Wir hörten die Namen derer, die gefallen sind. — Das Geschlecht derer von Berlichingen ist ausgestorben. — Wir wollen von denen nichts haben.

Bestimme Numerus und Kasus der Demonstrativpronomen!

Unterscheide:

Sie sprach mit ihrer Freundin und *deren* Schwester.
Sie sprach mit ihrer Freundin und ihrer Schwester.

dieser, diese, dieses weisen *betonter* als „der, die, das" auf etwas hin. Die Deklination ist die gleiche wie beim bestimmten Artikel (siehe S. 68).

Was ist *diese* Frau? — *Dieser* Baum da wird gefällt. — Wie gefällt dir *dies* (verkürzte Form) Kleid?

jener, jene, jenes gebraucht man — im Unterschied zu „dieser, diese, dieses" — bei Personen oder Sachen, von denen der Sprecher innerlich *Abstand halten* will oder die örtlich und zeitlich recht entfernt liegen:

Mit *jenem* Betrüger will ich nichts zu tun haben. — Er hat *jene* Eigenschaften, die wir ablehnen. — Dies Haus gehört uns, *jenes* Müllers. — In *jenen* alten Zeiten galt noch das Lehnsrecht.

solcher, solche, solches weisen auf die *besondere Art* einer Person oder Sache hin:

Einen *solchen* Erfolg haben wir noch nie erlebt. — *Solch* ein Mittelstürmer ist unbezahlbar. — In keinem *solchen* Falle hast du mir geholfen.

derselbe, dieselbe, dasselbe[15] deuten ebenso wie (ungebräuchlich) „der nämliche, die nämliche, das nämliche" *auf einen schon genannten Gegenstand* hin:

Wir wohnen in *demselben* Gasthof wie letztes Jahr. — Ich muß immer *dasselbe* Kleid anziehen.

Dieses Demonstrativpronomen sollte nicht als Personalpronomen benutzt werden. Also nicht: „Hans ist mein Freund. Derselbe lernt Autoschlosser", sondern „Er lernt Autoschlosser".

derjenige, diejenige, dasjenige weisen fast stets auf einen *Relativsatz* hin:

Ich suche *diejenigen, die* gestern nicht hier waren. — Ich gebe *demjenigen, der* das findet, eine Belohnung.

selbst, selber werden nur in Verbindung mit Personalpronomen oder Nomina gebraucht:

Wir *selbst* sind dieser Meinung. — Hans *selber* muß sich entschuldigen.

7. Relativpronomen (Bezügliches Fürwort)

Das Relativpronomen leitet einen Nebensatz ein. Es hat das gleiche grammatische Geschlecht wie das Nomen, auf das es sich *bezieht*. Relativsätze werden stets in Kommas eingeschlossen bzw. durch Komma vom Hauptsatz getrennt.

Der Herr, *dem* ich das sagte, tat sehr erstaunt.
Ich begegnete meinem Sportkameraden, *den* ich lange nicht gesehen hatte.

Neben den üblichen Relativpronomen **der, die, das** gebraucht man **wer** und **was**:

Wer das behauptet, lügt.
Morgen bringe ich dir mit, *was* ich heute vergessen habe.

Die Deklination der Relativpronomen „*der, die, das*" entspricht der des gleichlautenden Demonstrativpronomens (S. 80), nur der Genitiv Plur. lautet „deren":

Meine Großeltern, *deren* (oft schon: *derer*) ich heute gedenke, starben vor acht Jahren. — Der Kurort, *dessen* Heilmittel mich gesund machten, liegt im Mittelgebirge. — Das Kind, *mit dem* ich sprach, wohnt bei unserem Nachbarn.

Meist stehen Relativsätze, die durch „*wer*" oder „*was*" eingeleitet werden, vor dem Hauptsatz:

Wer das getan hat, der ist ein Schuft. — *Wessen* Herz voll ist, dem fließt der Mund über. — *Wem* das nicht paßt, der kann ja gehen. — *Was* lange währt, wird gut. — Alles, *was* er sagte, klang richtig.

„*Was*" darf nur gebraucht werden, wenn es sich auf einen ganzen Satz oder auf die unbestimmten Pronomen „alles, etwas, vieles, manches, nichts" bezieht.

Die Relativpronomen **welcher, welche, welches** werden nur noch gebraucht, um Wiederholungen gleich betonter Wörter zu vermeiden.

Statt:

Die, *die* die Straßenbahn benutzen, können jetzt gehen.

---

15 „Derselbe" bedeutet Identität, „der gleiche" nur täuschende Ähnlichkeit!
„Sie tranken alle aus demselben Becher" bedeutet, daß nur ein Becher da war, aus dem alle tranken. — „Sie tranken alle aus den gleichen Bechern" bedeutet dagegen, daß jeder einen Becher für sich hatte, alle Becher aber untereinander gleich waren.

6 Jägel, Deutsche Sprachlehre (25201)

sagt man:

Diejenigen, *welche* die Straßenbahn benutzen, können jetzt gehen.

Stilistisch besser wäre die Formulierung:

Wer die Straßenbahn benutzt, kann jetzt gehen.

Aufgabe 101: Setze die Formen des Relativpronomens ein:

Der Bürgermeister, _ wir gewählt haben, ist noch jung. — Der Fahrer, _ das Auto gehörte, war recht erbost. — Die Gruppe, _ wir gründeten, hat viele Mitglieder. — Das ist die Verkäuferin, _ ich gestern die Ware abnahm und _ sie mir einpackte. — Der Polizist, _ ich meinen Führerschein gab, reichte ihn mir zurück. — Das Schulgebäude, _ Haupteingang verschlossen war, mußte durch die Seitentür betreten werden. — Die Blume, _ Blüte wir bewundern, stammt aus Brasilien. — Die Städte, in _ es genug Parkplätze gibt, werden immer seltener. — Der Augenblick kam, in _ er alle Schätze, _ er gesammelt hatte, wieder verlor. — Der Feriengast, _ uns jedes Jahr aufsucht und _ wir schätzen, kommt auch jetzt wieder. — Wir kamen zu einem Berge, _ Kuppe mit Kiefern bewachsen war; an seinem Fuße lag ein Ort, _ Lichter zu uns heraufschimmerten. — _ Gott will rechte Gunst erweisen, _ schickt er in die weite Welt. — _ das nicht weiß, _ ist dumm. — _ lange währt, _ wird endlich gut. — Er trug einen Mantel, an _ Kragen ein Abzeichen schimmerte. — Er zerrte an dem Strick, an _ ein Eimer befestigt war. — Der Topf, in _ wir die Palme pflanzten, enthielt Torf und Humus. — Die Erdbeeren, _ ich ernten wollte und nach _ ich mich bückte, waren noch nicht reif. — Die Städte, _ Sehenswürdigkeiten bekannt sind, werden stark besucht.

8. Interrogativpronomen (Fragendes Fürwort)

Interrogativpronomen *fragen* nach einer Person, nach einer Sache oder nach einem Vorgang.

Das Pronomen **wer** fragt immer nach Personen:

Wer hat das getan? — *Wessen* Mappe ist das? — *Wem* darf ich helfen? — *Für wen* arbeitest du?

Das Pronomen **was** fragt nach Sachen, Handlungen oder Vorgängen:

Was raschelt dort? — *Wessen* sollen wir uns immer bewußt sein? — *Was* tut dein Vater?

Mit den Pronomen **welcher, welche, welches** wird nach einer Person oder Sache gefragt, die in einer Gruppe gedacht werden:

Welchen Baum meinst du? — *Welche* Schülerin hat heute Zeit?

Auch bei Ausrufen verwendet man oft diese Pronomen:

Welche (Welch eine) Unverschämtheit! — *Welcher (Welch ein)* Unsinn! — *Welches (Welch ein)* Glück!

Mit **was für ein** fragt man nach der Beschaffenheit eines Gegenstandes:

Was für ein Kleid wünschst du dir? — *In was für einem* Haus wohnt ihr?

Aufgabe 102: Stelle Fragen und beantworte sie in Sätzen:

Wer? Wessen? Wem? Wen? Was? Mit wem? Gegen wen? Welcher? Welches? Welchem? Welchen? Mit welchem? Gegen welchen? Für welche?

9. Indefinitpronomen (Unbestimmtes Fürwort)

Indefinitpronomen bezeichnen ganz allgemein auf unbestimmte Weise Personen und Sachen. Die wichtigsten sind:

man, jemand, niemand, jedermann, einer, keiner, jeder, jeglicher, jedweder, mancher, irgendein, einige, mehrere, viele, alle, wenige, etliche, etwas, nichts.

Beachte, daß „einige, mehrere, alle, viele" auch als unbestimmte Zahlwörter angesehen werden!

Aufgabe 103: Bilde mit den angegebenen Indefinitpronomen Sätze! Überlege: Welche Indefinitpronomen bezeichnen eine Person, welche eine Sache? Beachte die Kleinschreibung!

Aufgabe 104: Bestimme alle Pronomen, die im folgenden Text vorkommen!

Du sitzt auf meinem Stuhl! — Ich habe mich gewaschen. — Gerade jetzt solltest du aufpassen. — Was soll man davon halten? — Dieses Bild gefällt mir besonders gut, jenes dort weniger. — Ich weiß, wer das getan hat. — Wo liegt meine Aktentasche? — Das war ihr Pech. — Sie haben mich zum Nichtraucher gemacht. — Heute hat keiner an das Tafelwischen gedacht. — Eine solche Ungezogenheit habe ich noch nicht erlebt. — Wir gaben ihm das Buch. — Rette sich, wer kann. — Wir wohnen in dem Haus, das zwischen den Bäumen steht. — Was ist dort los? — Daran ist schon mancher gescheitert. — Gott behüte uns. — Du hilfst dir am besten selbst. — Unsere Wohnung liegt im 3. Stock. — Der Kurort, dessen Heilquellen Mutter so wohltaten, liegt im Schwarzwald. — Ich möchte dieses Kuchenstück. — Welche Tür ist es? — Hast du dir damit nicht selbst geschadet? — Setze dich endlich auf deinen Platz. — Ich suche denjenigen, dem ich mein Fahrrad geliehen habe. — Wem das nicht gefällt, der soll es nur sagen. — Wer hat angerufen? — Das ist Ihre Tasche.

F. Adjektiv (Eigenschaftswort)

1. Funktion

Ohne das Adjektiv hätten wir weniger Möglichkeiten, *Wesen* und *Dinge* zu *charakterisieren*, *Zustände* zu *bezeichnen*, *Urteile abzugeben* oder *Vergleiche anzustellen*.

Mit dem Adjektiv nimmt der Sprechende oder Schreibende Stellung zur Welt.

Das Adjektiv bezeichnet:

Eigenschaften (Wesen, Dinge, Vorgänge, Zustände)

ein *fröhliches* Mädchen, *süßes* Obst, *rasches* Laufen, *tiefes* Rot;

Beziehungen (Herkunft, Ähnlichkeit, Orts- und Zeitverhältnis)

österreichische Briefmarken, *ungleiche* Dreiecke, die *hiesige* Verwaltung, der *morgige* Tag.

2. Gebrauch

Das Adjektiv kann in mehrfacher Weise gebraucht werden:

a) attributiv (beifügend)

Hier wird das Adjektiv dem Nomen unmittelbar beigefügt (attributives[16] Adjektiv):

die *schmutzigen* Stiefel, der *rotbäckige* Apfel.

Diese Adjektive werden dekliniert; sie richten sich dabei nach dem Nomen, das sie näher bestimmen.

Bei Dichtern findet man hin und wieder das attributive Adjektiv dem Nomen nachgestellt, in diesem Falle bleibt es unverändert: „Ein Bächlein *silberhell*."

b) prädikativ (aussagend)

Hier bezieht sich das Adjektiv auf das Nomen, steht aber in enger Verbindung zum Verb (prädikatives[17] Adjektiv). Es bleibt ungebeugt:

Die Stiefel sind *schmutzig*. — Der Apfel ist *rotbäckig*. — Ihr Haar war *dunkelblond*.

Neben „sein" können auch „werden", „bleiben", „finden" und „wirken" prädikative Adjektive bei sich haben:

Der Baum wird *groß*. — Das Obst blieb *frisch*. — Ich fand das Buch *langweilig*. — Sie wirkt *traurig*.

Im Mittelhochdeutschen hieß es noch: „der man ist guoter." Heute ist es ungebräuchlich, das prädikative Adjektiv mit dem unbestimmten Artikel zu verbinden und zu sagen: „Der Zustand des Kranken ist ein guter."

c) nominalisiert (hauptwörtlich)

Hier erscheint das Adjektiv (meist mit Artikel) in der Bedeutung eines Nomens:

der Feige, die Schöne, das Neue, das Bessere, der Größte, alles Gute.

Beachte: Nominalisierte Adjektive werden groß geschrieben. Im allgemeinen werden sie wie attributive Adjektive dekliniert.

d) adverbial (umstandswörtlich)

Hier bezieht sich das Adjektiv auf das Verb. Das adverbial[18] gebrauchte Adjektiv tritt ungebeugt auf. Die traditionelle Grammatik bezeichnet es stets als „Adverb", um mit dem Französischen und Englischen übereinzustimmen:

Der Mann geht *langsam*. — The man walks *slowly*.
Paul überlegt *gründlich*. — Paul réfléchit *profondément*.

---

[16] Von dem Begriff ‚Attribut' (Beifügung) abgeleitet. Beachte: Das Attribut bezeichnet ein Satzglied (s. S. 121), das attributive Adjektiv eine Wortart.

[17] Von dem Begriff ‚Prädikat' (Satzaussage) abgeleitet. Das prädikativ gebrauchte Adjektiv heißt als Satzglied ‚Prädikativ' (s. S. 120).

[18] Von dem Begriff ‚Adverbiale' (Umstandsbestimmung) abgeleitet. Beachte: Das Adverbiale ist ein Satzglied (s. S. 128), das adverbial gebrauchte Adjektiv eine Wortart.

Es darf nicht mit dem prädikativ gebrauchten Adjektiv verwechselt werden:

Der Zug ist *langsam*. — The train is *slow*.
Das Tal ist *tief*. — La vallée est *profonde*.

Aufgabe 105: Unterscheide in den folgenden Sätzen alle attributiven oder nominalisierten Adjektive von den prädikativen Adjektiven und den adverbial gebrauchten Adjektiven:

Das Eichhörnchen ist ein possierliches Tier. — Das Eichhörnchen ist possierlich. — Das possierliche Eichhörnchen hüpft von Ast zu Ast. — Das Eichhörnchen hüpft possierlich von Ast zu Ast. — Die Neue muß sich bei uns erst einleben. — Am gestrigen Unglück ist sträfliche Nachlässigkeit schuld. — Kleine Kinder naschen gern. — Der alte Herr ist krank. — Er sah ein Mädchen, jung und wunderschön. — Sie war noch sehr jung und lachte fröhlich. — Das kleine Haus am Ende der breiten Straße gehört meinen Eltern. — Mein Bruder ist sehr lebhaft. — Er zeigte lebhaftes Interesse an meiner Arbeit. — Dem Mutigen gehört die Welt. — Der Baum ist hohl. — Leere Fässer klingen hohl. — Ein Sportler ist fair. — Das Verhalten des Sportlers wirkte fair. — Der Faire siegte.

3. Deklination

Nur nominalisierte und attributive (beifügende) Adjektive werden dekliniert.

Ein prädikativ oder adverbial (siehe S. 84) gebrauchtes Adjektiv wird ebensowenig wie ein Adverb dekliniert.

a) mit bestimmtem Artikel

Steht vor dem Adjektiv ein bestimmter Artikel oder ein Pronomen, das wie der bestimmte Artikel dekliniert wird (dieser, jeder, mancher, welcher, solcher), so wird das Adjektiv *schwach* (s. S. 72f.) dekliniert:

	Maskulinum	*Femininum*	*Neutrum*
		Singular	
Nom.	der groß*e* Fluß	die klar*e* Luft	das sauber*e* Wasser
Gen.	des groß*en* Flusses	der klar*en* Luft	des sauber*en* Wassers
Dat.	dem groß*en* Fluß	der klar*en* Luft	dem sauber*en* Wasser
Akk.	den groß*en* Fluß	die klar*e* Luft	das sauber*e* Wasser
		Plural	
Nom.	die groß*en* Flüsse	die klar*en* Lüfte	die sauber*en* Gewässer
Gen.	der groß*en* Flüsse	der klar*en* Lüfte	der sauber*en* Gewässer
Dat.	den groß*en* Flüssen	den klar*en* Lüften	den sauber*en* Gewässern
Akk.	die groß*en* Flüsse	die klar*en* Lüfte	die sauber*en* Gewässer

b) mit unbestimmtem Artikel

Steht vor dem Adjektiv der unbestimmte Artikel oder eines der Pronomen, die ebenso dekliniert werden (mein, dein, sein), so erhält es in fast allen Fällen die Endung *-en*.

Nur die drei Nominative im Singular und die beiden Akkusativformen im Neutr. und Fem. Sing. erhalten andere Endungen:

Euer klein*er* Bruder schreit.	(Nom. Sg. Mask.)
Meine heutig*e* Aufgabe ist leicht.	(Nom. Sg. Fem.)
Vor ihr liegt ein neu*es* Buch.	(Nom. Sg. Neutr.)
Ich löse meine heutig*e* Aufgabe.	(Akk. Sg. Fem.)
Er liest ein neu*es* Buch.	(Akk. Sg. Neutr.)

c) ohne Artikel

Steht vor dem Adjektiv weder der bestimmte noch der unbestimmte Artikel, so erhält das Adjektiv die *Endungen von „der, die, das"*. Nur der Gen. Sing. im Maskulinum und Neutrum hat die Endung *-en*; das Adjektiv wird *stark* gebeugt:

	Maskulinum	*Femininum*	*Neutrum*
		Singular	
Nom.	gut*er* Wein	gut*e* Arbeit	gut*es* Brot
Gen.	gut*en*(*es*) Weines*	gut*er* Arbeit	gut*en*(*es*) Brotes*
Dat.	gut*em* Wein[e]	gut*er* Arbeit	gut*em* Brot[e]
Akk.	gut*en* Wein	gut*e* Arbeit	gut*es* Brot
		Plural	
Nom.	gut*e* Weine	gut*e* Arbeiten	gut*e* Brote
Gen.	gut*er* Weine	gut*er* Arbeiten	gut*er* Brote
Dat.	gut*en* Weinen	gut*en* Arbeiten	gut*en* Broten
Akk.	gut*e* Weine	gut*e* Arbeiten	gut*e* Brote

* Man sagt heute nicht mehr „gutes Weines", sondern schon „guten Weines".

Fehlt also der Artikel, so nimmt die Endung des Adjektivs den „verlorengegangenen" Artikel in sich auf!

Die Deklination aller Adjektive weist Ausnahmen auf, vor allem in der wechselnden Verwendung der starken und schwachen Deklination.

Zur *Rechtschreibung*: Mehrere attributive Adjektive werden gleich gebeugt:

bei dem klar*en*, sonnig*en* und warm*en* Wetter,
bei klar*em*, sonnig*em*, warm*em* Wetter.

d) nominalisierte Adjektive

Sie werden groß geschrieben und wie Adjektive dekliniert.

Die *Dicken* sind zumeist gemütliche Leute. — *Dicke* sind gemütlich.

Aufgabe 106: Setze in folgende Sätze die Endungen ein:

Das Verbrechen geschah in ein_ dunkl_ Nacht. — Auf ein_ grob_ Klotz gehört ein grob_ Keil. — Erst nach lang_, schwer_ Kampf siegte unsere Fußballmannschaft. — Bei gut_ Winde segelten wir dem heimisch_ Strand zu. — Er brachte sein Leben in unermüdlich_, gewissenhaft_ Arbeit zu. — Blind_Eifer schadet nur. — Dies_ klug_ Ratschlag wollen wir folgen. — Nach alt_, gut_ Brauch erhielten sie Preise. —

Bleibt nicht auf halb_ Wege stehen! — Das Andenken groß_ Entdecker lebt immer weiter. — Das Leben all_ groß_ Forscher war gefährlich. — Die Mannschaft litt unter dein_ schlecht_ Spiel. — Ich weiß das aus gut_ Quelle. — Wir saßen bei groß_, unerträglich_ Hitze im kühl_, schattig_ Wald. — Wir schwammen in ein_ groß_, ausgedehnt_ See. — Mit größt_ Vorsicht schlich er hin. — Leicht_ Fußes lief er weg. — Der Verletzte war bei voll_ Bewußtsein. — Über rein_, weiß_ Sand liefen wir ans Meer. — Seinen gestrig_ Aussagen kann man nicht glauben. — Täglich_, gründlich_ Zähneputzen ist notwendig. — Der morgendlich_ Berufsverkehr sorgt für verstopft_ Innenstädte und stark befahren_ Zufahrtsstraßen. — Die Außenseite des silbern_ Bechers war zerkratzt. — Bei dem furchtbar_ Erdbeben stürzte das Dach der alt_ Kirche ein. — Vor uns lag einsam_, hügelig_, dürr_ Land. — Über dem kupfern_ Dach flatterte eine Fahne.

4. Komparation (Vergleichsform)

Das Eigenschaftswort hat innerhalb unserer Sprache auch die Aufgabe, *Vergleiche* zu ermöglichen. Wenn wir zwei oder mehrere Dinge hinsichtlich einer Eigenschaft miteinander vergleichen, so erkennen wir, daß diese Eigenschaft bei den Gegenständen in verschiedenem Grade (Steigerungsstufen) vorhanden sein kann:

die Eigenschaft ist *in gleichem Maße* vorhanden: **Positiv** (Grundstufe);

die Eigenschaft ist *in einem höheren Ausmaß* vorhanden: **Komparativ** (Mehrstufe, 1. Steigerungsstufe);

die Eigenschaft ist bei dem betreffenden Gegenstand *in einem Höchstmaß* vorhanden: **Superlativ** (Höchststufe, 2. Steigerungsstufe).

a) Positiv (Grundstufe)

Der Positiv wird durch das Adjektiv in seiner unveränderten Form dargestellt:

gut, schön, klein, schwarz, ehrlich ...

Bei Vergleichungen im *Positiv* (in der Grundstufe) steht immer „*wie*“:

Hans ist *so* groß *wie* ich.

b) Komparativ (Mehrstufe)

Der Komparativ wird gebildet, indem man *-er* an den Positiv setzt, wobei oft umgelautet wird:

schwärz*er*, klüg*er*, ält*er*, boshaft*er*, klein*er* ...

Bei Vergleichungen im *Komparativ* (in der Mehrstufe) steht immer „*als*“:

Hans ist größer *als* ich.

Aufgabe 107: Bilde Positiv und Komparativ! Arbeite so:

Helga hat drei Katzen. Die erste ist so munter wie die zweite, die dritte aber ist munterer als die ersten beiden.

Verwende: verspielt, groß, putzig, schläfrig, hellfarbig, frech, neugierig.

Verfahre ebenso:

Mein Schulweg ist lang. Er ist länger als deiner.

Verwende: kurvenreich, abwechslungsarm, eintönig, zeitraubend, kurz, beschwerlich.

c) Superlativ (Höchststufe)

Der Superlativ wird gebildet, indem man *-st* oder *-est* an den Positiv setzt:

am klüg*sten*, am tief*sten*, am süß*esten*.

Auch hier muß häufig umgelautet werden.

Aufgabe 108: Bilde den Superlativ und verwende in Sätzen:

der schattige Weg, die verbreitete Krankheit, der fesselnde Film, das entlegene Dorf, die belebte Straße, der anstrengende Aufstieg, das glänzende Examen, die verschiedenen Ansichten, die willkommene Unterbrechung, die geeignete Maßnahme, das wertvolle Schmuckstück.

d) Unregelmäßigkeiten der Komparation

Unregelmäßig werden gesteigert:

gut — besser — am besten; viel — mehr — am meisten.

Teilweise unregelmäßig werden gesteigert:

ed*e*l — ed*l*er — am ed*e*lsten; na*h* — nä*h*er — am nä*ch*sten;
ho*ch* — hö*h*er — am hö*ch*sten.

Nur *einmal gesteigert* werden:

äußere Wand — äußerste Wand; **ebenso:** innere, niedere, obere, untere, vordere, hintere, mittlere.

Überhaupt *nicht gesteigert* werden *Stoffnamen* und *Zusammensetzungen:*

golden, bleiern; himmelblau, riesengroß.

e) Zum stilistischen Gebrauch der Komparation

In der Sprache der Werbung und Reklame finden wir oft höchst unsinnige Superlative:

Wer weiß z. B., ob es nicht noch seltenere Gelegenheiten gibt als die angepriesene „seltenste Gelegenheit"? Und vielleicht kennt jemand ein noch billigeres Geschäft als das „billigste am Ort"?

Stilistisch besser ist statt des Superlativs oft die Steigerung durch Wortzusammensetzung oder Vorsilben:

himmelhoch, urgemütlich, höchst selten, ungemein fleißig, sehr nett, . . .

Vermeide auch Falsch- und Doppelsteigerungen (weitestgehendste, meistgelesenste).

Der Komparativ wird verstärkt durch: „viel, weit, noch, bei weitem" . . .

Der Superlativ wird verstärkt durch Vorsetzung von: „aller-, weitaus, bei weitem, denkbar".

Aufgabe 109: Auch durch den Vergleich kann ein Adjektiv verstärkt werden. Statt „er ist sehr arm“ kann man sagen „er ist arm wie eine Kirchenmaus“. Suche passende Vergleiche:

hungrig wie ..., dumm wie ..., naß wie ..., schnell wie ..., dürr wie ..., dick wie ..., flink wie ..., störrisch wie ..., neugierig wie ..., spitz wie ..., schön wie ...

Aufgabe 110: Aus solchen Vergleichen (Aufgabe 109) entstanden oft zusammengesetzte Adjektive, z. B. „bärenstark“, „hauchdünn“, „totenblaß“. Setze die Reihe fort!

Aufgabe 111: Setze „als“ und „wie“ ein:

In manchen Ländern ist Wasser seltener _ Wein. — Bei uns kostet Bier ebensoviel _ Limonade. — Gerda arbeitet ebenso fleißig _ Grete, oft ist Grete allerdings fleißiger _ Gerda. — Unsere Stadt ist nicht so groß _ eure. — Wäre ich doch schneller _ du! — Wäre ich doch genauso schnell _ du! — Heute ist der Himmel noch dunkler _ gestern. — Ich bin genauso alt _ du, aber zwei Jahre älter _ dein Bruder. — In diesem Jahr gibt es mehr Äpfel _ Birnen. — Äpfel schmecken mir ebensogut _ Birnen. — Sei nicht furchtsam _ ein Hase! — Du willst klüger _ dein Vater sein? — Dieser Baum trägt so gut _ sein Nachbar, aber jener dort drüben trägt besser _ er. — Das Wasser ist so kalt _ gestern, im vorigen Jahr war es wärmer _ jetzt.

G. Numerale (Zahlwort)[19]

Unser Zahlensystem beruht auf der *Zehnergrundlage;* denn die zehn Finger waren die erste Rechenmaschine. Bei näherer Betrachtung finden wir allerdings Spuren des *Zwölfersystems.* So werden die Zahlen bis „zwölf“ heute noch durch einfache, die von „dreizehn“ an durch zusammengesetzte Zahlwörter (Numeralia) bezeichnet. *Grammatisch* sind die Zahlwörter Adjektive, die kaum (siehe S. 90) dekliniert werden.

Wir unterscheiden *Grundzahlwörter* (sieben, hundert) und *Ordnungszahlwörter* (der siebente, der hundertste). Alle Zahlen können adjektivisch (als Eigenschaftswort) und nominalisiert (als Hauptwort) gebraucht werden (die zwei Bücher; er schrieb eine Zwei).

1. Kardinalia (Grundzahlwörter)

Die Grundzahlen von *eins* bis *zwölf* haben einfache Formen.

Die Grundzahlen von *dreizehn* bis *neunzehn* sind Zusammensetzungen mit *-zehn.*

Die Zehner sind Ableitungen mit der Endung *-zig oder -ßig: zwanzig, dreißig ...*

Zweistellige Zahlen werden von hinten nach vorn gelesen: *einundzwanzig, vierundsiebzig ...*

Größere Zahlen sind Zusammensetzungen mit *-hundert, -tausend, Millionen* usw.: *dreihundertzweiundvierzig ...*

---

[19] Sing. das Numerale, Pl. die Numeralia.

Vollständig deklinierbar ist heute nur noch die Kardinalzahl „ein", die in abgeschwächter Bedeutung als unbestimmter Artikel gebraucht wird und dann auch eine maskuline, feminine und neutrale Form bildet: *ein, eine, ein.*

Wird „ein" adjektivisch gebraucht, hat es die Deklination des Adjektivs (siehe S. 85f.), kann also *stark* oder *schwach* gehen:

dem eine*n* Freunde, eine*m* Freunde

„Zwei" und „drei" können die Pluralendung der Artikeldeklination bekommen:

Genitiv: mit Hilfe zweier (dreier) Freunde,
aber: mit Hilfe der zwei (drei) Freunde.

Dativ: zu zweien (dreien) gehen,
aber: mit zwei Händen anpacken.

Die Kardinalzahl „zwei" hatte früher für alle drei Geschlechter besondere Formen. Luther unterscheidet noch: *zween Söhne, zwo Töchter, zwei Weiber.* Heute hat sich das Zahlwort „zwo" nur noch beim Telefonieren erhalten. Statt „die zwei" verwendet man heute besser „beide".

Auch von den übrigen Kardinalia nehmen manche im Dativ und Akkusativ die Endung *-en* an:

auf allen viere*n* kriechen, zu Hunderte*n*.

Zu den Kardinalia rechnet man weiter die **Wiederholungszahlen**. Man bildet sie aus Grundzahlen, welche die Endung *-mal* erhalten:

drei*mal*, vier*mal* (Ausnahme: zum erstenmal).

Durch Anhängen von *-fach* werden **Vervielfältigungszahlen** gebildet. Sie bezeichnen eine bestimmte Menge gleicher Dinge:

in drei*facher* Ausfertigung.

Literarisch verwendet man auch *-fältig:* in hundert*fältigen* Formen.

Verteilungszahlen werden durch Vorstellen von „*je*" gebildet:

Je zwei Schüler gehen nun hinaus.
Wir packen *je* hundert Stück für sich.

Gattungszahlen bezeichnen verschiedene Arten oder Sorten. Man bildet sie mit der Endung *-erlei:*

Es gibt fünf*erlei* Möglichkeiten.

2. Ordinalia (Ordnungszahlwörter)

Ordinalia (Sing. die Ordinalzahl; ungebräuchlicher: das Ordinale) geben ein bestimmtes Glied einer Zahlenreihe an und stehen auf die Frage „der wievielte?". Ordinalia werden von den Kardinalia abgeleitet.

Die Ordnungszahlen von *eins* bis *neunzehn* haben die Endung *-te.*

Wir lesen: der ers*te*, zwei*te*, drit*te*, vier*te*, . . . neunzehn*te*.

Die Ordnungszahlen von *zwanzig* bis *hundert* haben die Endung *-ste.*

Wir lesen: der zwanzig*ste*, einundzwanzig*ste* . . . hundert*ste*.

Die Endungen *-te* und *-ste* bleiben auch bei mehrstelligen Zahlen.

Wir lesen: 102. (hundertzwei*te*), 9018. (neuntausendachtzehn*te*) . . .
120. (hundertzwanzig*ste*), 7245. (siebentausendzweihundertfünfundvierzig*ste*) . . .

Wenn man Ziffern schreibt, drückt man die Ordinalia durch einen Punkt hinter dem Grundzahlwert aus:

der 1. = der erste, der 25. = der fünfundzwanzigste.

Nach *Herrschernamen* schreibt man römische Zahlen: Heinrich I.

Bei Herrschernamen mit Ordnungszahlen wird der Artikel nicht geschrieben. Er muß aber mitgelesen und -gesprochen werden.

Deklination der Herrscherbezeichnungen:

Heinrich der Erste	=	Heinrich I.
Heinrichs des Ersten	=	Heinrichs I.
Heinrich dem Ersten	=	Heinrich I.
Heinrich den Ersten	=	Heinrich I.

Von den Ordinalia werden die Bruchzahlen und die Einteilungszahlen abgeleitet.

Die **Bruchzahlen** bezeichnen durch Anhängen von *-tel* (ursprünglich „Teil") oder *-stel* den Teil eines Ganzen:

ein Vier*tel*, das erste Zwanzig*stel*, . . .

Achte auf die Großschreibung!

Wir brauchen an die Ordnungszahlen also nur ein *l* anzuhängen. Wir lesen:

2 — zwei	der 2. — der zwei*te*	$\frac{1}{2}$	— ein halb(!)
3 — drei	der 3. — der drit*te*	$\frac{1}{3}$	— ein Drit*tel*
19 — neunzehn	der 19. — der neunzehn*te*	$\frac{1}{19}$	— ein Neunzehn*tel*
20 — zwanzig	der 20. — der zwanzig*ste*	$\frac{1}{20}$	— ein Zwanzig*stel*
21 — einundzwanzig	der 21. — der einundzwanzig*ste*	$\frac{1}{21}$	— ein Einundzwanzig*stel*
100 — hundert	der 100. — der hundert*ste*	$\frac{1}{100}$	— ein Hundert*stel*

Die **Einteilungszahlen** bezeichnen eine bestimmte Reihenfolge und werden mit der Endung *-ens* gebildet:

Ich bin erst*ens* müde, zweit*ens* habe ich keine Eintrittskarte, und dritt*ens* mag ich keine Stummfilme.

Die sog. „unbestimmten Zahlwörter" sind eigentlich entweder Pronomen oder Adjektive (z. B. jeder, mancher, einige) und werden auch als solche dekliniert.

Bezeichnen „all, viel, mehr, wenig" eine Zahl, so nehmen sie adjektivische Endungen an: „alle Menschen, viele Kinder"; bezeichnen sie nur ein unbestimmtes Maß, so bleiben sie unverändert: „all die Menschen, wenig Geld".

Unterscheide auch: alle, die ganzen! Richtig: alle Schüler; falsch: die ganzen Schüler.

Aufgabe 112: Welche Zahlwörter werden in folgenden Sätzen gebraucht:

Der Monat hat dreißig Tage. — Der erste Monat im Jahr heißt Januar. — Je sechs Monate bilden ein Halbjahr, je drei ein Vierteljahr. — Gehen Sie die dritte Straße links entlang! — Im Laufen wurde er siebenter. — Im Reiche Karls V. ging die Sonne nicht unter. — Vier mal fünf ist zwanzig. — Zwanzig ist das Vierfache von fünf. — Fünf ist ein Viertel von zwanzig. — Er ist erstens älter als du, und zweitens ist er dein Gast. — Es gibt dreierlei Arten, dies zu tun. — Ich werde jetzt immer je drei Schüler nach Hause fahren. — Du sollst diese Seite dreimal abschreiben. — Wir gehen zu sechsen.

H. Adverb (Umstandswort)

1. Funktion

Das Adverb hat innerhalb des Satzes die Aufgabe, die *Umstände des Geschehens* in allgemeinen Umrissen zu kennzeichnen. Da das Adverb bei dieser Aufgabe meist als selbständiges Satzglied (Modaladverbiale) *beim Verb* steht, hat es von hier aus als Wortart seinen Namen „Adverb" erhalten.

Diese Klasse singt *gern*.

Für den fremdsprachlichen Unterricht ist es wichtig, das Adverb vom Adjektiv zu unterscheiden:

1. Die *schnelle* Schwalbe fliegt.

Hier steht das Adjektiv **attributiv**; es wird dekliniert (s. S. 84).

2. Die Schwalbe ist *schnell*.

Das Adjektiv „schnell' wird hier **prädikativ** gebraucht. Als selbständiges Satzglied zählt es zu den Modalbestimmungen (s. S. 120). Das prädikative Adjektiv kann gesteigert werden.

3. Die Schwalbe fliegt *schnell*.

„schnell" ist hier ein **adverbial gebrauchtes Adjektiv**, das gesteigert werden kann und das in Fremdsprachen als Adverb gilt (s. S. 84); als Satzglied ist es eine Modaladverbiale (s. S. 129).

4. Die Schwalbe fliegt *dort*.

Hier tritt ein ursprüngliches **Adverb** auf; es kann nicht gesteigert werden.

Die **Wortart**bestimmung „Adverb" ist von dem Begriff „Adverbiale", der ein **Satzglied** meint, streng zu trennen.

Durch das herkömmliche Laut- und Schriftbild (Adverb — Adverbiale) ist leicht eine Verwechslung möglich. Der Vorschlag, statt „Adverb" besser „Situativ" zu sagen, hat sich jedoch nicht durchgesetzt.

Die moderne Grammatik unterscheidet:

Opa schläft *oft*.	„oft" als Wortart: Adverb
	„oft" als Satzglied: Adverbiale
Opa schläft *tief*.	„tief" als Wortart: adverbial gebrauchtes Adjektiv
	„tief" als Satzglied: Adverbiale

Dabei versteht die moderne Grammatik unter „Adverb" weder das o. a. „prädikative Adjektiv" noch das o. a. „adverbial gebrauchte Adjektiv", sondern eine Wortklasse, deren Kennzeichen ist, daß sie nicht flektierbar (nicht zu deklinieren) und nicht zu steigern ist.

Echte Adverbien wären z. B.:

Steht *dort* das neue Auto? — Du irrst dich *wohl*. — Das Auto *hier* ist neu. — Ich fahre *gern* mit der Eisenbahn. — *Neulich* bekam ich ein neues Fahrrad.

Aufgabe 113: Entscheide und begründe, ob es sich jeweils um ein Adverb oder um ein Adjektiv handelt; bestimme das Adjektiv genauer!

Der Wein ist süß. — Der Wein schmeckt süß. — Ich trinke gern süßen Wein. — Der Trecker rattert laut. — Der Trecker ist laut. — Das Fußballspiel wurde überaus fair durchgeführt. — Dein Fahrrad quietscht entsetzlich. — Ich habe es heute gekauft. — Der Hut ist nicht billig. — Du bist gierig. — Du ißt dann und wann. — Im Juli sind die Nächte hell. — Die Sonne scheint nicht. — Du sollst aufmerksam zuhören. — Die bekannteren Firmen liefern recht pünktlich. — Er kam ziemlich erschöpft an, erholte sich aber freilich schnell. — Deine Hausaufgabe ist schlecht, du mußt besonders sauber arbeiten. — Wir kamen schnell an.

Aufgabe 114: Verwende in Sätzen a) als adverbial gebrauchtes Adjektiv, b) als attributives Adjektiv, c) als prädikatives Adjektiv:

lustig, träge, schnell, schlecht, begeistert, grün.

Verwende in Sätzen die echten Adverbien:

aufwärts, unten, damals, noch, manchmal, heute, eilends, überaus, vielleicht, übrigens, nötigenfalls.

Das Adverb kann auch ein Nomen, ein Adjektiv oder ein anderes Adverb näher bestimmen:

die Klasse *dort*, eine *besonders* laute Klasse. — Die Klasse singt *sehr* laut.

Aus diesen Gründen kann der Name Adverb (zum Verb gehörig) nicht in allen Fällen wörtlich genommen werden.

2. Herkunft

Alle Adverbien sind aus anderen Wortarten entstanden, z. T. allerdings nicht mehr („da, so, wie“) oder kaum noch erkennbar („for-t, vor-n, auß-en, inn-en“).

Deutlicher ist die Ableitung erkennbar bei

frei*lich*, ledig*lich*, kürz*lich*, ritt*lings*, blind*lings*, rück*lings*, auf*wärts*, ab*wärts*, heim*wärts*.

Einige Adverbien sind erstarrte Genitive ehemaliger Nomina:

anfang*s*, flug*s*, nacht*s*, bereit*s*, recht*s*.

Seltener erscheint ein erstarrter Dativ oder Akkusativ:

morgen (von: am Morgen); weg (von: Ich gehe einen Weg).

Eine Verbindung von -*en* (Dativ) mit -*s* ergab:

höchst*ens*, mindest*ens*, übrig*ens*.

Immer wieder finden wir Zusammensetzungen:

da-durch, dar-auf, wor-an, wo-mit, möglicher-weise, außer-halb, himmel-hoch.

3. Einteilung

Entsprechend den Bedeutungsinhalten, den Hauptumständen also, unterscheiden wir:

a) Lokaladverb (Umstandswort des Ortes)

Die Lokaladverbien ordnen das Geschehen einem bestimmten Ort zu. Wir erfragen sie mit:

Wo? Wohin? Woher?

Die häufigsten Adverbien dieser Art sind:

hier, da, dort, oben, unten, nirgends, fort, draußen, drinnen, hierher, dorthin, rechts, links, bergauf, bergab, droben, drunten.

Der Hund läuft *draußen* umher.
Die Tasche liegt *rechts* neben dem Schirm.
Der Weg führte uns *bergauf*.

b) Temporaladverb (Umstandswort der Zeit)

Temporaladverbien ordnen das im Satz erzählte Geschehen in eine bestimmte Zeit ein. Wir erfragen sie mit:

Wann? Wie lange? Seit wann? Wie oft?

Die wichtigsten Adverbien dieser Art sind:

jetzt, heute, nun, bald, gestern, morgen, neulich, jüngst, zuerst, zuletzt, ehemals, dann, damals, bereits, noch, abermals, niemals, morgens, abends, mittags, seither, vorher, nachher, demnächst, sofort, inzwischen, endlich, immer, oft.

Ich kam *gestern* in Stuttgart an.
Zuerst besuchte ich meine Schwester.
Morgens trinke ich lieber Kaffee als Tee.

c) Modaladverb (Umstandswort der Art und Weise)

Modaladverbien beschreiben näher, auf welche Weise sich die Handlung vollzieht. Wir erfragen sie mit:

Wie? Auf welche Weise? Wie sehr?

Modaladverbien sind beispielsweise:

gern, keineswegs, überhaupt, wohl, wahrscheinlich, vergebens, umsonst, genauso, genug, sehr, fast, beinahe, ziemlich, mindestens, höchstens, sonst, ebenfalls, nur, allerdings, vielleicht, hoffentlich, nicht.

Paul geht *gern* in den Zirkus.
Das Wetter bessert sich *wahrscheinlich*.
Er hat *wohl* den Bus verpaßt.

Als Modaladverbien galten früher auch jene „Adverbien“ (siehe S. 84), die aus Adjektiven gebildet wurden: Der Himmel leuchtet *blau*.

Der deutschen Grammatik gilt „blau“ heute als adverbial gebrauchtes Adjektiv; für den fremdsprachlichen Unterricht allerdings gälte „blau“ weiter als Adverb.

d) Kausaladverb (Umstandswort des Grundes)

Kausaladverbien geben den Grund, den Zweck, das Mittel oder die Bedingung an, unter denen etwas geschieht. Wir erfragen sie mit:

Warum? Weshalb? (kausal, konsekutiv);
Wodurch? Womit? (instrumental);
Unter welcher Bedingung? (konditional);
Wozu? Wofür? Zu welchem Zweck? (final).

Kausaladverbien sind z. B.:

darum, deshalb, dafür, also, mithin, somit, nämlich, folglich, dadurch, hiermit, notfalls, sonst, dennoch, doch.

Wir mußten *deshalb* abreisen.
Wir haben uns *dennoch* erholt.
Er hatte *nämlich* den Schlüssel vergessen.

e) Relativadverb (Umstandswort, das eine Beziehung ausdrückt)

Die Relativadverbien „wo, wohin, woher“ geben räumliche (lokale) Bezüge an.

Kennst du das Land, *wo* die Zitronen blühen? — Ich zeige dir die Gegend, *wohin* wir fahren wollen. — Frankreich ist ein Land, *woher* wir Wein importieren. (Heute sagen wir: Ein Land, aus dem . . .)

f) Interrogativadverb (Umstandswort, mit dem man fragt)

Mit den Frageadverbien erfragen wir Inhalte des Satzes, die uns noch fehlen. Es sind:

Wo? Wohin? Woher?:	*Wo* liegt Rom? (lokal)
Wann? Wie oft? Wie lange?:	*Wann* kommst du? (temporal)
Wie?:	*Wie* gefällt dir Bayern? (modal)
Warum? Weshalb? Weswegen?:	*Warum* kommst du? (kausal)
Wozu? Wofür?:	*Wozu* lernst du Schreibmaschine? (final)
Womit? Wodurch?:	*Womit* fährst du? (instrumental)

g) Fehlerquellen beim Gebrauch der Adverbien

her — hin

her: zum Sprecherstandort	*hin:* weg vom Sprecherstandort
von oben: Komm herauf!	Ich komme hinunter!
von unten: Komm herunter!	Ich komme hinauf!

herum — umher

herum: im Kreise

Ich gehe um das Haus herum.
die herumliegenden Dörfer

umher: ziellos hin und her

Ich wandere im Park umher.
die umherliegenden Äpfel

fort — weg

fort: vorwärts

Wir setzten den Weg fort.

weg: aus dem Weg

Wir gingen rasch weg.

darein und *worein* sind heute ungebräuchlich:

darein: Richtung

Er vertiefte sich darein.

darin: Lage

Es lag darin.

worein: Richtung

Ein Brief, worein ich Geld gelegt hatte.

worin: Lage

Ein Brief, worin Geld lag.
besser: „in dem Geld lag".

Aufgabe 115: Ergänze!

Komm bitte hier_! — Ich reiche dir das Brot _über. — Die Menge rief dem Stürmer zu: „_ein!" — Er rief, am Schreibtisch sitzend, dem Anklopfenden zu: „_ein." — Ich steige in die Grube _unter. — Ich klettere die Leiter _auf. — Ich sitze auf dem Baum, Karl kommt zu mir _auf. — Ich sitze auf dem Baum, Karl klettert _unter. Nur wenige Fremde schlenderten auf dem Platz _. — Wir liefen dreimal um den Sportplatz _. — Der Tiger lief im Käfig _. — Er reiste in der ganzen Welt _. Wirf den Stein _. — Dieser Brief muß heute noch _. — Der Sturm hat mich _gerissen. — Auf einmal war er _. — Unsere Katze ist _gelaufen. — Wir haben die Arbeit _gesetzt.

h) Steigerung von Adverbien

Die eigentlichen Adverbien sind unveränderlich. Will man Vergleichsformen bilden, so wählt man Umschreibungen mit „mehr, weiter, am meisten, am weitesten, zu".

Die Hütte liegt *weiter oben*.
Sie wäre *zu gern* nach Berlin gefahren.
Er saß *am weitesten rechts* von uns.

Von den Adverbien werden nur gesteigert:

oft — öfter; ehe — eher — am ehesten.

Unregelmäßig werden gesteigert:

gern — lieber — am liebsten; viel — mehr — am meisten;
wohl — besser — am besten (bestens); bald — früher — baldigst.

Manche Adverbien haben einen Superlativ auf *-ens:*

höchstens, wenigstens, mindestens, bestens.

I. Präposition (Verhältniswort)

Die Präposition gibt die *Art der Beziehungen der Dinge* zueinander an.

„Geschäft" und „Kreuzung" sind für sich allein Nomina ohne inneres Verhältnis. Träte ein Verb hinzu, z. B. „liegen", ergäbe sich nur ein sehr undeutlicher Sinn: „Geschäft" — „liegen" — „Kreuzung". Erst die Präposition *bezeichnet das Verhältnis* von „Geschäft" und „Kreuzung" zueinander genau:

Das Geschäft liegt *hinter* der Kreuzung.

Insofern ist die deutsche Bezeichnung „*Verhältniswort*" viel treffender als die Angabe, daß dieses Wort meist vor dem Nomen steht: lat. *praepositio* = Voran-Stellung.

Die moderne Grammatik zählt die Wortart ‚Präposition' zu den „Partikeln" (s. S. 35).

Für den Sprachgebrauch ist entscheidend, daß alle Präpositionen die Deklination beeinflussen: jede einzelne *Präposition „regiert" bestimmte Fälle* des Nomens oder Pronomens.

Die ältesten Präpositionen stammen von den Adverbien ab und haben lokale (örtliche) Bedeutung: Aus „Ich durchschreite den Garten" wurde zunächst „Ich schreite den Garten durch", zuletzt hieß es „Ich schreite durch den Garten".

Ein Adverb wurde also zur Präposition und bestimmte den Fall des nachfolgenden Nomens.

1. Einteilung

Je nach dem Verhältnis, das Präpositionen ausdrücken, unterscheiden wir:

a) Lokalverhältnis (Orts- oder Raumverhältnis)

Ich gehe *nach* Hause. — Ich wohne *in* Berlin. — *Oberhalb* meines Fensters nistet ein Vogel.

Solche Präpositionen sind:

ab, abseits, an, auf, außer, außerhalb, bei, bis, diesseits, durch, entlang, fern, gegen, gegenüber, hinter, in, inmitten, innerhalb, jenseits, längs, nach, nächst' nahe, neben, oberhalb, seitlich, seitwärts, über, um, unterhalb, unweit, von, vor' wider, zu, zwischen.

b) Temporalverhältnis (Zeitverhältnis)

Ich verreise *bis* zum Montag. — Ich komme *gegen* Abend. — Er war *zeit* seines Lebens arm.

Solche Präpositionen sind:

an, auf, bei, binnen, bis, durch, für, gegen, in, innerhalb, mit, nach, seit, über, um, unter, von — an, vor, während, zeit, zu, zwischen.

c) Modalverhältnis (Umstandsverhältnis)

Ich reise *mit* dem Bus. — Er ist *außer* sich.

Solche Präpositionen sind:

an, auf, aus, außer, bei, bis an, bis auf, bis zu, entgegen, für, gegen, gemäß, in, mit, nach, ohne, über, unter, von, wider, zu.

d) Kausalverhältnis (Ursachenverhältnis)

Infolge des Fiebers versagte ich. — *Aus* diesem Grund bleibe ich.

Solche Präpositionen sind:

an, angesichts, anläßlich, auf, aus, bei, dank, durch, für, halber, infolge, kraft, laut, mangels, mit, mittels, nach, trotz, über, um, um — willen, unbeschadet, ungeachtet, unter, vermöge, von, vor, wegen, zuwider, zu, zufolge, zwecks.

Diese Einteilung sagt noch nichts über die Fälle aus, welche die einzelnen Präpositionen regieren.

2. Die „Rektion" der Präpositionen

Die Fähigkeit der Präpositionen, bestimmte Fälle hervorzurufen, zu „*regieren*", bezeichnet man als „*Rektion*" (lat. rectio = Regierung). Präpositionen bestimmen, ob ein Wort im Genitiv, Dativ oder Akkusativ steht; einige Präpositionen regieren sogar zugleich den Dativ und Akkusativ. Es ergibt sich folgende Einteilung:

a) Präpositionen mit dem Genitiv

Jene Präpositionen, die den Genitiv regieren, sind sozusagen „*unecht*": sie entstanden *aus Nomina*. So steckt in „wegen" das Nomen „Weg". Aus „Auf dieser Seite des Flusses" wurde „diesseits des Flusses"; und aus „an Stelle eines Kindes" wurde über „an Kindes Statt' schließlich „anstatt eines Kindes". Anders zu erklären ist der Genitiv bei „während": er ist an sich ein Partizip Präsens (Infinitiv: währen = dauern), und man sagte früher „währendes Krieges"; daraus wurde durch Trennung „während des Krieges".

Die wichtigsten Präpositionen mit dem Genitiv sind:

außerhalb, innerhalb, oberhalb, unterhalb, diesseits, jenseits, halber, unweit, ungeachtet, kraft, vermittels, laut, vermöge, statt, um — willen, während, wegen, längs, trotz.

„*wegen*" und „*ungeachtet*" stehen bald vor, bald hinter dem Nomen: „Wegen des schlechten Wetters" und „des schlechten Wetters wegen".

„*halber*" steht immer nach dem Nomen: „Seines schlechten Betragens halber blieb er sitzen."

Weitere Präpositionen mit dem Genitiv sind auch:

betreffs, hinsichtlich, zwecks, bezüglich, angesichts, abseits, anläßlich, anstelle, anhand, aufgrund, infolge, inmitten, seitens
und die mit -wärts zusammengesetzten, wie aufwärts, abwärts.

Aufgabe 116: Setze den richtigen Fall ein:

Gerhard wurde wegen (sein unmöglicher Haarschnitt) verspottet. — Während (die Abwesenheit) des Lehrers lärmte die Klasse. — Innerhalb (wenige Jahre) wurde er der beste Schüler. — Namens (der Vorstand) begrüßen wir euch. — Inmitten (der gewaltige Verkehr) verlor er die Nerven. — Betreffs (dein Brief) möchte ich noch mit dir sprechen. — Anläßlich (euer Geburtstag) gratulieren wir. — Er kam trotz (der starke Schnupfen) zum Unterricht. — Die Straße verlief längs (der Höhenzug). — Er bekam statt (ein Paar neue Rollschuhe) ein Lexikon geschenkt. — Ich entschuldige hiermit meinen Sohn wegen (sein Fehlen). — Oberhalb (unsere Schule) liegt ein Sportplatz. — In der Stadt jenseits (der große Fluß) wohnt meine Schwester. — Unser Kleingarten liegt außerhalb (die kleine Stadt). — Unterhalb (unser Garten) verläuft eine Straße. — Wegen (das schlechte Wetter) stellten wir die Außenarbeiten ein. — Innerhalb (unsere Klasse) gibt es zwei Gruppen. — Während (die letzte Klassenarbeit) herrschte besondere Stille. — Während (die große Pause) müssen wir innerhalb (der eingezäunte Schulhof) bleiben.

b) Präpositionen mit dem Dativ

Die nun folgenden Präpositionen können als „*echt*" gelten, da sie *aus Adverbien* entstanden sind.

Den Dativ regieren:

aus, bei, von, nach, nächst, nebst, außer, zu, seit, mit, samt.

Seltenere Präpositionen mit dem Dativ sind:

binnen: Hier steht neben dem Dativ auch der Genitiv: „binnen einem Monat" und „binnen weniger Monate".
zufolge: Hier steht der Dativ, wenn „zufolge" nachgestellt wird: „seinem Rat zufolge". Wird „zufolge" vorangestellt, so verwendet man den Genitiv: „zufolge dieses Rates".
entlang: Wird „entlang" nachgestellt, so hat es den Akkusativ bei sich: „den Weg entlang"; wird es vorangestellt, regiert es den Dativ: „entlang dem Weg".
gemäß: Diese Präposition mit dem Dativ kann vor- und nachgestellt werden: „deinem Ausweis gemäß" und „gemäß deinem Ausweis".
entgegen, gegenüber und *zuwider* können vor- und nachgestellt werden: „dem Alter gegenüber" und „gegenüber dem Alter".

Aufgabe 117: Setze die richtige Endung ein und bilde Sätze!

mit groß_ Regenschirm, mit ein_ frisch_ Apfel, aus dein_ Hand, von d_ klein_ Haus, bis zu d_ Schule, nach d_ Stunde, von dein_ alt_ Freund, zu dies_ dumm_ Sache, aus d_ alt_ Stoff, mit ihr_ Freundin, seit dies_ Erklärung, mit sein_ bunt_ Hut, gegenüber unser_ Schule, dein_ Versprechen entgegen, d_ ausdrücklich_ Anordnung des Lehrers zuwider, samt all_ Zubehör, außer d_ gut_ Schülerinnen, zu ihr_ Hochzeit, nach d_ Fest, von dein_ krank_ Mutter.

c) Präpositionen mit dem Akkusativ

Den Akkusativ regieren:

für, durch, um, ohne, gegen, wider.

Veraltet sind „sonder" = ohne („er spricht sonder Scheu") und „gen" = gegen („gen Himmel"); „entlang" hinter dem Nomen kann auch den Akkusativ haben: „Sie zogen die Straße entlang." Wird „entlang" vorangestellt, steht der Dativ: „Entlang der Straße stehen Eichen."

Aufgabe 118: Bilde Sätze mit den angegebenen Wendungen!

durch d_ tief_ Wald, um d_ groß_ Städte, für d_ krank_ Kind, ohne d_ besorgt_ Vater, durch d_ klein_ Haus, gegen d_ Mauer, durch d_ Fenster, ohne mein_ gut_ Freunde, wider d_ schlecht_ Gewissen, durch d_ finster_ Tunnel, um d_ Funkturm, ohne d_ Bruder, für d_ nächst_ Handballspiele, wider dein_ Nächsten, für d_ Klassenfest, gegen d_ lang_ Hausarbeit.

d) Präpositionen mit dem Dativ und Akkusativ

Bald den Dativ, bald den Akkusativ regieren:

an, auf, hinter, neben, in, über, unter, vor, zwischen.

Der *Dativ* bezeichnet die *Ruhestellung* (wir fragen „*Wo?*").

Der *Akkusativ* bezeichnet die *Bewegung* nach einem Punkte hin (wir fragen „*Wohin?*").

Dativ: Ruhe: *wo?*	*Akkusativ:* Bewegung: *wohin?*
Ich stehe *an dem* See.	Ich gehe *an den* See.
Ich sitze *auf dem* Stuhl.	Ich setze mich *auf den* Stuhl.
Der Besen hängt *hinter der* Tür.	Ich hänge ihn *hinter die* Tür.
Der Eimer steht *neben dem* Schrank.	Ich stelle ihn *neben den* Schrank.
Die Butter liegt *im* Eisschrank.	Ich lege die Butter *in den* Eisschrank.
Die Wolke schwebt *über der* Stadt.	Die Wolke zieht *über die* Stadt.
Der Lehrer sitzt *vor der* Klasse.	Er setzt sich *vor die* Klasse.
Er hält *zwischen den* Häusern.	Er fährt *zwischen die* Häuser.

Bei nichträumlicher (zeitlicher oder übertragener) *Bedeutung* trifft keine der beiden Fragen zu. Hier entscheidet der allgemeine Sprachgebrauch:

Ich bin *vor einem* Jahr in England gewesen. — Sie fürchtete sich *vor der* langen Fahrt. Kinder *unter* acht Jahr*en* haben hier freien Eintritt. — Meine Freundin beendete die Arbeit *unter* groß*en* Schwierigkeiten.

Bei manchen Verben sind beide Fragen möglich:

Die Sonne schien über das Schiff. (Bewegung) — Die Sonne schien über dem Schiff. (Ruhe).

Aufgabe 119: Setze den richtigen Fall ein:

Er legt den Hund an d_ Kette. Der Hund liegt an d_ Kette. — Sie hing an sein_ Arm. Sie hängte sich an sein_ Arm. — Ich trete nahe an d_ Schaufenster. Ich stehe nahe an d_ Schaufenster. — Der Schnee fällt auf d_ Dach. Der Schnee liegt auf d_ Dach. — Die Lehrerin führte uns auf ein_ groß_ Platz. Auf ein_ groß_ Platz lagerten wir. — Ich laufe hinter d_ verfallen_ Mauer. Ich verstecke mich hinter d_ verfallen_ Mauer. — Ich trete vor d_ Tür. Ich stehe vor d_ Tür. — Ich stelle den Eimer vor d_ Haus. Der Eimer steht vor d_ Haus. — Ich schicke dich in d_ dunkl_ Wald. In d_ dunkl_ Wald leben viele Tiere. — Die Hausfrau ging in d_ Geschäft. In d_ Geschäft sprach sie mit ihrer Freundin. — Das Schiff fuhr über d_ Meer. Der Hubschrauber schwebte über d_ Meer. — Er spritzt mit dem Schlauch über mein_ Kopf hinweg. Ich halte den Schirm über mein_ Kopf. — Unter d_ Tanne lag ein

Reh. Es legt sich unter d_ Tanne. — Der Hund lief neben sein_ Herrn her. Der Hund sprang neben sein_ Herrn. — Der Hund nahm den Knochen zwischen d_ Pfoten. Er hielt ihn zwischen d_ Pfoten.

Aufgabe 120: Bilde Sätze!

sich anlehnen an — sich verbergen hinter; sich legen auf — liegen auf; stehen vor — laufen vor; gehen neben — stehen neben; sich beugen unter — sich befinden unter; aufhängen an — hängen an; wohnen in — ziehen in; fahren vor — halten vor; sich stellen zwischen — stehen zwischen.

e) Präpositionsähnlichkeiten (Adjektive und Verben mit bestimmten Fällen)

Genitiv

Er ist *der Tat verdächtig.* — Er war *unser würdig.* — Du bist *einer solchen Tat* nicht *fähig.*

Dativ

Ich bin *dir dankbar.* — Das war *dem Schüler unangenehm.* — Das sieht *dir ähnlich.* — Es ist *mir gleich.* — Der Vorschlag war *uns recht.*

Akkusativ

Ich bin *diese Vorwürfe gewöhnt.* — Die Strecke ist *hundert Meter lang.* (Ebenso bei Gewicht, Wert, Zeit.)

f) Stilkunde: Präpositionshäufung

In der Schriftsprache vermeidet man es, zwei Präpositionen nebeneinanderzustellen, da dies das Verständnis erschwert. Man sagt also nicht:

Er stand *mit vor* Zorn funkelnden Augen vor ihm.,

sondern bildet ein Satzgefüge:

Er stand mit Augen, die vor Zorn funkelten, vor ihm.

Aufgabe 121: Löse folgende Häufungen auf:

Ich danke Ihnen *für im* vergangenen Jahr geleistete Arbeiten. — Er wohnte *in mit* allem Komfort ausgestatteten Räumen. — Wir tranken *aus mit* Tee gefüllten Thermosflaschen. — Wir fuhren *in trotz* des schlechten Wetters überfüllten Bussen zum Aussichtsturm. — Der Reiter setzte *über mit* Wasser gefüllte Gräben. — Wir sahen eine Reihe *von im* Seegang schaukelnden Booten. — Wir zielten *auf oberhalb* des Hanges aufgestellte Scheiben. — Er träumt *mit auf* der Brust verschränkten Armen vor sich hin. — Er kannte das Geheimnis *von unter* dem Stadtturm verborgenen Schätzen. — Wir folgen ihnen *in mit* Pfingstgrün geschmückten Wagen.

J. Konjunktion (Bindewort)

Die Leistung der Bindewörter erkennt man am deutlichsten, wenn man einen Vorgang einmal ohne, einmal mit Bindewort darstellt:

Ohne Konjunktion

> Auf unserem Fahrradausflug erlebten wir einen Verkehrsunfall. Ein Auto streifte Gudrun. Sie wurde auf die Straße geschleudert. Gottlob kam sie mit einer Beule am Kopf davon. Wir freuten uns alle. Keiner dachte an die Polizei. Ein Passant hatte inzwischen den Streifendienst angerufen. Der Einsatzwagen erschien sofort. Die Polizisten wollten ein Protokoll aufnehmen. Wir wurden vernommen. Dann radelten wir weiter. Gudrun war jetzt ängstlich geworden. Sie fuhr ganz scharf rechts.

Mit Konjunktion

> Auf unserem Fahrradausflug erlebten wir einen Verkehrsunfall; *denn* ein Auto hatte Gudrun so gestreift, *daß* sie auf die Straße geschleudert wurde. Gottlob kam sie mit einer Beule am Kopf davon, *und* wir freuten uns darüber. Keiner dachte an die Polizei; ein Passant *aber* hatte inzwischen den Streifendienst angerufen, der sofort mit einem Einsatzwagen erschien. Wir wurden vernommen, *weil* die Polizisten ein Protokoll aufnehmen wollten. *Als* wir weiterradelten, war Gudrun so ängstlich geworden, *daß* sie scharf rechts fuhr.

Konjunktionen verbinden Satzglieder oder Sätze miteinander, ordnen einzelne Gedankengänge einander zu und stellen damit logische Beziehungen zwischen den Satzgliedern oder Sätzen her.

Die verbindende Aufgabe im Satz wird allerdings nicht ausschließlich von den Konjunktionen geleistet, sondern kann auch von Demonstrativpronomen (siehe S. 80), Relativpronomen (siehe S. 81) einschließlich der Relativadverbien und Interrogativpronomen (siehe S. 82) übernommen werden.

Bei einer Verbindung von Sätzen mit Konjunktionen müssen wir feststellen, daß diese die Form der Sätze beeinflussen, denen sie angehören:

> Wir fahren ins Strandbad; *denn* das Wetter ist schön.
> Wir fahren ins Strandbad, *weil* das Wetter schön ist.
> Das Wetter ist schön, *deshalb* fahren wir ins Strandbad.
> *Als* das Wetter schön war, fuhren wir ins Strandbad.

Viele Bindewörter entstanden erst nach und nach aus anderen Wortarten, meist aus Adverbien, wie „denn" (aus „dann"), „dennoch" (aus „dann noch"), „als" (aus „all-so"), „sondern" (aus „gesondert, ausgenommen"). Andere sind erstarrte Formen von Nomina, wie „teils", „falls", oder von Artikeln, namentlich in Verbindung mit Präpositionen, wie „daß" (aus „das") und „indem, nachdem, seitdem, deshalb".

Nach ihrem Einfluß auf die Form des Satzes unterscheiden wir *nebenordnende (koordinierende)* und *unterordnende (subordinierende)* Konjunktionen. Letztere nennen wir *Subjunktionen*.

1. Nebenordnende (koordinierende) Konjunktionen

Konjunktionen verbinden gleichartige Wörter, einen Hauptsatz mit einem parallelen Hauptsatz oder einen Nebensatz mit einem gleichgeordneten anderen Nebensatz:

Ich gehe heute ins Kino *oder* ins Freizeitheim. — Ich gehe heute nicht aus, *denn* ich habe wenig Zeit. — Ich gehe aus, wenn du mir hilfst *und* auf mich wartest.

Nach der Verbindung, die sie herstellen, teilen wir die nebenordnenden Konjunktionen folgendermaßen ein:

a) Zusammenstellende (kopulative) Konjunktionen

und, auch, wie, sowie, außerdem, zudem, überdies, desgleichen, dann, ferner, weiter, ja, hernach, zuletzt, endlich, erstens, zweitens, drittens; sowohl — als auch, weder — noch, nicht nur — sondern auch, bald — bald, teils — teils, erst — dann, halb — halb, zum einen — zum andern.

Hans *und* Fritz sollen zu mir kommen. — Hier wollen wir zelten, *überdies* wird es schon dunkel. — *Bald* lachte er, *bald* weinte er.

b) Entgegenstellende (adversative) Konjunktionen

aber, allein, doch, jedoch, dennoch, dagegen, hingegen, indes, indessen, gleichwohl, vielmehr, nur, hinwiederum, nichtsdestoweniger, nicht — sondern.

Er hoffte auf den Preis, *aber* er hatte sich getäuscht. — Alle hatten es bemerkt, *nur* er träumte weiter.

c) Ausschließende (disjunktive) Konjunktionen

oder, entweder — oder, sonst, andernfalls.

Du gibst mir den Ball, *andernfalls* melde ich es.
Entweder du gibst mir den Ball, *oder* ich melde es.

d) Die Art und Weise bestimmende (modale) Konjunktionen

so — wie, wie, als, also, ebenso, genauso (vergleichend);
um so, desto (proportional);
insofern, insoweit (einschränkend);
geschweige denn (ergänzend);
ja, geradezu (steigernd, betonend).

Er ist schneller *als* alle anderen Läufer. — Der Urlaub ist kurz, *um so* mehr muß man ihn nutzen. — Ich mag ihn nicht leiden, *insofern* verstehe ich dich. — Ich kann kaum liegen, *geschweige denn* sitzen. — Er war höflich, *ja* ritterlich.

e) Begründende (kausale) Konjunktionen

denn, nämlich, ja, doch (kausal);
also, folglich, infolgedessen, mithin, somit, demnach, daher, darum, deswegen, deshalb (konsekutiv, folgernd);
dazu, darum (final, den Zweck angebend);
sonst, andernfalls (konditional, die Bedingung angebend);
zwar (wohl) — aber (jedoch, allein), trotzdem (einräumend, konzessiv).

Sie kam zu spät, *nämlich* abends. — Sie ist begabt, *infolgedessen* hat sie es leicht. — Sie ist klug, *darum* wählten wir sie zur Sprecherin. — Sie muß für uns eintreten, *sonst* setzen wir sie ab. — Sie ist Sprecherin, *trotzdem* ist sie beliebt.

verbindet 2 Hauptsätze, Wortstellung bleibt also

2. Subjunktionen (unterordnende Konjunktionen)

Die Subjunktionen verbinden Nebensätze mit Hauptsätzen. Diese Nebensätze sind den Hauptsätzen insofern untergeordnet, als sie als Ganzes ein Satzglied des Hauptsatzes vertreten (siehe S. 140f.).

Aus „Ich erwarte *deinen Besuch*" wurde so „Ich erwarte, *daß du mich besuchst*"; und aus „*Bei meiner Ankunft in Rom* regnete es" wurde „*Als ich in Rom ankam*, regnete es". Je nach dem Gedankenverhältnis, das zwischen Haupt- und Nebensätzen besteht, unterscheiden wir:

a) Ortsbestimmende (lokale) Subjunktionen

An sich gibt es keine ausgesprochen lokalen Subjunktionen. Die Relativadverbien „wo, woher, wohin" werden jedoch wie Subjunktionen verwendet, obwohl sie in strengem Sinne entweder einen Relativsatz (siehe S. 146) oder einen indirekten Fragesatz (siehe S. 147) einleiten:

Ich kenne ein Geschäft, *wo* man billig kauft. — Ich frage dich, *woher* du das hast.

b) Zeitbestimmende (temporale) Subjunktionen

während, indem, indessen, solange, sooft, als, wie, wenn, nun (gleichzeitig);
nachdem, als, wenn, sobald, seitdem (vorzeitig);
bis, ehe, bevor (nachzeitig).

Darüber lachten wir, *während* sie vor sich hinweinte. — *Als* sie still geworden war, verstummten auch wir. — Sie ging, *bevor* wir sie trösten konnten.

c) Die Art und Weise bestimmende (modale) Subjunktionen

indem (modal);
wie, gleichwie, sowie, so — wie, als, als ob, als wenn, wie wenn (vergleichend);
je (um so), je (desto), je nachdem (proportional);
inwiefern, soviel, soweit, nur daß (einschränkend);
ohne daß, geschweige daß, kaum daß, statt daß (ergänzend);
während, wohingegen (adversativ, gegensätzlich).

Er grüßt, *indem* er mit der Hand winkt. — Er sagte mehr, *als* er verantworten konnte. — *Je* länger der Tanz dauert, *um so* müder werde ich. — Er gehorchte nur, *soweit* er mußte. — Er verplapperte sich, *ohne daß* er es merkte. — Er schien von dem Film enttäuscht zu sein, *während (wohingegen)* die anderen begeistert waren.

d) Begründende (kausale) Subjunktionen

weil, da, zumal, wo doch (rein kausal);
daß, so daß, als daß (konsekutiv, folgernd);
damit, daß (final, den Zweck angebend);
wenn, falls, sofern, wofern (konditional, die Bedingung angebend);
obgleich, obwohl, obschon, wenngleich, wenn auch, wiewohl, ungeachtet (konzessiv, einräumend);
indem; dadurch, daß; damit, daß (instrumental, das Mittel angebend).

Sie fehlte, *weil* sie Grippe hatte. — Sie fehlte, *so daß* sie viel versäumte. — Ich ging zu ihr, *damit* sie die Aufgaben bekam. — *Wenn* ich nicht zu ihr gegangen wäre, hätte sie viel versäumt. — *Obgleich* ich sie nicht sehr schätzte, ging ich zu ihr. — Ich half ihr, *indem* ich zu ihr ging.

e) „daß" und „ob" in indirekter Rede

„ob" steht bei indirekten Fragesätzen und „daß" bei Aussage- und Aufforderungssätzen in indirekter Rede:

Ich will wissen, *ob* er kommt. — Ich weiß, *daß* er kommt. — Ich verlange, *daß* er kommt.

Aufgabe 122: Suche aus dem nachstehenden Text alle Konjunktionen und Subjunktionen heraus, und versuche, sie einer der genannten Gruppen zuzuordnen!

Wie das Wachs, von Natur hart und spröde, durch ein wenig Wärme so geschmeidig wird, daß es jede beliebige Gestalt annimmt, so kann man selbst störrische und feindselige Menschen durch etwas Höflichkeit und Freundlichkeit biegsam und gefällig machen. Sonach ist die Höflichkeit dem Menschen, was die Wärme dem Wachs.

Eine schwere Aufgabe ist freilich die Höflichkeit insofern, als sie verlangt, daß wir allen Leuten die größte Achtung bezeugen, während die allermeisten keine verdienen; sodann, daß wir den lebhaftesten Anteil an ihnen simulieren, während wir froh sein müssen, keinen an ihnen zu haben. — Höflichkeit mit Stolz zu vereinigen ist ein Meisterstück. —

Wir würden bei Beleidigungen, als welche eigentlich immer Äußerungen der Nichtachtung bestehn, viel weniger aus der Fassung geraten, wenn wir nicht einerseits eine ganz übertriebene Vorstellung von unserm hohen Wert und Würde, also einen ungemessenen Hochmut hegten, und andererseits uns deutlich gemacht hätten, was, in der Regel, jeder vom andern, in seinem Herzen, hält und denkt. Welch ein greller Kontrast ist doch zwischen der Empfindlichkeit der meisten Leute über die leiseste Andeutung eines sie treffenden Tadels und dem, was sie hören würden, wenn sie die Gespräche ihrer Bekannten über sie belauschten! — Wir sollten vielmehr uns gegenwärtig erhalten, daß die gewöhnliche Höflichkeit nur eine grinsende Maske ist: dann würden wir nicht Zeter schreien, wenn sie einmal sich etwas verschiebt oder auf einen Augenblick abgenommen wird.

(aus: Arthur Schopenhauer, Von der Höflichkeit)

K. Interjektion (Empfindungswort)

Interjektionen bestehen aus einem einzigen Laut oder einer Lautkombination. Sie drücken Empfindungen aus oder ahmen Geräusche nach. Interjektionen haben keine eigentliche Wortgeschichte; sie finden sich in Volksliedern, in der Kinder- und Umgangssprache und in Comics.

Ach! — Oh! — Hallo! — Peng! — Grrr! — Zack! — He!

In der Zeichensetzung werden Interjektionen entweder wie ein Satz behandelt und erhalten gemäß ihrer Qualität als „Ausrufewörter" ein Ausrufungszeichen; oder sie werden zumindest vom Satzkörper durch ein Komma getrennt:

Pfui! — Tschüß, bis morgen! — Klirr, die Scheibe zersplitterte.

Die Rechtschreibung der Interjektionen, die oft spontan entstehen, ist relativ frei.

Mit jeder Interjektion sind bestimmte Empfindungen verbunden, wobei oft der Sprechton den Ausschlag gibt. Wenngleich eine einteilende Ordnung insofern recht schwierig aufzustellen ist, sagt man im allgemeinen: Interjektionen sind entweder *Äußerungen einer Empfindung* oder *Schallnachahmungen.*

ach! weh! ah! ei! juchhe! heißa! hoho! potztausend! pfui! hu! brr! so! hm! heda! holla! hallo!
Patsch! Klirr! Paff! Plumps! Husch!

Wortbildung

A. Allgemeines

Durch die *Wortbildung* entstehen *aus Stammwörtern neue Wörter* mit anderer Bedeutung:

Haus: Gehäuse, häuslich, hausen.
gut: das Gut, die Güte, gütlich, vergüten.
Tadel: tadellos, untadelig, tadeln.

Alle von einem Stammwort gebildeten neuen Wörter bilden eine *Wortfamilie*.

Die Sprachwissenschaft bezeichnet das Stammwort als **Lexem**. Ein Lexem ist der bei der Wortbeugung (Flexion) unveränderte Teil des Wortes.

z. B. ein/*grab*/en, *fleiß*/ig, *bild*/en.

Die Silben oder Endungen, die an das Lexem angefügt werden und nur in Verbindung mit diesem Bedeutung haben, nennt man **Morpheme** (vgl. S. 23).
Zu unterscheiden sind **grammatische Morpheme**, die bei der Deklination bzw. Konjugation Numerus, Kasus und Tempus kennzeichnen:

du brauch/*st*, des Mann/*es*, er besuch/*te*,

und **Wortbildungsmorpheme**, nämlich Vor- und Nachsilben:

Be/deut/*ung*, Mann/*schaft*, lust/*ig*.

Es gibt folgende Arten der Wortbildung:

Zusammensetzung

Neue Wörter entstehen in großer Zahl durch *Zusammensetzung* zweier *Lexeme:*

Wand + Tafel = Wandtafel, gieß/*en* + Kanne = Gießkanne.

Ableitung (Derivation)

Weiter werden neue Wörter durch *Morpheme* gebildet, und zwar durch *Vor-* und *Nachsilben:*

Freund*in*, Knecht*schaft*, *Miß*brauch, *Ver*kauf.

Innere Wortveränderung

Neue Wörter werden auch durch *Veränderung der Vokale* (Ablaut, Umlaut) oder durch *Konsonantenwandel* im Stammwort (Lexem) gebildet:

B*a*nd — B*u*nd — B*i*nde; g*e*ben — G*a*be; h*e*lfen — H*i*lfe; schnei*d*en — Schni*tt*.

Die ältesten Bestandteile der Sprache waren wohl *Lexeme*, die eine ganz allgemeine Bedeutung hatten, z. B. „ga" = „gehen" und „sta" = „stehen". Wollte man den Sinn dieses allgemeinen Begriffes näher bestimmen, so fügte man eben dem ersten Lexem ein zweites hinzu und erhielt so die ersten Zusammensetzungen. Im Laufe der Zeit wurde dann ein Teil der Zusammensetzung schwächer betont und verlor seine selbständige Bedeutung, er wurde zum *Morphem*.

Während sich in vorgeschichtlicher Zeit wohl ein ständiger Übergang von der Zusammensetzung zur Ableitung vollzogen hat, findet heute eher das Gegenteil statt: die Zahl der *Wortbildungsmorpheme* wird immer geringer, die Zahl der *Zusammensetzungen* wächst.

Die Fähigkeit des Deutschen, den Wortschatz durch Zusammensetzungen zu erweitern, führt gelegentlich zu unübersichtlichen Bandwurmwörtern.

Solche Zusammensetzungen trennt man, wenn man sie überhaupt verwenden muß, durch Bindestriche:

Fußball-Weltmeisterschaft.

Eine andere Art moderner Wortschöpfung ist die *Abkürzungssprache:*

Kripo = Kriminalpolizei,
Mofa = Motorfahrrad,
Apo = Außerparlamentarische Opposition.

Ähnlich entstehen aus der *Anlautsprache:*

GmbH = Gesellschaft mit beschränkter Haftung,
EKG = Elektrokardiogramm,
EG = Europäische Gemeinschaft,
ZDF = Zweites Deutsches Fernsehen.

B. Wortbildung durch Zusammensetzung

Von den beiden Gliedern der Wortzusammensetzung (des *Kompositums*) enthält das zweite den *Grundbegriff*, der durch das erste Glied näher *bestimmt* wird:

Ofen tür, Stall tür, Zimmer tür.

Das **Grundwort** ist „Tür", das **Bestimmungswort**, welches angibt, was für eine Tür gemeint ist, heißt hier „Ofen, Stall, Zimmer". Die Betonung liegt auf dem Bestimmungswort.

Wir unterscheiden folgende Arten der Zusammensetzung:

a) Die beiden Glieder der Zusammensetzung stehen äußerlich *gleichwertig* nebeneinander, obgleich das Bestimmungswort stärker betont wird; das erste Glied bleibt ungebeugt:

Mond-schein, Sommer-schuh, tief-rot, Schreib-feder.

b) Das erste Glied ist vom zweiten *abhängig*, und zwar zumeist als *Genitiv*. Ursprünglich wird der Genitiv selbständig vor dem zweiten Glied gestanden haben:

Gottes Haus, Ludwigs Burg, des Sieges gewiß;

daraus wurde dann:

Gotteshaus, Ludwigsburg, siegesgewiß.

Oft steht der abhängige Genitiv im Plural:

Tagewerk, Gänseblume, Bilderbuch.

Weil das *Genitiv-s* so häufig vorkam, drang es auch in Verbindungen ein, in denen es eigentlich fehl am Platze war:

Wander*s*mann, Liebe*s*dienst, vorschrift*s*mäßig, Erholung*s*reise.

Oft sind alte Genitivverbindungen nicht mehr erkenntlich, so bei „Frankfurt" (der Franken Furt), „Sonntag" (der Sonne Tag) und „Senfkorn" (des Senfes Korn).

In manchen Zusammensetzungen sind die Bedeutungen einzelner Glieder so verdunkelt, daß wir sie heute ohne weiteres nicht mehr verstehen können. Die Aufdeckung der ursprünglichen Bedeutungen ist recht reizvoll. Dafür nur einige Beispiele:

abgefeimt: von mhd. „veim" = „Schaum", also „abgeschaumt, vollkommen".
Adler: von mhd. „adel-ar" = „edler Aar".
Argwohn: von mhd. „arcwân" = „arger Wahn".
Brombeere: von mhd. „brâme" = „Dornstrauch".
Demut: von ahd. „deo" = „Knecht", also „Knechtssinn".
Dienstag: von „Ziu" = „ein dem Gott Ziu geweihter Tag".
Donnerstag: von „Donar" = „Donars Tag".
echt: von mhd. „ê-haft" = „gesetzmäßig".
Eiland: von mhd. „ein-lant" = „allein liegendes Land".
Elend: von ahd. „ali-lanti" = „in fremdem Lande".
Fledermaus: von mhd. „vledern" = „flattern".
Flitterwochen: von mhd. „vlittern" = „flüstern, kichern".
Fronleichnam: von ahd. „frô" = „Herr"; eigentlich „vrôn-lîch[n]am" = „Leib des Herrn".
Friedhof: von mhd. „vrîthof" = „eingefriedeter (eingezäunter) Hof".
Heuschrecke: von mhd. „schricken" = „springen".
Himbeere: von ahd. „hint-beri" = „Beere der Hinde (Hirschkuh)"
Hühnerauge: von mhd. „hürnîn ouge" = „Hornauge".
Jungfrau: von mhd. „junc frouwe" = „adelige junge Frau".
Karfreitag: von ahd. „kara" = „Wehklage".
kostspielig: von ahd. „spilden" = „vergeuden".
Leichnam: von ahd. „lîh-hamo" = „Leibeshülle".
Leinwand: von mhd. „lîn" = „Leinen" und mhd. „wât" = „Zeug, Kleidung"
Marschall: von mhd. „mar-schalc" = „Pferdeknecht".
Maulwurf: von mhd. „molt-werfe" = „Erdaufwerfer".
Meineid: von mhd. „mein" = „falsch", also „falscher Eid".
Nachbar: von mhd. „nâchgebûr" = „der nahe Bauer".
Raufbold: von mhd. „balt" = „kühn".
Schlittschuh: von mhd. „schrite-schuoh" = „Schrittschuh".
Sündflut: von mhd. „sin[t]vluot" = „allgemeine Flut".
Wahnsinn: von mhd. „wan" = „ermangelnd, leer", also „ohne Sinn".
Wetterleuchten: von mhd. „weter-leich" = „Wettertanz".
Zwerchfell: von mhd. „twerch" = „quer".

Bei Wörtern wie „Sündflut" (urspr. „Sintflut") erfolgte die Umdeutung zu einem anderen *bekannten* Wort, hier also zu „Sünde". Man nennt solche Erscheinungen, die dem Sprachgefühl des Volkes entspringen, „*Volksetymologie*".

Aufgabe 123: Suche aus folgendem Text alle Zusammensetzungen heraus, ordne sie nach Wortarten! Versuche auch, die Art der Zusammensetzung zu erkennen.

Was ich zu berichten beabsichtige, ist mir vor reichlich einem halben Jahrhundert im Hause meiner Urgroßmutter, der alten Frau Senator Feddersen, kundgeworden, während ich, an ihrem Lehnstuhl sitzend, mich mit dem Lesen eines in blaue Pappe eingebundenen Zeitschriftenheftes beschäftigte; ich vermag mich nicht mehr zu entsinnen, ob von den „Leipziger" oder von „Pappes Hamburger Lesefrüchten". Noch

fühl' ich es gleich einem Schauer, wie dabei die linde Hand der über Achtzigjährigen mitunter liebkosend über das Haupthaar ihres Urenkels hinglitt. Sie selbst und jene Zeit sind längst begraben; vergebens auch habe ich seitdem jenen Blättern nachgeforscht, und ich kann daher um so weniger weder die Wahrheit der Tatsachen verbürgen, als, wenn jemand sie bestreiten wollte, dafür aufstehen; nur so viel kann ich versichern, daß ich sie seit jener Zeit, obwohl sie durch keinen äußeren Anlaß in mir aufs neue belebt wurden, niemals aus dem Gedächtnis verloren habe.
Es war im dritten Jahrzehnt unseres Jahrhunderts, an einem Oktobernachmittag — so begann der damalige Erzähler —, als ich bei starkem Unwetter auf einem nordfriesischen Deich entlang ritt. Zur Linken hatte ich jetzt schon seit über einer Stunde die öde, bereits von allem Vieh geleerte Marsch, zur Rechten, und zwar in unbehaglicher Nähe, das Wattenmeer der Nordsee; zwar sollte man vom Deiche aus auf Halligen und Inseln sehen können; aber ich sah nichts als die gelbgrauen Wellen, die unaufhörlich wie mit Wutgebrüll an den Deich hinaufschlugen und mitunter mich und das Pferd mit schmutzigem Schaum bespritzten; dahinter wüste Dämmerung, die Himmel und Erde nicht unterscheiden ließ, denn auch der halbe Mond, der jetzt in der Höhe stand, war meist von treibendem Wolkendunkel überzogen. Es war eiskalt; meine verklommenen Hände konnten kaum den Zügel halten, und ich verdachte es nicht den Krähen und Möwen, die sich fortwährend krächzend und gackernd vom Sturm ins Land hineintreiben ließen. Die Nachtdämmerung hatte begonnen, und schon konnte ich nicht mehr mit Sicherheit die Hufe meines Pferdes erkennen; keine Menschenseele war mir begegnet.

(aus: Theodor Storm, Der Schimmelreiter)

C. Wortbildung durch Ableitung (Derivation)

1. Ableitung durch Vorsilben (Präfixe)

a) Vorsilben der Verben

1. *be-* (aus mhd. „bî" = „bei") wird recht regellos verwendet. Vor Verben, die von Nomina abgeleitet sind, bedeutet es oft „versehen mit": *bekränzen, bekleiden.* Häufig verwandelt die Vorsilbe *be-* intransitive Verben (siehe S. 39) in transitive: *gehen — begehen; streiten — bestreiten.*

2. *ent-* bedeutet wie ant- (griechisch ἀντί) „entgegen". Heute bezeichnet die Vorsilbe *ent-* eine Trennung: *entkommen, entsagen, entfernen, entfallen, entschlafen, enterben, entgleiten, entschlüpfen.*

3. *er-* (abgeschwächt aus ur-) verweist auf eine körperliche oder eine geistige Bewegung: *erblühen, erbauen, erklettern, erfahren* (vorwiegend im übertragenen Sinn gebraucht), *erregen, ermüden, erschlaffen, erreichen.*

4. *ge-* bezeichnet eigentlich ein Zusammensein, eine Gemeinschaft. Meistens ist aber die alte Bedeutung nicht mehr erkennbar, höchstens noch bei *gerinnen* und *gefrieren.*

5. *ver-* hat die ursprüngliche Bedeutung „vorwärts" oder „weg" und drückt bei den Verben das Entfernen oder das Verkehrte aus: *vertreiben, verreisen, vergraben, verbergen, vergießen, verkennen, verführen, verkohlen, verglühen, vergolden.*

6. *zer-* bedeutet „entzwei, auseinander" (lat. dis-): *zerbrechen, zerfallen, zergehen, zerschneiden, zerlegen.*

b) Vorsilben der Nomina

1. *ab-* bedeutet „weg, falsch": *Abgott, Abfall, Abfahrt.*

2. *aber-* bedeutet „irrig": *Aberglaube, Aberwitz.*

3. *ant-* tritt wieder in der Bedeutung „gegen" auf: *Antwort, Antlitz, Antarktis.*

4. *erz-* stammt aus dem griechisch-lateinischen „archi" und bezeichnet den höchsten Rang: *Erzbischof, Erzfeind, Erzherzog, Erzengel.*

5. *ge-* in der Grundbedeutung „zusammen" bildet Sammelnamen: *Gezeiten, Getue, Gebräu, Geschwulst, Geschwister, Gebrüder, Gebrüll, Geläute;* und Ausdrücke des Beisammenseins: *Geselle, Gefährte, Genosse.*

6. *miß-* von mhd. „misse" = „Mangel" drückt das Schlechte, Ungeratene aus: *Mißgunst, Mißerfolg, Mißernte.*

7. *un-* ist verwandt mit „ohne" und bezeichnet eine Verneinung oder das Gegenteil: *Unglaube, Unmensch, Unwetter.*

8. *ur-* bezeichnet das am Anfang Vorhandene: *Ursprung, Urgroßmutter, Urwald.*

c) Vorsilben der Adjektive

1. *erz-* bezeichnet den höchsten Grad: *erzdumm, erzfaul.*

2. *ge-* tritt meist zu den Adjektiven, ohne viel an deren Bedeutung zu ändern: *gestreng, gemein, gesund, geheim.*

3. *miß-* verleiht auch hier die Bedeutung des Mangelhaften oder Verfehlten: *mißvergnügt, mißgestimmt, mißgünstig.*

4. *un-* verneint oder deutet auf das Gegenteil: *unmöglich, unschön, unglücklich, ungesund.*

5. *ur-* steht hier als Verstärkung: *urplötzlich, urkomisch.*

Aufgabe 124: Suche aus dem Text der Aufgabe 123 alle Vorsilben heraus, und kläre ihre Bedeutung. (Beachte: „ge-" kann auch Tempuszeichen sein!)

2. Ableitung durch Nachsilben (Suffixe)

a) Nachsilben der Verben

Die folgenden auf *-igen, -ern* und *-eln* ausgehenden Verben sind alle durch Angleichung an andere Verben gebildet, deren Stamm auf *-ig, -er, -el* ausgeht; *-igen, -ern* und *-eln* sind also nur mittelbare Ableitungssilben.

1. *-ig-*: nach dem Muster von *kräftigen* und *reinigen* sind gebildet: *ängstigen, peinigen.*

2. *-el-*: nach dem Muster von *hageln* und *dunkeln* wurden Verben gebildet, die eine wiederholte, teilweise verächtliche Tätigkeit bezeichnen: *betteln, kränkeln, frömmeln.*

3. *-er-*: nach dem Muster von *ackern* und *lockern* wurden Wörter gebildet, die eine wiederholte Tätigkeit ausdrücken: *flimmern, zittern, zwitschern;* andere Wörter dieser Gruppe drücken ein Bewirken aus: *räuchern, steigern, fördern.*

4. *-z-* drückt eine Wiederholung oder Verstärkung aus: *krächzen, blitzen, seufzen, faulenzen, duzen, siezen.*

5. *-ier-* entstand nach der altfranzösischen Infinitiv-Endung „-ier". Diese Endung erscheint erst bei Fremdwörtern, schließlich auch bei deutschen Stämmen: *regieren, probieren, hausieren, stolzieren.*

6. -[z]*ei-* tritt nur an fremde Stämme: *prophezeien.*

b) Nachsilben der Nomina

Ursprünglich selbständige Nomina waren noch im Mittelhochdeutschen die Ableitungssilben -heit -tum, -schaft (ahd. „scaf" = Beschaffenheit). Diese drei Bildungssilben haben manchmal dieselbe Bedeutung.

1. *-heit* bedeutet eigentlich „Zustand". Es tritt an Nomina und Adjektive: *Gottheit, Torheit; Trägheit, Faulheit, Gesundheit.*

2. *-keit* ist eine Nebenform von -heit und entstand dadurch, daß die Silbe *-heit* an Adjektive auf *-ig* angehängt wurde: *Ewigkeit, Üppigkeit;* nach diesem Muster glich man an: *Tapferkeit, Bitterkeit.*

3. *-schaft* hängt mit „schaffen" zusammen und bedeutet „Beschaffenheit". Es bildet Abstrakta und Sammelbegriffe: *Freundschaft, Knechtschaft, Eigenschaft; Gesellschaft, Bürgerschaft, Mannschaft.*

4. *-tum* hängt mit „tun" zusammen und bedeutet eigentlich „Stand" oder „Würde". Es tritt an Nomina und Adjektive: *Herzogtum, Brauchtum; Heiligtum, Reichtum.*

5. -e tritt häufig auf und bildet Abstrakta: *Nähe, Lage, Liebe, Stärke, Güte, Höhe, Bitte, Sorge.*

6. *-t* ist ebenso häufig und wird stets an Stämme von Verben gehängt; diese werden z. T. umgelautet oder unterliegen einem Konsonantenwandel: *Fahrt, Schrift, Tracht.*

7. *-ung, -nis, -sal* bilden: *Erziehung, Zeichnung, Wagnis, Erzeugnis, Rinnsal, Schicksal.* Dabei ist *-ung* die häufigste Ableitungssilbe, denn man kann fast von jedem Verb durch *-ung* ein abstraktes Nomen im Femininum bilden: *Enthüllung, Pflanzung, Erteilung, Benachrichtigung* usw.

Das führt zu der sogenannten „*Hauptwortkrankheit*" unserer Tage. Man meidet die aussagekräftigen Verben („Wir benachrichtigen euch noch") und verwendet dafür Wörter auf *-ung* mit einem farblosen Verb („Eure Benachrichtigung wird noch erfolgen").

8. *-st* bezeichnet meist das Ergebnis einer Tätigkeit: *Gewinst, Zwist, Gespinst.*

9. *-at, -ut, -od, -öd* kommen nur selten vor: *Heimat, Armut, Kleinod, Einöde.*

10. *-ing* und *-ling* bezeichnen die Abstammung, wobei der Endsilbe *-ling* oft der Sinn des Unfertigen anhaftet: *Merowinger, Karolinger; Lehrling, Prüfling, Schwächling.*

11. *-in* bezeichnet weibliche Personen oder Tiere: *Lehrerin, Zauberin, Ärztin, Löwin, Hündin* (Plural: *Lehrerinnen, Ärztinnen*).

12. *-er* hat viele Bedeutungen:
Tätigkeit der Personen: *Bäcker, Schlachter, Glaser, Schlosser;*
Herkunft der Personen: *Österreicher, Bayer, Münchener;*
Tiere: *Kater, Paarhufer, Einzeher;*
Handlung: *Seufzer, Jodler.*

Aus dieser Silbe heraus entwickelten sich die Silben *-ner* und *-ler: Lügner, Zöllner, Dörfler, Sommerfrischler, Wissenschaftler.*

13. *-el* wird ähnlich häufig wie -er verwendet. Bildungen auf *-el* bezeichnen:
Personen oder Tiere: *Krüppel, Gimpel, Wiesel;*
Mittel zur Tätigkeit: *Schaufel, Würfel, Stachel, Spachtel;*
Verkleinerung: *Büschel, Stengel, Bündel, Gesindel.*

14. *-lein* und *-chen* dienen zur Bildung von Verkleinerungsformen (Diminutivsuffixe bilden Diminutivformen) und Kosenamen. Beide Nachsilben rufen den Umlaut hervor: *Röslein, Röschen; Weiblein, Weibchen; Mütterlein, Mütterchen.* Heute ist *-chen* gebräuchlicher als *-lein;* aber *-lein* muß stehen, wenn „ch" oder „g" vorangehen: *Krüglein, Sträuchlein.*

15. Aus Fremdsprachen stammen folgende Ableitungssilben:
-ei (aus frz. „ie" übernommen) dient häufig zur Bezeichnung des Ortes: *Pfarrei, Ziegelei, Töpferei, Brauerei, Abtei, Türkei;*
-ier (frz.) bildet meist Berufsnamen: *Portier, Offizier;*
-ist ebenso: *Posaunist, Gitarrist;*
-an, -aner, -iner, -enser, -ikus, -ant, -al, -ade stammen aus dem Lateinischen, *-ismus* aus dem Griechischen: *Veteran, Lutheraner, Bernhardiner, Badenser, Luftikus, Fabrikant, Kanonade, Sozialismus, General.*

c) Nachsilben der Adjektive

1. *-bar* stammt von dem mhd. „bern" = „tragen" und hat die Bedeutung „fähig zu tragen" oder „tragend": *fruchtbar, haltbar, streitbar;* aber auch oft passiven Sinn: *schiffbar, eßbar, brauchbar.*

2. *-haft* ist eine alte Partizipform („behaftet") und bedeutet also „versehen mit etwas": *krankhaft, fehlerhaft, meisterhaft, schwatzhaft, zaghaft.*

3. *-lich* stammt aus dem mhd. „lich" = „Leib, Gestalt" und bedeutet „von der Gestalt, von der Art und Weise wie": *männlich, väterlich, jugendlich, bläulich, weichlich, ärmlich.*

4. *-sam* heißt eigentlich derselbe (engl. „same", lat. „sim-ilis") und bedeutet auch „ähnlich, von derselben Beschaffenheit, zusammengehörig mit": *tugendsam, ehrsam, sittsam, biegsam, duldsam, strebsam, sparsam, langsam.*

5. *-ig* bezeichnet Besitz und Eigentümlichkeit, auch Fähigkeit: *steinig, bärtig, lebendig, blondhaarig, durstig.*

6. *-isch* wird namentlich zur Bezeichnung von Herkunft oder Abstammung verwendet: *preußisch, österreichisch;* aber auch zur Angabe schlechter Eigenschaften: *neidisch, verbrecherisch, verschwenderisch, zerstörerisch.*

7. -[e]*n* dient zur Bezeichnung des Stoffes, aus dem etwas besteht: *golden, silbern, eisern, ledern, gläsern.*

8. Fremde Ableitungssilben kommen nur in Fremdwörtern vor: re*al*, ide*ell*, viol*ett*, ak*tiv*.

Aufgabe 125: Bestimme die Nachsilben aus dem Text von Aufgabe 123, und kläre ihre Bedeutung!

D. Wortbildung durch innere Wortveränderung

Die wichtigsten Veränderungen, die mit den Vokalen innerhalb der Stammsilben vor sich gehen, haben wir bereits im Abschnitt „Lautwandel" (siehe S. 30f.) kennengelernt. Es sind:

Umlaut, Ablaut, Brechung, Wechsel.

Oft finden sich mehrere dieser Veränderungen zugleich. Der Ablaut erscheint oft in Verbindung mit Umlaut und Wechsel.

Beispiele zeigen die Möglichkeiten dieser Art der inneren Wortbildung:

binden: Band, Bund, Bändchen, Bündnis;
bergen: Berg, Gebirge, borgen, Burg, Bürger;
biegen: Biegung, beugen, Bogen, Bug, Bügel, Bucht, bücken;
brechen: Verbrecher, brach, Bruch, brüchig, Brocken, bröckelig.

Aufgabe 126: Suche auf ähnliche Weise neue Wörter zu:

geben, fliehen, fliegen, graben, schließen, gießen, sprechen, fließen, sitzen, liegen, steigen, ziehen, fahren.

Satzlehre (Syntax)

A. Entstehung und Wesen des Satzes

Wenn man ein Kind beobachtet, das noch nicht richtig sprechen kann, entdeckt man schnell, daß dieses Kind keine Sätze bildet. Aber die Wörter, die es gebraucht, können schon durchaus den Wert von Sätzen haben (vgl. S. 16 f. „Aneignung von Sprache"). Wir sprechen dann von einem „*Einwortsatz*". Das Wort „Ball" kann dabei bedeuten:

Ich will mit meinem Ball spielen. — Das ist mein Ball. — Ich will meinen Ball haben. — Mein Ball gefällt mir.

Bald aber wird das Kind bemerken, daß seine Äußerung „Ball" zwar das gemeinte Ding selbst, nicht aber dessen Tätigkeiten, Eigenschaften, Besonderheiten und Beziehungen zur Welt ausdrückt. Es wird zum „*Zweiwortsatz*" kommen:

Ball / spielen. — Ball / meiner. — Ball / da. — Ball / haben. — Ball / holen.

Damit hätten wir schon das Urmuster jener einfachen Sätze vor uns, die es in anderem Zusammenhang noch zu besprechen gilt.

Aber noch ist solche Aussage des Kindes kein Satz im grammatischen Sinn. Es kommt auch erst über einen Umweg zum Satz, indem es mit Zunahme seines Wortschatzes Wörter zu „*Worthaufen*" zusammenstellt:

Ball da, Ball holen.

Aber in solchem Worthaufen steckt doch schon das Bemühen, einen Gedanken zu gliedern und klar darzustellen.

Ein echter Satz entsteht schließlich, wenn das Kind nicht mehr seine Vorstellungen nur durch Wörter ausdrückt, die erst durch die Situation oder das Gebärdenspiel einen Sinn erhalten, sondern wenn es den Sinn durch die Formung und Stellung der Wörter auszudrücken vermag:

Mein Ball liegt unter dem Sofa.

Der eben angeführte Satz ist eine Form- und Sinneinheit. Innerhalb des Satzes erhalten die Wörter erst durch ihre Beziehung zueinander und zum Satzganzen ihren Sinn. So gibt es im strengen Sinne keine isolierten „Satzteile", sondern nur ein Satzganzes. Ein *Satz* ist also eine *Einheit aus Form und Sinn.*

Darüber hinaus gilt:
„Der Satz ist die kleinste Sprecheinheit, die kleinste „*Hervorbringungseinheit*", die kleinste Atemeinheit der normal dahinfließenden Rede." *(Glinz)*

Der Satz ist eine *Redeeinheit*, mit welcher der Sprecher/Schreiber zu einem Sachverhalt in einem geschlossenen Gedankenschritt Stellung nimmt. Ein Satz ist also *Sinn-*, *Form-* *und Redeeinheit* zugleich!

1. Die Satzarten

a) Aussagesatz

Aussagesätze geben einen Sachverhalt wieder, sei es erzählend, behauptend, beschreibend oder erklärend:

Die Mutter ruft mich. — Norbert verreist nach München. — Die Blüte schimmert blau.

Überwiegend steht im Aussagesatz das Subjekt (der Satzgegenstand, s. S. 119) an erster und das Prädikat (die Satzaussage, s. S. 120) an zweiter Stelle. Tritt wegen der besonderen Wichtigkeit ein anderer Teil der Aussage an den Anfang, so steht wie oben das Prädikat an zweiter Stelle, danach folgt das Subjekt:

Mich ruft die Mutter. — Nach München verreist Norbert. — Blau schimmert die Blüte.

Man spricht von *versetzter Wortfolge* oder **Inversion** der Satzteile.

Besteht das Prädikat aus mehreren Teilen (z. B. im Perfekt), so steht das Subjekt bei der Inversion hinter der *Personalform:*

Mich *hat* Mutter gerufen. — Nach München *ist* Norbert verreist.

b) Aufforderungssatz

Aufforderungs- oder Begehrssätze drücken keinen Tatbestand aus, sondern den Willen, einen Tatbestand herbeizuführen. Das kann auf zweierlei Weise geschehen:

als Befehlssatz

Vertraue ihm doch! — Du sollst nicht stehlen! — Gib acht im Straßenverkehr!

als Wunschsatz

Ach, hätten wir doch bald Ferien! — Wäre ich doch bald zu Haus!

c) Ausrufesatz

Der Ausrufesatz drückt in besonderer Weise den Gemütszustand aus, in den der Sprechende durch irgendeinen Umstand versetzt wurde:

Wie herrlich warm ist doch heute das Wasser! — Das habe ich nicht verdient! — Du bist feige!

d) Fragesatz

Die Sprache hat drei Mittel, um die Frage zu kennzeichnen: das Fragewort, die Inversion (versetzte Wortfolge) und die Sprechmelodie. Man unterscheidet:

Entscheidungsfragen — sie sind nicht durch Fragewörter eingeleitet; sie zeigen in der Regel Inversion, d. h. die Personalform steht am Satzanfang:

Kommst du? — Gehst du mit? — Hast du das gewußt?

Der versetzten Wortfolge entspricht gewöhnlich die steigende Sprechmelodie.

Ergänzungsfragen — hier ist die Frage durch die Fragewörter eingeleitet:

Wer spielt mit? — Warum kommt niemand mit?

Rhetorische Fragen — solche Fragen stellt der Sprechende nur, wenn er der Zustimmung des Gesprächspartners gewiß ist. Sie werden vor allem als Mittel der Redekunst angewendet:

Wer möchte wohl nicht in diesem Falle zustimmen? — Wollen wir wirklich so gleichgültig bleiben?

Wahlfragen — hier sollen wir zwischen zwei oder mehreren Möglichkeiten (Alternativen) eine Wahl treffen:

Ist Hamburg größer oder kleiner als München?

2. Der Satz als gegliederte Sinneinheit

Wir erkannten bereits, daß neben der Wortbewegung die Wortstellung und die Betonung dem Satz seine Bedeutung geben. Daß der Satz eine Einheit ist, die eben nicht nur aus willkürlich nebeneinandergestellten Einzelwörtern besteht, zeigt auch die sog. „*Verschiebeprobe*". Hier erweist sich, daß die *kleinsten Bestandteile des Satzes* nicht Einzelwörter, sondern *Satzglieder* sind.

Die Angestellten der Finanzbehörde	gehen	mittags gerne zum Essen in das nahegelegene Restaurant.
Mittags	gehen	die Angestellten der Finanzbehörde gerne zum Essen in das nahegelegene Restaurant.
Gerne	gehen	die Angestellten der Finanzbehörde mittags zum Essen in das nahegelegene Restaurant.
Zum Essen	gehen	die Angestellten der Finanzbehörde gerne mittags in das nahegelegene Restaurant.
In das nahegelegene Restaurant	gehen	die Angestellten der Finanzbehörde gerne mittags zum Essen.

Diese Verschiebung unterliegt nicht der Willkür. An die Spitze tritt, wie schon gesagt, stets das, was dem Sprechenden besonders wichtig erscheint. Fest steht nur das Verb in der sog. „*Satzachse*". Eine Ausnahme davon bildet der Fragesatz:

Gehen die Angestellten mittags in das nahegelegene Restaurant?

Alles, was sich wie in unserer Verschiebeprobe selbständig um die Satzachse herumgruppieren läßt, nennen wir „*Satzglieder*". Solche Satzglieder können aus einem Wort oder einer Wortgruppe bestehen:

die Angestellten der Finanzbehörde — gehen* — mittags — gerne — zum Essen — in das nahegelegene Restaurant.

* Selbstverständlich müssen wir auch die „Satzachse" (hier: gehen) als ein Glied in dieser Kette ansehen.

B. Der einfache Satz

1. Der einfache Satz

Wenn wir im folgenden Sätze zergliedern, so sollten wir das stets im Bewußtsein tun, mit Konstruktionen zu arbeiten. Wir werden bald die Begriffe „Subjekt", „Prädikat" und „Objekt" kennenlernen. Doch braucht ein Satz als Sinn- und Redeeinheit diese Bestandteile nicht zu enthalten! Sätze wie:

Sonnabends wird nicht verkauft. — Gestern wurde gearbeitet.

enthalten kein Subjekt. Sätze wie:

Keine leichte Entscheidung. — Bald, bald.

enthalten kein Prädikat. Und Sätze wie:

Ein Mann, ein Wort.

enthalten kein Objekt. Ja, bereits *ein* betontes Wort erfüllt die Bedingung, satzwertig zu sein:

Pause! — Vielleicht.

Wenn wir jetzt vom *einfachen Satz* sprechen, meinen wir eine Form, wie sie bereits im *Zweiwortsatz* des Kindes vorgeformt war:

Hunde bellen[1].

Wie der Zweiwortsatz des Kindes zeigt, sind es zwei Satzglieder, die den „*Ur-Satz*" bilden. Wir nennen diese Bestandteile des einfachen Satzes **Subjekt** (oder Satzgegenstand) und **Prädikat** (oder Satzaussage).

Das *Subjekt* ist der Gegenstand, von dem im Satz etwas ausgesagt wird:

Der *Hund* bellt.

Das *Prädikat* ist dasjenige, was vom Subjekt ausgesagt wird:

Der Hund *bellt*.

---

[1] Sehr oft verlangt aber das Prädikat als Sinnergänzung notwendig das Objekt: Ich nenne *ihn einen Schmeichler*. — Der einfache Satz ist also eine formale Konstruktion.

a) Das Subjekt (Der Satzgegenstand)

Das Subjekt ist das Satzglied, von dem etwas ausgesagt, von dem etwas erzählt wird. Das *Subjekt* antwortet immer auf die Frage „*Wer?*" oder „*Was?*" und steht *immer* im *Nominativ*. (Einige Grammatiken nennen es deshalb auch „Subjektsnominativ", „Nominativobjekt" oder „Nominativergänzung".)

In *Handlungssätzen* (Aktiv) geht das Geschehen vom Subjekt aus:

Der *Lastwagen* hält an.

In *Zustands-* und in *Passivsätzen* geschieht mit dem Subjekt etwas:

Der *Lastwagen* ist kaputt; *er* wird repariert.

Bei einigen bedeutungsschwachen Verben ergänzt das Subjekt den Inhalt des Prädikats:

Bei der Reparatur traten *Schwierigkeiten* auf. — Morgen findet *die technische Abnahme* statt.

Wir sprechen in solchen Fällen auch vom Prädikatssubjekt.

Das Subjekt kann sein:

1. Nomen:

Die Schüler spielen auf dem Hof. (*Wer* spielt?)

2. Pronomen:

Ihr spielt auf dem Hof. (*Wer* spielt?)

3. Nominalisiertes Adjektiv:

Die Jüngeren stehen daneben. (*Wer* steht daneben?)

4. Nominalisierter Infinitiv:

Das Spielen ist gesund. (*Was* ist gesund?)

5. Nominalisiertes Adverb:

Das Morgen kümmert uns nicht. (*Was* kümmert uns nicht?)

6. Nominalisierte Präposition:

Das Für und *Wider* fesselt mich sehr. (*Was* fesselt mich sehr?)

7. Nominalisierte Konjunktion:

Das Wenn sollte bedacht werden! (*Was* sollte bedacht werden?)

8. Jede sonstige Nominalisierung:

Das A ist der erste Buchstabe. (*Wer* ist der erste Buchstabe?)

9. Das *Es* als Subjekt:

Unpersönliche Verben, wie „Es donnert", und unpersönlich gebrauchte Verben, wie „Es läutet", „Es wird gearbeitet", haben „Es" als Subjekt. Dieses „Es" ist aber nicht der Gegenstand, von dem etwas ausgesagt wird. Das gedankliche Subjekt ist vielmehr das „Donnern", „Läuten" und „Arbeiten"; dessen Vorhandensein wird durch den angeführten Satz festgestellt. „Es" kann auch als Vorläufer des Subjekts auftreten:

Es war nur *Schein.*

10. Nebensatz (Subjektsatz):

Daß ihr mit auf Fahrt geht, freut uns sehr.

11. Sätze ohne Subjekt:

Nur in volkstümlicher und dichterischer Sprache kann das Subjekt wegfallen:

Bist wohl müde? — Will mir die Hand noch reichen ...

b) Das Prädikat (Die Verbgruppe, die Satzaussage)

Das Prädikat ist das Satzglied, in dem etwas vom Subjekt ausgesagt wird. Da es das Geschehen, den Vorgang, die Handlung, den Zustand schildert, bildet das Prädikat den *Kern des Satzes*, die Stellung in der *Satzachse* deutet schon auf diese Mittelpunktsfunktion hin.

Das Prädikat besteht aus einem Verb oder einer Verbgruppe (z. B. beim Perfekt, Futur oder Passiv; in Verbindung mit einem Modalverb):

Der Hund *bellt.* — Der Hund *wird gerufen.* — Der Hund *kann beißen.*

Das Prädikat kann nach der älteren Grammatikauffassung auch aus einem Verb mit einer Ergänzung bestehen:

Der Hund *ist wild.* — Der Hund *wird wild.*
Der Hund *ist ein Haustier.* — Er *heißt Hasso.*

Die ältere Grammatik erkannte den *Verben* „*sein, bleiben, heißen, werden*" usw. lediglich die Rolle eines Satzbandes zu und nannte sie „*Kopula*". Das ergänzende Adjektiv oder Nomen wurde demgemäß „prädikativ" oder als *Prädikatsnomen* gebraucht.
Neuere Auffassungen (siehe DUDEN) sehen jedoch die „Kopula" als echtes Prädikat und die Ergänzung als selbständiges Satzglied **(Prädikativ)** an, als *Modalbestimmung* („Der Hund ist *wild*") oder als Gleichsetzungsnominativ bzw. *Prädikativ zum Subjekt* („Der Hund ist *ein Haustier.*") oder als *Prädikativ zum Objekt* („Sie nennen ihn einen Faulpelz.")

Im Satz „Leni ist faul" wird also in der modernen Grammatik das kopulative Verb „ist" als echtes Prädikat, „faul" aber als selbständiges Satzglied (Modalbestimmung) angesehen (und nicht als Prädikatsnomen, wie in der älteren Grammatik üblich).

c) Übereinstimmung (Kongruenz) zwischen Subjekt und Prädikat

Das Prädikat stimmt mit einem einteiligen Subjekt in Person und Zahl überein:

Der Lehrer kommt; die Schüler stehen auf.

Bei einem mehrteiligen Subjekt steht das Prädikat im Plural:

Mosel und Main sind Nebenflüsse des Rheins. — Gerhard und ich kamen aus der Schule.

Unbenannte Zahlen werden so gelesen:

3 + 5 = 8: Drei und fünf ist acht.

Benannte Zahlen werden so gelesen:

3kg + 5kg = 8kg: Drei Kilo und fünf Kilo sind acht Kilo.

Sind verschiedene Personen Subjekt und werden diese durch trennende Konjunktionen verbunden (z. B. *oder, entweder - oder, weder - noch*), so richtet sich die Personalform des Verbs immer nach der Person, die ihr am nächsten steht:

Weder er noch du fährst heute mit.

Manchmal allerdings werden zwei Subjekte als Einheit aufgefaßt:

Hoffen und Harren (also Untätigkeit) macht manchen zum Narren. — Salz und Brot (also Genügsamkeit) macht Wangen rot.

Aufgabe 127: Bestimme die folgenden Sätze nach Satzteilen und nach Wortarten!

Die Frucht reift. — Der Läufer rast. — Der Himmel ist blau. — Gold ist ein Metall. — Die Lehrerin war erkrankt. — Die Lerche ist ein Singvogel. — Die Sonne strahlt. — Die Sterne sind hell. — Das Obst wird gepflückt. — Der Lehrer schwieg. — Wir lachen. — Ich bin Leichtathlet. — Er schläft. — Er ist eine Schlafmütze. — Er wird müde. — Er bleibt ein Träumer.

2. Der erweiterte einfache Satz

Ein erweiterter einfacher Satz ist ein solcher Satz, zu dem neben die allernotwendigsten Bestandteile, also das Subjekt und das Prädikat, noch andere Satzglieder treten, welche die bereits vorhandenen Glieder näher bestimmen, nämlich

1. das *Attribut* oder die Beifügung;
2. das *Objekt* oder die Ergänzung;
3. die *adverbiale Bestimmung* oder Umstandsbestimmung.

a) Das Attribut (Die Beifügung)

Das Attribut[2] ermöglicht es erst, jedes zum Satz gehörige Nomen, aber auch Adjektive und Adverbien genauer zu kennzeichnen. Dabei bildet das im Normalfall zu einem Nomen tretende Attribut mit diesem einen Begriff, ein verschiebbares (s. S. 117) Satzglied:

Das *alte* Haus	Was für ein Haus?
Das Haus *des Gärtners*	Was für ein Haus?
Das Haus *am Stadtpark*	Was für ein Haus?
Das Haus, *ein altes Gemäuer*, ...	Was für ein Haus?

Wir erfragen Attribute stets mit „Was für ein?", „Welches?", „Welcher?"

Die Attribute lassen sich wie folgt einteilen:

(1) Adjektivattribut

Das attributive Adjektiv bzw. Partizip stimmt in Geschlecht, Zahl und Fall mit dem übergeordneten Nomen überein und geht ihm in der Regel voran:

In dem *großen* Teich schwammen *viele kleine* Enten. — *Rote* Rosen blühen im Juli. — Der Verunglückte war von dem *fahrenden* Bus abgesprungen. — Der *verletzte* Mann wurde in das *nächste* Krankenhaus gebracht. — Wir waren von *größter* Freude und *höchstem* Glück erfüllt.

Mehrere vorangestellte Adjektivattribute haben infolgedessen den gleichen Fall:

Er schlief in dem *großen*, *warmen*, *behaglichen* Bett.
Sie rannten mit *lautem*, *triumphierendem* Geschrei auf das Spielfeld.

---

[2] Moderne Grammatiken wollen das Attribut nicht als gleichrangig mit den übrigen Satzgliedern behandeln, da es nur Teil eines Satzgliedes und nicht unmittelbar dem Prädikat zuzuordnen sei.

Um ein Adjektivattribut handelt es sich auch, wenn das gebeugte Adjektiv allein steht, das Nomen aber in Gedanken ergänzt wird:

Sie war die *schönste* (Frau) aller Frauen.

Nur in der Dichtung und in altertümlicher Rede erscheint das Adjektivattribut nachgestellt, dann bleibt es ungebeugt:

Ich will euch singen ein Liedlein *lustig*. — Hänschen *klein* ging allein.

(2) Genitivattribut (Nomen im Genitiv)

Das Genitivattribut steht im Normalfall nach dem Nomen, mit dem zusammen es einen Begriff bildet. Es bezeichnet:

1. den Besitz, die Zugehörigkeit oder Herkunft eines Dinges:

der Hut *meines Vaters*, das Dach *des Hauses*, ein Gedicht *Goethes*.

In der Umgangssprache wird dieser Genitiv des Besitzes (Genitivus possessivus) oft durch eine präpositionale Fügung mit „von" („der Hut von meinem Vater") verdrängt.

2. die eine Person oder ein Ding kennzeichnende Eigenschaft:

ein Pferd *edelster Rasse*, Früchte *aller Art*.

Auch hier wird es bereits üblich, diesen qualitativen Genitiv (Genitivus qualitatis) mit „von" zu umschreiben:

ein Pferd *von* edelster Rasse.

3. das Ganze, von dem das dazugehörige Nomen nur ein Teil ist:

eine Strecke *Weges*, ein Glas *edlen Weines*.

Früher stand solch ein partitiver Genitiv (Genitivus partitivus) ohne Artikel nach Maß- und Mengenangaben:

ein Glas *Wassers*, ein Stück *Brotes*.

4. eine nähere Erklärung des Nomens:

die Strafe *des Schulverweises*, die Vorteile *des Kohleofens*.

Man nennt diesen Genitiv auch den erklärenden (Genitivus explicativus).

5. den Gegenstand, auf den die Tätigkeit gerichtet ist:

die Entdeckung *Amerikas*, die Ankunft *des Zuges*.

(3) Adverbiales Attribut (Adverb)

Ein Adverb kann als adverbiales Attribut zu einem Nomen treten und wird dann nachgestellt. Es stellt das übergeordnete Nomen in einen zeitlichen oder örtlichen Rahmen:

der Baum *hier*, die Verhältnisse *dort*.

(4) Präpositionales Attribut (Nomen mit Präposition)

Ein präpositionales Attribut erklärt ebenfalls näher, was es mit dem betreffenden Nomen auf sich hat, dem es beigefügt ist:

meine Freude *über den Erfolg*, die Christel *von der Post*.

Die Abgrenzung von Objekten oder adverbialen Bestimmungen ist durch unsere Frage „Was für ein?" und durch die Stellung des präpositionalen Attributes unmittelbar nach dem näher erklärten Nomen verhältnismäßig leicht:

Attribut: Der Vogel *im Wald* singt. (Was für ein?)
Adverbiale Bestimmung: Der Vogel singt *im Wald.* (Wo?)

(5) Infinitivattribut

Auch ein Infinitiv mit „zu" kann Attribut sein:

Die Kunst *zu schwimmen* sollte jeder beherrschen.

(6) Apposition (Beisatz)

Die Apposition (lat. „appositio" = „das Beigefügte") ist ein Nomen im gleichen Fall wie das Nomen, dem es erklärend beigefügt ist. Die eigentliche Apposition wird meist *nachgestellt* und *in Kommas eingeschlossen* (beachte bei den folgenden Beispielen auch den gleichen Fall):

Nominativ: Goethe, *der große Dichter*, starb 1832.
Genitiv: Das ist ein Bild Goethes, *des großen Dichters.*
Dativ: Wir verdanken dieses Werk Goethe, *dem großen Dichter.*
Akkusativ: Ich schätze Goethe, *den großen Dichter.*

Beinamen, die als Apposition stehen, werden nicht in Kommas eingeschlossen:

Ludwig der Fromme. — August der Starke.

(7) Andere Attributarten

Natürlich kann auch jedes Adjektiv oder Partizip im Satz durch ein Attribut näher bestimmt werden:

der *überaus* große Verbrauch an Kohle, *sehr* ermüdend.

Ebenso kann auch zu einem Adverb ein Attribut treten.

sehr oft, *weit* hinten.

Aufgabe 128: Welche Attribute wurden gebraucht?

Das Baden in der Nordsee ist gefährlich. — Heinz, mein Freund, hatte gestern Geburtstag. — Der Hund ist der treue Hüter des Hauses. — Der Mittelstürmer der gegnerischen Mannschaft ist verletzt. — Der unermüdliche Eifer unserer Sportler wurde belohnt. — Niedersachsen ist ein Land der Bundesrepublik. — Viele Hunde sind des Hasen Tod. — Das neue Auto unseres Nachbarn hatte einen leisen Motor. — Ein ruhiges Gewissen ist ein sanftes Ruhekissen. — Die Schüler dort hinten stören den Unterricht des Lehrers. — Die Fischdampfer aus Hamburg fangen große Mengen guter Seefische.

Aufgabe 129: Setze die Kommas!

Wir sind Schüler Herrn Müllers des Physiklehrers unserer Anstalt. — Ich verspreche Herrn Schulz meinem Nachbarn zum Geburtstag etwas Schönes. — Tokio die Hauptstadt Japans ist die größte Stadt Asiens. — Herr Schulz der Gemüsehändler unseres Viertels hat einen neuen Lieferwagen. — Das können wir ihm dem großen Sportler ruhig zumuten. — Gutenberg ein Mainzer Buchdrucker machte eine große Erfindung. — Über Kolumbus den Entdecker hörten wir viel. — Professor Petersen der alte Mathematiker schrieb ein Buch. — Dieses Schiff ein Segelboot mit Hilfsmotor fuhr schon bis Australien. — Die Geschichte dieses Standbildes eines Götzenbildes aus Java ist noch dunkel. — Renate die beste Sportlerin der Klasse erkrankte. — Ludwig der Fromme ein Frankenkönig war ein machtloser Herrscher. — Ich übergab dem Präsidenten einem würdigen Herrn unser Geschenk. — Er brachte seinen Hund einen Foxterrier mit zur Schule.

b) Das Objekt (Die Ergänzung)

Lesen wir den Satz „Toni kauft“, so ist uns zwar seine Eigenart als „einfacher Satz“, bestehend aus Subjekt und Prädikat, grammatisch klar, doch werden wir ihn nicht als vollständig anerkennen. Wir werden vielmehr fragen: „Wen oder was kauft er?“ Erst wenn der Satz nun lautet „Toni kauft einen Ball“, ist er inhaltlich vollständig.

Wenn das Prädikat eine Handlung beschreibt, bedarf es, wie wir sehen, einer „*Ergänzung*“, die das Ziel der Handlung nennt oder den Gegenstand, der von der Handlung betroffen ist. Eine solche Ergänzung ist das „*Objekt*“ (lat. „obiectum“ = „das [dem Prädikat] Entgegengeworfene“). Die Anzahl und die Art der Ergänzung(en) hängen von der „*Wertigkeit*“ (**Valenz**, s. S. 170) des Verbs ab, d. h. die Bedeutung des Verbs fordert bestimmte Satzglieder.

Das zeigen auch die folgenden Beispiele, in denen der „einfache Satz“ sinnleer bliebe, wenn man ihn nicht durch eine Ergänzung (hier: durch ein *Objekt*) vervollständigte:

Toni kauft . . . ? . . . *einen Ball.*	*wen oder was?*
Mutti schickt . . . ? . . . *mich.*	*wen?*
Ich helfe . . . ? . . . *der Schwester.*	*wem?*
Wir gedenken . . . ? . . . *des Verstorbenen.*	*wessen?*
Er besteht . . . ? . . . *auf seinem Recht.*	*worauf?*
Wir fragten . . . ? . . . *nach dem Weg.*	*wonach?*

Das Prädikat, das ja die Handlung trägt, bestimmt, welchen Fall seine Ergänzung (das Objekt) bilden muß **(Rektion)**. Die Objekte können, wie oben gezeigt, Nomen, Pronomen oder andere nominalisierte Wortarten sein, aber auch Nomen in Verbindung mit Präpositionen.

Nach der Deklinationsform der Objekte unterscheidet man *Akkusativobjekt*, *Dativobjekt* und *Genitivobjekt;* daneben gibt es das *präpositionale Objekt.*

(1) Das Akkusativobjekt (Die Ergänzung im 4. Fall)

Das Akkusativobjekt nennt zumeist jenes Wesen oder Ding, das von der Handlung getroffen wird; es ist *Zielpunkt einer Handlung.* Um einen Zielpunkt handelt es sich beim Akkusativobjekt immer dann, wenn sich der Satz ins Passiv umwandeln läßt:

Ich wasche *den Wagen.* (Aktiv, *Akkusativ*)
Der Wagen wird von mir gewaschen. (Passiv, *Nominativ*)

Immer führt uns die Frage „Wen?“ oder „Was?“ zum Akkusativobjekt.

Die **transitiven Verben** (s. S. 38) verlangen den Akkusativ:

Er zerbricht . . . *den Stock.*	*Wen?*
Sie macht . . . *einen Vorschlag.*	
Diese Wolke bringt . . . *Regen.*	
Geduld überwindet . . . *alle Widerstände.*	
Steter Tropfen höhlt . . . *den Stein.*	
Eine Hand wäscht . . . *die andere.*	

Auch einige **intransitive Verben** (s. S. 39) können ausnahmsweise ein Akkusativobjekt haben:

Er wandelt *den Weg* des Verbrechens.
Er schläft *einen gesunden Schlaf.*
Wir kämpfen *einen guten Kampf.* } *Wen?*

Viele **reflexive Verben** (s. S. 39) zielen auf ein Akkusativobjekt in der Form des Reflexivpronomens:

Ich wasche ... *mich.*
Wir schämen ... *uns.*
Sie freuen ... *sich.* } *Wen?*

Die meisten **unpersönlichen Verben** nehmen ein Akkusativobjekt zu sich:

Es dauerte ... *eine Weile.*
Es regnete ... *Bindfäden.* } *Wen?*

Der **doppelte Akkusativ** ist heute selten. Er steht nur noch bei

kosten: Das Haus kostete *ihn ein Vermögen.*
lehren: Er hat *mich das Schwimmen* gelehrt.
lassen, sehen, hören, fühlen, wobei der zweite Akkusativ durch einen Infinitiv vertreten ist: Wir sahen *ihn spielen.* (Eigentlich ist „spielen" hier ein verstümmeltes Partizip Präsens.)
nennen, rufen, schelten, schimpfen, taufen: Man nannte *ihn einen Verräter.*

(2) Das Dativobjekt (Die Ergänzung im 3. Fall)

Zum Dativobjekt führt uns die Frage „Wem?":

Er hilft ... *dem Hausmeister.*
Es gelingt ... *ihm.* } *Wem?*

Das Dativobjekt fordern:

unpersönliche Verben, wie: *es ahnt, es gebührt, es bekommt, es graut, es schaudert, es schwindelt, es träumt:*

Es bekommt *mir.*
Es graut *mir* vor dir. } *Wem?*

reflexive Verben, wie: *sich denken, sich einbilden, sich erbitten, sich getrauen, sich vorstellen, sich merken:*

Ich merke *mir* das.
Er bildet *sich* viel ein. } *Wem?*

Verben, die ein Verhalten gegenüber einer Sache ausdrücken

Nähe und Entfernung: *sich nähern, begegnen, folgen, ausweichen, entfliehen, entkommen, nachgeben, fehlen, vergehen:*

Ich begegne *ihm.*
Mir fehlt nichts.
Die Lust ist *mir* vergangen. } *Wem?*

Zuneigung und Abneigung: *dienen, huldigen, gehorchen, glauben, trauen, vertrauen, helfen, beistehen, nützen, raten, beistimmen, danken, vergeben, schaden, widerstreben, widerstehen, widersprechen, erwidern, entgegnen, antworten, trotzen, drohen, zürnen, grollen, behagen, glücken, gelingen:*

Wir vertrauen *dem Klassensprecher.* Ich rate *ihm.* Es glückte *uns.*	*Wem?*

Unterscheide:

Akkusativ: Wen?	*Dativ:* Wem?
Ich habe *mein Auto* versichert.	Man hat es *mir* glaubhaft versichert.
Es gilt jetzt *die Ehre* unseres Vereins.	Dieser Wurf galt *mir.*
Ich habe *mich* gestochen.	Der Brillantring stach *mir* in die Augen.
Du hast *mich* geschlagen.	Das schlägt *der Wahrheit* ins Gesicht.

(3) Das Genitivobjekt (Die Ergänzung im 2. Fall)

Das Genitivobjekt kommt heute nur noch in feierlicher Rede vor. Es gehört zum Bereich der gehobenen Sprache.

Immer führt die Frage „Wessen?" zum Genitivobjekt.

Ich bediene mich ... *eines gepflegten Ausdrucks.*

Nur wenige Verben regieren noch ausschließlich den Genitiv:
sich annehmen, sich bedienen, bedürfen, sich bemächtigen, sich enthalten, sich entledigen, sich erwehren, gedenken, sich rühmen, sich vergewissern, fähig sein:

Ich bedarf *deines Rates.* Wir gedenken *der Toten.* Er erwehrt sich *des Angriffs.*	*Wessen?*

Darüber hinaus haben folgende Redewendungen den Genitiv bei sich: sich *eines Besseren* besinnen; *seines Amtes* walten; *der Ruhe* pflegen; das spottet *jeder Beschreibung;* das entbehrt *jeder Grundlage.*

In altertümlicher Sprache bezeichnet der Genitiv im Gegensatz zum Akkusativ, daß die Tätigkeit das Objekt nur teilweise betrifft: „Er aß des Brotes" (vgl. frz. „du pain").

Die *Unterscheidung* zwischen *Genitivattribut* (s. S. 122) und *Genitivobjekt* fällt nicht schwer:

Der Hund *des Nachbarn* knurrte.	= *Genitivattribut,* bezieht sich auf das davorstehende Nomen
Ich erwehrte mich *des Hundes.*	= *Genitivobjekt,* ergänzt das Prädikat

(4) Präpositionales Objekt (Ergänzung aus Nomen und Präposition)

Das präpositionale Objekt unterscheidet sich von den eben genannten Objektarten dadurch, daß hier ein Verb eine Präposition verlangt und diese wiederum den Fall des folgenden Nomens bestimmt:

Der Lehrer achtet *auf* ... *die Sauberkeit.*	*Worauf?*
Bronze besteht *aus* ... *Kupfer und Zinn.*	*Woraus?*

Die Grenze zwischen *präpositionalem Objekt* und *adverbialer Bestimmung* (siehe S. 128) ist nicht immer deutlich. Doch erkennt man ersteres meist daran, daß es auf die Fragewörter *woran, worauf, wovon, wogegen, worin, wonach, worüber, wovor, worum* antwortet.

Die adverbiale Bestimmung antwortet dagegen auf die Fragewörter *wo, wohin, woher, wann, wie, warum, wozu*.

Folgende Verben erfordern z. B. ein präpositionales Objekt:

abhängen von jemandem, abschreiben von etwas, achten auf jemanden, anfangen mit etwas, anfangen von etwas, anknüpfen an eine Sache, ankommen auf etwas, arbeiten an einer Sache, sich über jemanden ärgern, aufhören mit etwas, sich aufregen über etwas, sich für etwas bedanken, mit etwas beginnen, berichten über etwas, . . .

Eine vollständige Liste solcher Verben finden wir im Grammatik-Duden.

Aufgabe 130: Zerlege in die bisher bekannten Satzteile:

Alle Männer lieben fesselnde Fußballspiele. — Der Schulleiter dankte der Elternschaft. — Viele Düsenjäger begleiteten das Flugzeug des Staatschefs. — Die Fernsehtante erzählte ein Märchen für die Kleinen. — Dem Regen folgte Sonnenschein. — Sie weckte ihre schlafenden Kinder. — Der Verteidiger hielt den Stürmer fest. — Der Schiedsrichter hatte einen Freistoß angeordnet. — Der Vertreter beriet ihn gut. — Die Mannschaft entging dem Abstieg. — Alles mißlingt uns. — Der Winter schadet den Rosen. — Uns gefällt das Haus unserer Nachbarn. — Ein alter Freund besuchte uns. — Ein gebranntes Kind scheut das Feuer. — Viele Köche verderben den Brei. — Geld regiert die Welt. — Lügen haben kurze Beine. — Der Kunde fragte nach der Haltbarkeit der preiswerten Gummistiefel.

(5) Doppeltes Objekt

Viele Verben haben gleichzeitig zwei Objekte, wie wir es bereits beim doppelten Akkusativ sahen. Eines dieser Objekte ist meist ein *Personenobjekt*, das andere ein *Sachobjekt*. Die beiden Objekte können sein:

Dativ der Person und Akkusativ der Sache

Der Vater gibt *dem Sohn Taschengeld*. — Wir öffnen *jedem Besucher unsere Tür*.

Die häufigsten Verben mit dieser Verbindung sind:

Geben und Nehmen: *geben, übergeben, überlassen, bringen, schenken, reichen, leihen, liefern, bieten, gönnen, schicken, senden, opfern, empfehlen, verzeihen, nehmen, rauben, stehlen, entreißen, verweigern, verbergen.*

Sagen und Zeigen: *sagen, melden, verkünden, mitteilen, befehlen, erlauben, gestatten, schreiben, zeigen, bezeichnen.*

Akkusativ der Person und Genitiv der Sache

Man verwies *den gewalttätigen Schüler der Schule*. — Der Kunde beschuldigt *den Händler des Betrugs*.

Diese Verbindung kommt namentlich bei folgenden Verben vor:

anklagen, beschuldigen, überführen (eines Diebstahls), berauben, verweisen (des Landes), entheben (des Amtes), entbinden (seines Eides), belehren (eines Besseren), versichern (seiner Freundschaft).

Akkusativobjekt und präpositionales Objekt

Ich erinnere *dich an dein Versprechen.* — Der Mannschaftsführer bat *den Schiedsrichter um eine Verlängerung.*

Dativobjekt und präpositionales Objekt

Er erzählte *mir von seinem Gewinn.* — Wir berichteten *den Eltern über den Ausflug.*

Aufgabe 131: Beantworte in vollständigen Sätzen folgende Fragen, und bestimme anschließend, in welchem Fall das Objekt in deiner Antwort steht!

Wen habt ihr getroffen? — Was liest du? — Wem dankst du? — Wen verurteilt das Gericht? — Wem folgen die Schüler? — Was hat der Bankräuber gestohlen? — Wen erfreut unser Gesang? — Wem begegnet ihr? — Was hat deine Schwester gekocht? — Was zeigte euch der Lehrer? — Wen besuchten wir? — Was bringt der Postbote? — Wem traut man nicht? — Was hast du gefunden? — Wessen wurde der Mann beschuldigt? — Worauf freust du dich? — Wem hilfst du? — Wen erwartest du? — Was verlangt der Lehrer? — Wem droht das Sitzenbleiben? — Wem gefallen die Schuhe? — Wen quälte der Hunger? — Wen betrog der Kaufmann? — Wem half der Kaufmann? — Wessen gedenken wir? — Wessen bedarfst du? — Woran denkst du gerade?

Aufgabe 132: Ergänze die fehlenden Objekte, und bestimme sie! Beachte dabei, daß auch doppelte Objekte möglich sind.

Seit Monaten planten wir _. Unerwartet erkrankte _. So mußten wir _ verschieben. Mein Vater schlug statt dessen _ vor. Wir waren _ dankbar, konnten uns aber _ nicht so recht freuen. Der Kranke bedurfte _. Der Arzt verschrieb _. Mutter versorgte _. Sie achtete _. Wir kauften _. Wir überreichten _. Der Kranke nahm _ gerührt an. Er erzählte _ und wir berichteten _. So überbrückten wir gemeinsam _ und halfen _. Einige Wochen später konnten wir doch noch _ antreten.

c) Das Adverbiale (Die Umstandsbestimmung)

Betrachten wir eingangs den „einfachen Satz"

„Wir spielen",

so sagt er uns im Grunde wenig. Wir müssen die Tätigkeit des Spielens näher bestimmen; wir müssen die *Umstände eines Geschehens oder Zustandes* beschreiben:

Wo spielen wir? ... hier hinten, auf dem Hof.
Wann spielen wir? ... nach dem Kaffee, von drei bis vier.
Wie spielen wir? ... nach festen Spielregeln, fair.
Warum spielen wir? ... aus Langeweile, aus Freude am Spiel.

Diese näheren Bestimmungen zu den Zuständen, Vorgängen oder Tätigkeiten im Satz nennen wir „*adverbiale Bestimmungen*" (zum Verb gehörig) oder „*Umstandsbestimmungen*". Wir unterscheiden die adverbialen Bestimmungen des *Ortes*, der *Zeit*, der *Art und Weise* und *des Grundes*.

(1) Lokaladverbiale (Umstandsbestimmung des Ortes)

Die Lokalangaben bezeichnen den Ort (Wo?) des Zustandes oder Geschehens, ebenso auch den Ort, in dessen Richtung (Wohin?) oder aus dessen Richtung (Woher?)

das Geschehen abläuft. Auch kann die Entfernung oder die Ausdehnung bestimmt werden (Wie weit?).

Das Schiff liegt *im Hafen.*	*Wo?*
Das Schiff fährt *nach Bremen.*	*Wohin?*
Das Schiff kommt *aus Bombay.*	*Woher?*
Das Schiff fährt *von Hamburg bis Haiti.*	*Wie weit?*

Einige Grammatiken grenzen innerhalb der Lokaladverbialen noch eine „direktionale Bestimmung" ein, welche die Richtung kennzeichnet (wohin?). Wir verzichten darauf.

Es gibt eine ganze Reihe von Zustands-, Tätigkeits- und Vorgangsverben, die solcher lokalen adverbialen Bestimmung bedürfen, z. B.:

sich befinden, bleiben, wohnen, hausen, aufhalten, parken, zelten, übernachten, stattfinden, sich begeben, geraten, kriechen, schweben, fallen, treiben, sitzen, liegen, fahren, fliegen, springen, sich erstrecken, sich ausdehnen.

Aufgabe 133: Suche aus folgenden Sätzen die adverbiale Bestimmung des Ortes heraus. Wie lautet jeweils die entsprechende Frage?

Wir standen auf einem Berggipfel. Unten leuchtete die weite Ebene. Mitten durch diese Ebene floß ein gewaltiger Strom. Jenseits der Ebene reihten sich niedrige Hügelketten. Ganz in der Ferne sah man Gebirgszüge. Auf dem Strome tuckerten die Schiffe dahin. Am Ufer saßen bunte Urlauberscharen. Auf den Hügeln wuchsen Weinreben. Ringsherum lagen schmucke Dörfer. Am Fuße der Hügel schimmerten die Türme einer Stadt. Überall herrschte Leben. Wir schauten empor. Vögel flogen nach Süden. Unsere Gedanken zogen mit ihnen über das weite Meer.

(2) Temporaladverbiale (Umstandsbestimmung der Zeit)

Die Temporalangaben bezeichnen den Zeitpunkt (Wann?), den zeitlichen Ausgangspunkt (Seit wann?), den zeitlichen Endpunkt (Bis wann?), die Dauer (Wie lange?) und die Wiederholung (Wie oft?) einer Handlung:

Am Montag sind Friseurgeschäfte geschlossen.	*Wann?*
Seit gestern arbeite ich wieder.	*Seit wann?*
Bis zur Abfahrt des Zuges singen wir.	*Bis wann?*
Ich bleibe *den ganzen Sommer über* in Italien.	*Wie lange?*
Du schreibst mir *jede Woche.*	*Wie oft?*

Aufgabe 134: Suche aus den folgenden Sätzen die adverbialen Bestimmungen der Zeit heraus. Setze in Klammern die entsprechende Frage dahinter!

Jeden Tag sollst du die Zähne zweimal putzen. — Wir müssen bis Montag auf den Bescheid warten. — Was du heute tun kannst, das verschiebe nicht auf morgen. — Des Morgens arbeitet man am schnellsten. — Ich lebte dreißig Jahre in Augsburg. — Wir verreisen im Herbst. — Ich habe drei Wochen Urlaub. — Heute kam Nachricht von dir. — Ich schaute dem bunten Treiben eine Weile zu. — Unsere Fahrt ist auf Freitag verschoben worden. — So etwas habe ich noch nie erlebt. — Seit Wochen bin ich erkältet. — Diese Meinung herrschte lange Zeit. — Sie will immer an ihn denken.

(3) Modaladverbiale (Umstandsbestimmung der Art und Weise)

Die Modalangaben antworten im allgemeinen auf die Frage „Wie?" und auf alle anderen mit „wie" verbundenen Fragen, wie „Wieviel?" oder „Wie sehr?". Sie bezeichnen meist die Beschaffenheit, die Qualität

Wir erlebten den Abend *in bester Stimmung.* Irland ist *ungefähr so groß wie Island.* Wir arbeiten *fleißig.* Der Regen fiel *in Strömen.*	} *Wie?*

die Menge, die Quantität

Du arbeitest *genug.* Dies Buch kaufte ich *für sechs Mark.* Heute war es *zwei Grad wärmer.*	} *Wieviel?*

den Grad, die Intensität

Der Anblick war *unbeschreiblich schön.* Die Mücken plagten uns *bis aufs Blut.* Er war *sterbenskrank.*	} *Wie sehr?*

den Gültigkeitsbereich einer Aussage

Ich habe mich *vielleicht* geirrt. Diese Kälte wird *hoffentlich* nachlassen.	} *In welchem Grade? Wie?*

den begleitenden oder fehlenden Umstand

Unter lautem Jubel feierten sie den Tag. Er schlich *mit der Taschenlampe* weg.	} *Wie? Womit?*
Er erfüllt *ohne Murren* seinen Auftrag. Er schlich *ohne Taschenlampe* weg.	} *Wie? Ohne was?*

Maß- und Wertangaben

Wir bauen *auf zehn Kilometer Länge* eine Straße.	*Wie lang?*
Er wog *zwei Zentner.*	*Wie schwer?*

Die stoffliche Herkunft

Brücken baut man *aus Stein.*	*Woraus?*

Hier bereits gibt es in der Gültigkeit der Einteilung Zweifel und gleitende Übergänge, denn ebenso könnte man bei dem Satz „Brücken baut man *aus Stein*“ „Womit?“ fragen und diese Bestimmung zu den folgenden Kausalangaben rechnen.

Aufgabe 135: Bestimme in folgenden Sätzen die adverbiale Bestimmung der Art und Weise, und setze die dazugehörige Frage in Klammern dahinter.

Wir gehen schnell nach Hause. — Sie lernte gut. — Er ging niedergeschlagen nach Hause. — Er schrieb seinen Aufsatz in höchster Eile zu Ende. — Mit einem einzigen Schuß traf er ins Schwarze. — Er benimmt sich manchmal wie ein Kind. — Sie geht ohne mich ins Theater. — Das Wasser hat sich um sieben Grad erwärmt. — Die Arbeiter bekommen je nach Leistung ihre Löhne. — Dies Haus ist um die Hälfte zu teuer bezahlt worden. — Der Weg nach oben war äußerst beschwerlich. — Er hat doch tatsächlich den ersten Preis gewonnen. — Mein Bruder übertrifft an Kraft alle Kameraden. — Deine Versetzung ist noch keineswegs sicher. — Schiffe wurden mit Dampf angetrieben. — Der Zustand des Verletzten ist sehr bedenklich. — Er hat mit viel Umsicht sein Amt verwaltet.

(4) Kausaladverbiale (Umstandsbestimmung des Grundes)

Diese Umstandsbestimmung des Grundes muß in weitestem Sinne verstanden werden. Hierzu gehören

Der wirkliche Grund, die wirkliche Ursache (kausal)

Ich konnte *wegen eines Schnupfens* nicht kommen.	*Warum?*
Vor Schmerzen konnte ich nicht schlafen.	*Weshalb?*
Das Verbrechen geschah *aus Geldgier*.	*Aus welchem Grund?*

ein möglicher Grund, eine Bedingung (konditional)

Bei ruhiger Überlegung sieht alles anders aus. *Ohne Fahrkarte* darf man nicht reisen. *Bei Vorauszahlung* verkaufen wir billiger.	*Unter welcher Bedingung?*

eine Folge oder Wirkung (konsekutiv)

Sie sind sich *zum Verwechseln* ähnlich. Er arbeitet *zu meiner Zufriedenheit*. *Zur Freude seines Vaters* kam er.	*Mit welcher Wirkung?*

ein Zweck (final)

Er kam *zum Schilaufen* hierher. Die Kapelle spielte *zum Tanz* auf. Ich gebe dir *zum Einkaufen* Geld.	*Wozu?*

ein unzureichender, wirkungsloser Grund (konzessiv)

Trotz seines Fleißes versagte er. *Ungeachtet aller Warnungen* badete er. *Bei aller Zartheit* war er zäh.	*Trotz welchen Umstandes?*

ein Mittel oder Werkzeug (instrumental)

Ich schreibe *mit dem Filzstift*.	*Womit?*
Durch eine sofortige Operation wurde er gerettet.	*Wodurch?*

Aufgabe 136: Suche aus den folgenden Sätzen die adverbiale Bestimmung des Grundes heraus, und setze in Klammern die betreffende Frage dahinter.

Seine Hände waren von schwerer Arbeit schwielig geworden. — Die Zweige bogen sich unter der Last des Schnees. — Alles Wasser gefror vor Kälte. — Infolge der Straßenarbeiten wird die Straße gesperrt. — Aus falsch verstandener Tierliebe verzog er seinen Hund. — Trotz seiner Verkleidung erkannten wir ihn. — Wegen schlechten Wetters findet das Schulfest nicht statt. — Wegen seines Alters sagte er die Einladung ab. — Der Afrikaner kam zum Studium der Medizin nach Heidelberg. — Du hast mich trotz des Regens besucht. — Er schreibt mit bunter Kreide etwas an die Tafel.

Aufgabe 137: Suche alle adverbialen Bestimmungen heraus, und gib ihre Art an!

Die leeren Bierfässer klangen hohl. — Manche Schüler mogeln gern. — Unser Klassenlehrer war nirgends zu sehen, weit und breit war alles still. — Großvater streckte mir herzlich die Hand entgegen. — Am dritten Tage kehrten wir fröhlich heim. — Die Wäsche flattert lustig im Wind. — Nächsten Sonnabend gebe ich eine Party, seid bitte alle pünktlich. — Mein Bruder war lange im Ausland, er kehrt aber gern zurück. — Viele Zuschauer sahen ängstlich hin. — Die Veranstaltung dauert nur drei Stunden. — Während der Vorstellung ging er heimlich hinaus. — Lange betrachteten wir mit großer Verwunderung den Brief. — Stolz fuhr er mit seinem neuen Wagen durch die Straßen. — Morgen wird ein Zirkus in die Stadt kommen. — Alle Schüler kehrten wohlbehalten von ihrer Klassenfahrt zurück. — In diesem Monat regnete es weitaus häufiger als im Vormonat, und in Bayern führten mehrere Flüsse Hochwasser.

d) Gleichartige Satzglieder (Die Wortreihe)

Die Wortreihe ordnet *gleichwertige Wörter oder Wortgruppen nebeneinander* an, d. h. die Satzglieder, also Subjekt, Prädikat, Objekte, adverbiale Bestimmungen und Attribute, können *mehrgliedrig* sein, *gleichartige* Satzglieder werden „*aufgezählt*".

Reihung von Subjekten

Iller, Lech, Isar und Inn sind Nebenflüsse der Donau.

Reihung von Prädikaten

Der Sturm *tobt, pfeift und heult* um das Haus.

Reihung von Attributen

Diese *guten, alten, arglosen* Leute tun mir leid.

Reihung von Objekten

Wir schicken ihm *Äpfel, Nüsse und Pfefferkuchen.*

Reihung von adverbialen Bestimmungen

Wir badeten *morgens und mittags.* — *Braungebrannt und müde* kamen wir zu Haus an. — *Auf der Elbe, auf dem Rhein und auf der Weser* verkehren große Schiffe.

Zur *Zeichensetzung* ist an die Regel zu erinnern, nach der Glieder einer Aufzählung durch ein Komma getrennt werden, sofern sie nicht durch „und" bzw. „oder" verbunden sind. Auch Adjektivattribute werden nach dieser Regel behandelt. Nur dann steht zwischen Adjektivattributen kein Komma, wenn das zweite Adjektiv mit dem Nomen einen Gesamtbegriff bildet: „Er zeigte viele lehrreiche physikalische Versuche."

e) Die Satzanalyse (Die Satzgliederung)

Bereits bei den Wortarten mußten wir „analysieren", d. h. wir bestimmten Fall, Zahl, Geschlecht, Steigerungsstufe, Person, Zeitform, Aussageweise und Zustandsform.

Analyse heißt „Auflösung". Einen Satz zu analysieren heißt, daß man ihn in seine Bestandteile auflöst. Die **Satzanalyse** will durch Aufsuchen und Benennen der einzelnen Satzglieder einen Einblick in den sprachlichen und gedanklichen Inhalt des Satzes geben. Sie geht vom ganzen Satz aus. Das Gegenteil bestünde darin, aus bestimmten Satzgliedern einen Satz zu bauen. Das wäre dann die **Satzsynthese**. Die Satzsynthese dient dem sprachlichen Ausdruck, die *Satzanalyse fördert das Sprachverständnis*. Die Synthese führt vom Gedanken zur sprachlichen Form, die Analyse von der Form zum gedanklichen Inhalt. Bei der Satzanalyse wird es wichtig sein, die einzelnen Fragen richtig zu stellen (siehe S. 119—131).

Man sucht zuerst die notwendigen Bestandteile des einfachen Satzes heraus (s. S. 118): **Subjekt** (S) und **Prädikat** (P). Dann sucht man nach den Ergänzungen des Prädikats, nach dem **Objekt** (O) (s. S. 124) und nach den **adverbialen Bestimmungen** (Adv. Best.) (s. S. 128). Schließlich fragt man nach den **Attributen** (Attr.) (s. S. 121).

Als Beispiel für die **Satzanalyse** stehe hier die Aufgliederung folgenden Satzes:

Eines Abends begegnete der Fahrer unseres Schulbusses in einer Raststätte einem alten Bekannten.

Wer oder was begegnete?	... der Fahrer *(S)*
Was tat der Fahrer?	... er begegnete *(P)*
Wem begegnete er?	... einem Bekannten *(O)*

Wo begegnete er ihm?	... in einer Raststätte *(Adv. Best.)*
Wann begegnete er ihm?	... eines Abends *(Adv. Best.)*
Was für ein Fahrer begegnete dem Bekannten?	... unseres Schulbusses *(Attr.)*
Was für einem Bekannten begegnete er?	... einem alten *(Attr.)*

Aufgabe 138: Analysiere folgende Sätze:

Eines Morgens ging ich in den Ferien durch einen Tannenwald. — Mit lauter Stimme verkündete unser Lehrer der Klasse die neuen Anordnungen unseres Schulleiters. — Die Sekretärin des Schulleiters brachte dem Klassenlehrer einen wichtigen Brief auf den Sportplatz hinter der Schule. — Ein Viehhändler verlor durch einen Autounfall eine wertvolle Kuh. — Der starke Trecker des Bauern zog den schweren Rübenwagen leicht aus dem nassen Acker. — Ein ganzes Jahr arbeitete ich auf dem Hof meines Onkels. — Schnell gewann ich das Vertrauen aller. — An heißen Tagen war es in der Gartenlaube am angenehmsten. — Im Herbst ziehen viele Vögel weit fort in wärmere Gegenden. — Hannibal, der berühmte Feldherr der Karthager, besiegte im Jahre 216 v. Chr. die Truppen der römischen Konsuln bei Cannae in einer furchtbaren Schlacht.

Eine solche Satzanalyse gibt jedoch noch keinen Einblick in die Abhängigkeiten der Satzglieder; den vermittelt erst das Satzschema.

f) Das Satzschema

Um den Bau eines Satzes (das Satzschema) zu erkennen, geht man immer vom Prädikat als dem Kern des Satzes aus. Um diesen Kern, erweitert um das Subjekt, lagern sich die vom Prädikat und vom Subjekt abhängigen Satzglieder der ersten Stufe; von diesen abhängig sind dann die der zweiten Stufe.

Wählen wir als Beispiel einen für die Satzbaubestimmung ergiebigen (stilistisch allerdings „überladenen") Satz:

Der kleine Sohn unserer Wirtsleute brachte an einem heißen Sommertag dem durstigen Vater schnell ein Glas kühlen Bieres auf die Veranda.

Satzkern	brachte *(P)*	Der Sohn *(S)*
1. Stufe	an einem Sommertag *(Adv. Best.)*	kleine *(Adj. Attr.)*
	dem Vater *(Dat. Obj.)*	unserer Wirtsleute *(Gen. Attr.)*
	schnell *(Adv. Best.)*	
	ein Glas *(Akk. Obj.)*	
	auf die Veranda *(Adv. Best.)*	
2. Stufe	heißen *(Adj. Attr.)* ... zu „Sommertag" gehörig	
	durstigen *(Adj. Attr.)* ... zu „Vater" gehörig	
	Bieres *(Gen. Attr.)* ... zu „Glas" gehörig	
3. Stufe	kühlen *(Adj. Attr.)* ... zu „Bieres" gehörig	

Es lassen sich nun auch noch Abhängigkeiten der 4. Stufe denken, z. B. durch eine adverbiale Attributfügung „kühlen Bieres *aus München*".

Diese Einteilung in Stufen gibt einen Einblick in den inneren Bau der Sätze und läßt vor allem die Gleichwertigkeit beigeordneter Satzglieder deutlich werden.

Das **Satzschema** kann man sehr gut mit Hilfe einer Grafik veranschaulichen:

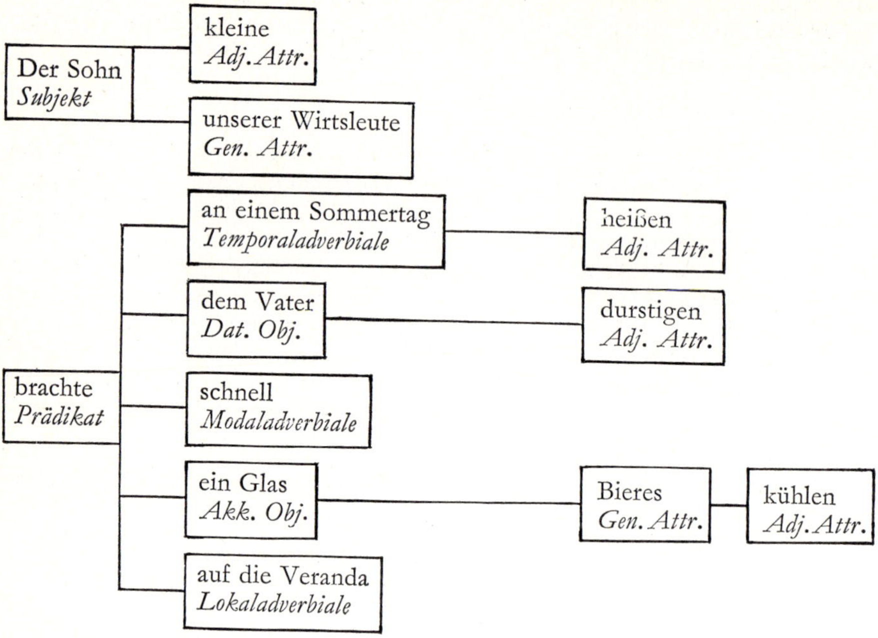

Aufgabe 139: Entwirf ein Satzbild von folgenden Sätzen:

Das Haus dort hinten gehört dem alten Herrn aus Berlin. — Meine Schwester liegt seit Tagen krank im Bett. — Meine Mutter bringt ihr heißen Tee mit Zitrone gegen den hartnäckigen Husten. — Die Leihfrist der beiden Bücher aus der Stadtbibliothek ist gestern abgelaufen. — In unserer Straße beginnen morgen die Arbeiter der Stadtwerke mit dem Ausschachten für die neue Kanalisation. — Die Französische Revolution hatte entscheidende Auswirkungen auf das politische und gesellschaftliche Leben ganz Europas.

3. Zwischen Satzglied und Satzgefüge

a) Herausgehobene Satzglieder

Die folgenden Satzglieder und Gliedteile können von der Betonung und Fügung her aus dem Satz herausragen. Sie werden deshalb in Kommas eingeschlossen. Es sind:

nachgestellte gebeugte und ungebeugte Adjektive

Da kommt die Sonne, *die helle*, herauf! — Da hebt sich die Sonne, *hell und klar*, aus dem Meer.

Appositionen

Herr Müller, *unser alter Hausmeister*, wird pensioniert.

dem Satz vorangestellte Glieder, die erneut aufgenommen werden:

Am Brunnen vor dem Tore, da steht ein Lindenbaum.

nachgestellte Satzglieder

Sie möchte schlanker werden, *und zwar durch Fasten.*

Auch **Anrede, Ausruf; Bejahung und Verneinung; Datum, Ort und Straße** (in Briefen) werden vom Satz abgehoben und daher von ihm durch ein Komma getrennt:

Diesen Entschluß, *Herr Neumann,* werden Sie nie bereuen.
Ach, war das ein Pech!
Ja, da hast du recht.
Nein, das glaube ich nicht.
Frankfurt, *den 2. Januar 1982*
Ich wohne in Neustadt, *Schillerweg 27.*

b) Infinitivsatz (Nennformsatz)

Sehr oft spricht man an dieser Stelle von einem „verkürzten Nebensatz". Es scheint zuerst wirklich so, als ob aus dem Satzgefüge:

Ich beantrage, *daß der Ausflug verschoben wird.*

eine Verkürzung entsteht:

Ich beantrage, *den Ausflug zu verschieben.*

In Wirklichkeit ist der Infinitivsatz ebensowenig wie der noch zu behandelnde Partizipsatz aus einem Nebensatz entstanden. Beide haben sich aus Satzgliedern heraus entwickelt und allmählich einen *Satzwert* erhalten. So spricht man heute lieber von „*satzwertigen Infinitiven*" als vom verkürzten Nebensatz.

Der mit „zu" verwendete Infinitiv (siehe auch S. 55) kann im Gegensatz zum reinen Infinitiv dann aus dem Satz heraustreten, wenn andere Glieder zu ihm gestellt werden. Solch ein *erweiterter Infinitiv mit „zu"* unterbricht den glatten Ablauf der Rede so, daß er *in Kommas eingeschlossen* werden muß:

Er beschloß *zu fliegen* und teilte es seiner Frau mit. (*nicht erweitert,* deshalb ohne Komma)
Er beschloß, *morgen zu fliegen,* und teilte es seiner Frau mit. *(erweitert durch Temporaladverbiale)*
Er beschloß, *morgen nach Lyon zu fliegen,* und teilte es seiner Frau mit. *(erweitert durch Temporal- und Lokaladverbiale)*

Erst der erweiterte Infinitiv mit „zu" erhält also einen Satzwert und muß daher durch Komma vom Hauptsatz getrennt werden. Es haben sich allmählich für eine Gruppe von Infinitivsätzen eigene Einleitewörter herausgebildet:

Er fuhr nach Berlin, *um* sich *zu* erholen.
Er fuhr nach Berlin, *ohne* sich *zu* erholen.
Er fuhr nach Berlin, *anstatt* sich *zu* erholen.

Vor allem in der Reihung bietet der Infinitivsatz Möglichkeiten, ohne Bildung neuer Sätze weite Tätigkeitsbereiche in einem Satz zusammenzufassen:

Er war fest entschlossen, *seinen Freunden abzusagen, die Kinokarten zurückzugeben, seine Schularbeiten zu machen und anschließend ins Bett zu gehen.*

Aufgabe 140: Bilde Infinitivsätze mit den Wendungen *ich verspreche, sie beginnt, du hast darauf verzichtet, ich bemühe mich, ihr hört auf, es wäre besser für dich, er weigerte sich, wir erwarten, sie hatten sich gefreut.*

c) Partizipialsatz (Mittelwortsatz)

Auch hier sprach man früher von einem „verkürzten Nebensatz". Und wirklich scheint das Satzgefüge:

Er verließ, *während er laut und lauter hustete*, den Saal.

in folgendem Satz seine Verkürzung zu finden:

Er verließ, *laut und lauter hustend*, den Saal.

Aber das ungebeugte Partizip entwickelte sich aus einem Satzglied heraus und erhielt so allmählich Satzwert. Man sagt auch hier lieber „*satzwertiges Partizip*" als „verkürzter Nebensatz".

Das ungebeugte Partizip (siehe auch S. 56) hat wie der Infinitivsatz immer dann die Möglichkeit, sich im Rahmen des Satzes zu verselbständigen, wenn neue Wörter zu ihm treten. Solch ein *erweitertes ungebeugtes Partizip* unterbricht den Ablauf der Rede so, daß es *in Kommas eingeschlossen* wird.

Erst wenn es also erweitert ist, erhält es Satzwert:

Lachend gingen wir weiter. (*nicht erweitert*, deshalb kein Komma)
Laut und herzhaft über ihn lachend, gingen wir weiter. *(erweitert durch Modaladverbiale und präpositionales Objekt)*

Das alles gilt natürlich nicht nur für das Partizip Präsens, sondern genauso für das Partizip Perfekt, das vor allem dann verwendet wird, wenn man auf Knappheit des Ausdrucks Wert legt:

Da kam er, *von Zweigen gepeitscht, von Mücken zerstochen.*

Wichtig für den Sprachgebrauch ist, daß die satzwertigen Partizipien sich deutlich auf das Subjekt des dazugehörigen Satzes beziehen müssen, um Mißverständnisse oder unfreiwillige Komik zu vermeiden:

Mit Wein angefüllt, überreichte ich ihm einen Becher. — Wer war nun mit Wein angefüllt? — Hier kann es also nur heißen: Ich überreichte ihm einen Becher, der mit Wein gefüllt war.

Es gibt noch Wortgruppen, die den satzwertigen Partizipien, den Partizipialsätzen also, gleichzustellen sind, weil man sich Partizipformen wie „seiend" oder „habend" hinzudenken kann:

Den Hut im Genick, erzählte er neue Witze. — *Unbekümmert und voller Zukunftspläne*, so zogen wir in eine andere Stadt. — *Die Einkaufsliste in der Hand*, betrat sie den Supermarkt.

Aufgabe 141: Bilde jeweils aus zwei Hauptsätzen einen Satz mit satzwertigem Partizip!

Frau Gerber geht in den Garten. Sie hat eine Gießkanne in der Hand. — Mein Vater liest die Zeitung. Er sitzt im bequemen Lehnstuhl. — Er kam in Stuttgart an. Dann ging er ins Hotel. — Heute ist mein Bruder schlecht gelaunt. Er ist sonst recht verträglich. — Endlich war er mit seiner Arbeit fertig. Er fuhr sofort heim. — Er sah sich den Schaden genau an. Dabei fluchte er laut vor sich hin. — Sie ging im Stadtpark spazieren. Sie führte ihren Hund an der Leine.

C. Die Satzreihe

In längerer, zusammenhängender Darstellung drücken wir unsere Gedanken nicht nur in Einzelsätzen, sondern auch in zusammengehörigen Teilsätzen aus. Diese bilden eine *Aussageeinheit.*

Wenn die Sätze einer solchen Aussageeinheit (Satzgruppe) eine gewisse Gleichwertigkeit und Gleichartigkeit des Satzbaues und gedankliche Selbständigkeit zeigen und deshalb als *gleichgeordnete Teilsätze aneinandergereiht* werden, so sprechen wir von einer **Satzreihe.** Die Sätze einer Satzreihe sind einander *beigeordnet (koordiniert);* sie können jeder für sich stehen (Hauptsätze).

Mein Bruder findet morgens nie aus dem Bett, ich bin immer die erste am Frühstückstisch. (HS — HS)

Ist die inhaltliche und sprachliche Verknüpfung der Sätze jedoch so eng, daß sie als *über- und untergeordnete Teilsätze ungleichwertig* ineinandergefügt sind, so heißt eine solche Satzgruppe **Satzgefüge** (s. S. 140). Ein Satz im Satzgefüge ist dem anderen *untergeordnet (subordiniert)* und von diesem abhängig (Nebensatz).

Ich war abgereist, als dein Brief eintraf. (HS — NS)

Der Hauptsatz „Ich war abgereist" kann allein stehen, er ist unabhängig, während der Nebensatz „als dein Brief eintraf" eindeutig vom Hauptsatz abhängt, ihm untergeordnet ist.

Wir unterscheiden die *unverbundene* und die *verbundene Satzreihe.*

1. Unverbundene Satzreihen (Asyndetische Sätze)

Gleichwertige Hauptsätze können einfach nebeneinandergestellt werden, ohne daß das gedankliche Verhältnis der Sätze zueinander durch ein besonderes Bindewort (eine Konjunktion) angedeutet wird.

Das Komma trennt Sätze einer unverbundenen Satzreihe; das Semikolon steht, wenn die Sätze der Satzreihe einen größeren Umfang haben.

Der Atlantik gehört zu den Weltmeeren, er hat einen hohen Salzgehalt. — Der Gegner ist spielstärker, wir müssen unser Tor besser verteidigen. — Er zahlte nicht bar, er überwies die Summe durch seine Bank. — Es regnete nicht mehr, wir gingen lange spazieren.
Wir waren durch die anstrengende Wanderung von Bad Lauterberg nach Sankt Andreasberg alle ziemlich erschöpft, manche klagten über Blasen an den Füßen; erstaunlicherweise fanden sich einige von uns doch noch abends in dem Tanzlokal ein.

Die gedankliche Zusammengehörigkeit der Sätze zeigt sich nur in der *Betonung;* die Stimme sinkt nicht am Ende des ersten Satzes. Allerdings gibt es auch einige *Stilmittel,* die bei der unverbundenen Satzreihe die *gedankliche Zusammengehörigkeit* der Teilsätze eindringlich unterstreichen.

Manchmal weisen Personal- oder Demonstrativpronomen (siehe S. 77 und 80) im zweiten Satz auf den ersten Satz oder eines seiner Satzglieder zurück:

Eine Rakete zischte hoch, *sie* erleuchtete den Festplatz. — Eine Rakete zischte hoch, *dies* war das Zeichen zum Beginn.

Oft beginnen auch Sätze einer Satzreihe mit dem gleichen Wort oder mit der gleichen Wortgruppe (Anaphora):

Selten wird er übermütig, selten sieht man ihn lachen. — Manche Leute bevorzugen Zeitschriften, manche Leute lesen lieber Bücher.

Auf solche Wiederholungen gehen übrigens die zweiteiligen Konjunktionen zurück, wie z. B. „bald — bald".

Schließlich kann zwischen den Inhalten der Teilsätze ein innerer Gegensatz bestehen:

Groß war die Freude, *gering* war das Leid.

2. Verbundene Satzreihen (Syndetische Sätze)

Je nach der gedanklichen Beziehung der Sätze zueinander unterscheidet man folgende Verbindungsarten:

aneinanderreihend (kopulativ),
entgegenstellend (adversativ),
ausschließend (disjunktiv),
begründend (kausal).

Die entsprechenden nebenordnenden Konjunktionen (siehe S. 103) drücken bei den verbundenen Hauptsätzen (syndetische Reihung) die gedankliche Beziehung deutlich aus.

Das *Komma* trennt Sätze einer verbundenen Satzreihe.

a) Kopulative (anreihende) Satzverbindung

Die Sätze solcher Verbindungen enthalten in der Bedeutung gleichwertige Gedanken; meist führt der zweite Hauptsatz den ersten geradlinig weiter, fügt einen ähnlichen Gedanken hinzu oder steigert ihn:

Es ist Mittag, *und* alle gehen heim. — Im Herbst sät man Wintergetreide, *auch* werden um diese Zeit die Rüben geerntet. — *Teils* lachte sie, *teils* weinte sie. — Alle schwiegen, *sogar* die kleine Anne hielt den Mund.

Kopulative Konjunktionen sind:

und, auch, wie, sowie, außerdem, zudem, überdies, desgleichen, dann, ferner, weiter, ja, hernach, zuletzt, endlich, erstens, zweitens, sowohl — als auch, weder — noch, nicht nur — sondern auch, bald — bald, teils — teils, erst — dann, halb — halb, zum einen — zum andern.

Aufgabe 142: Bilde Satzreihen, die mit den angeführten kopulativen Konjunktionen verbunden sind!

b) Disjunktive (ausschließende) Satzverbindung

Hier schließt der Inhalt des zweiten Satzes den des ersten aus:

Entweder ihr helft im Garten mit, *oder* ihr geht nach Haus.

Disjunktive Konjunktionen sind:

oder, entweder — oder, sonst, andernfalls.

Aufgabe 143: Bilde Satzreihen, die mit den genannten disjunktiven Konjunktionen verbunden sind!

c) Adversative (entgegensetzende) Satzverbindung

In diesen Satzreihen stellt der zweite Hauptsatz dem ersten einen neuen, gegenteiligen Gedanken entgegen:

Der Arzt kam, *doch* er vermochte nicht zu helfen.

Adversative Konjunktionen sind:

aber, allein, doch, jedoch, dennoch, dagegen, hingegen, indes, gleichwohl, vielmehr, nur, hinwiederum, nichtsdestoweniger, sondern (nach verneintem ersten Hauptsatz).

Aufgabe 144: Bilde Satzreihen, die mit den aufgeführten adversativen Konjunktionen verbunden sind!

d) Kausale (begründende) Satzverbindung

Hier gibt der zweite Hauptsatz für den ersten einen Grund an oder eine Erklärung:

Lerne nur das Glück ergreifen, *denn* es ist immer da. *(kausal)*
Der Hering wird in großen Mengen gefangen, *deshalb* ist er billig. *(konsekutiv)*
Der Vorstand soll es tun, *dazu* ist er gewählt worden. *(final)*
Höre bitte auf, *sonst* vergesse ich mich. *(konditional)*
Die Sonne strahlte, *trotzdem* blieben wir zu Hause. *(konzessiv)*

Kausale Konjunktionen sind:

denn, nämlich, ja, doch; also, folglich, infolgedessen, mithin, somit, demnach, daher, darum, deswegen, deshalb; dazu, darum; sonst, andernfalls; zwar — aber, trotzdem.

Aufgabe 145: Bilde Satzreihen, die mit den genannten kausalen Konjunktionen verbunden sind!

Aufgabe 146: Welche Konjunktionen wurden gebraucht? Wo stehen die Satzzeichen?

Ich wollte mit ihm die Ausstellung besuchen aber er hatte keine Lust dazu. — Sie friert deshalb zieht sie eine Jacke an. — Wir forderten ihn zum Verlassen des Saales auf trotzdem blieb er. — Niemand erkannte ihn wieder denn er hatte sich sehr verändert. — Der Hausmeister ruft nach euch und ihr sitzt hier untätig herum. — Ich bat ihn um Verzeihung aber er hörte mich nicht einmal an. — Alle schwiegen denn alle hatten ein schlechtes Gewissen. — Du bist Klassensprecher also mußt du reden. — Ich habe dieses Amt ungern übernommen denn die Arbeit schien schwierig. — Inge achtete nicht auf das Gerede der Leute dazu war sie viel zu stolz. — Der Angeber hatte mit seinen Worten keinen Erfolg sondern wurde von uns verhöhnt. — Die jüngeren Schüler waren weit gewandert daher hatten sie am nächsten Tage frei.

Aufgabe 147: Verbinde die folgenden unverbundenen Satzreihen durch Konjunktionen!

Alle Schüler blickten ihn an; keiner konnte dem Lehrer eine Antwort geben. — Ich entlasse dich nach Hause; du bist krank. — Unsere Basketballer konnten nicht im ersten Spiel siegen; sie mußten das Rückspiel abwarten. — Beide Mannschaften waren froh über das Unentschieden; sie sehnten sich nach einem Ende des Turniers. — Dein Rat ist wirklich gut; ich werde ihn befolgen. — Ich will zum Turnen; ich kann die Langeweile zu Haus nicht ertragen. — Ich könnte ihn verraten; ich will es nicht tun; sein Bruder ist mein Freund. — Das Gewitter ist vorüber; die Sonne scheint.

D. Das Satzgefüge

1. Begriff und Funktion

Wird ein Satzglied durch einen Nebensatz ausgedrückt, so entsteht aus dem erweiterten einfachen Satz ein Satzgefüge.

Sätze, die auf diese Weise die *Rolle eines Satzgliedes* einnehmen, nennt man *Gliedsätze* oder *Nebensätze*. Solche Glied- oder Nebensätze können nicht ohne den Hauptsatz bestehen, in dem sie vorher ihren Platz als Satzglied gehabt haben.

Nebensätze sind erweiterte Satzglieder!

In den folgenden Beispielen wird stets ein Glied des einfachen erweiterten Satzes zum Nebensatz; es entsteht ein *Satzgefüge:*

Seine Absicht ist nicht klar. →
Es ist nicht klar, *was er beabsichtigt.* (*Subjektsatz*)

Ich bezweifle *seine Ehrlichkeit.* →
Ich bezweifle, *daß er ehrlich ist.* (*Objektsatz*)

Ein *langsames* Fahrzeug hemmt den Verkehr. →
Ein Fahrzeug, *das langsam ist*, hemmt den Verkehr. (*Attributsatz*)

Am Nachmittag bekommen wir Besuch. →
Wenn es Nachmittag ist, bekommen wir Besuch. (*Adverbialsatz*)

Wegen seines starken Hustens mußte er ins Bett. →
Weil er stark hustete, mußte er ins Bett. (*Adverbialsatz*)

Der Nebensatz kann das Subjekt, das Objekt, das Attribut und die adverbialen Bestimmungen vertreten.

2. Die Einteilungsmöglichkeiten

Bei der Satzanalyse antworten die Nebensätze auf die gleichen Fragen, mit denen man die Satzglieder findet. Hieraus ergibt sich die Einteilungsmöglichkeit nach der **Satzgliedart**. Wir unterscheiden dabei

den *Subjektsatz* (Gegenstandssatz),
den *Attributsatz* (Beifügesatz),
den *Objektsatz* (Ergänzungssatz)
den *Adverbialsatz* (Umstandssatz).

Das *Prädikat* kann nicht durch einen Nebensatz ersetzt werden, sondern nur jene Nomen, die man mit „*sein, werden, bleiben, heißen*" verbindet (s. S. 120). Daher stellt man auch hier die Frage „Wer?" oder „Was?":

Nobel *ist der Erfinder des Dynamits.* →
Nobel ist es, *der das Dynamit erfunden hat.*

Diese Prädikatsätze kommen selten vor. Nur manchmal werden sie zur besonderen Hervorhebung des Subjekts gewählt:

Eure Abreise ist's, die uns traurig stimmt.

Eine zweite Einteilungsmöglichkeit ergibt sich aus den drei **Stellungsmöglichkeiten:** der Nebensatz kann dem Hauptsatz einleitend vorausgehen, er kann dem Hauptsatz folgen, und er kann zwischen Teilen des Hauptsatzes stehen. Wir unterscheiden daher *den Vordersatz, den Nachsatz* und *den Zwischensatz.* (Siehe auch S. 146.)

Eine dritte Einteilungsmöglichkeit ergibt sich aus der Tatsache, daß der Nebensatz eine feststehende Bauform besitzt: am Beginn des Nebensatzes steht immer ein charakteristisches **Einleitewort**, an seinem Schluß eine gebeugte Verbform. Je nach dem einleitenden Wort unterscheiden wir:

den *Relativsatz* (Bezugswortsatz),
den *Interrogativsatz* (Fragewortsatz),
den *Subjunktionalsatz* (Bindewortsatz).

3. Die Einteilung nach dem Satzgliedwert

a) Der Subjektsatz (Der Gegenstandssatz)

Der Subjektsatz drückt das Subjekt des Satzes durch einen Nebensatz aus. Er kann wie das Subjekt mit „Wer?" oder „Was?" erfragt werden.

Die Flucht der Diebe konnte verhindert werden. →
Es konnte verhindert werden, *daß die Diebe flohen.*

Unser Aufenthalt in Wien ist noch ungewiß. →
Es ist noch ungewiß, *ob wir uns in Wien aufhalten werden.*

Der Zufriedene ist glücklich. →
Wer zufrieden ist, ist glücklich.

Attilas Grab ist keinem bekannt. →
Es ist keinem bekannt, *wo Attilas Grab liegt.*

Der Subjektsatz wird eingeleitet durch:

Subjunktionen („daß, ob, wenn"),
Relativpronomen („wer, was"),
Interrogativpronomen bzw. *Interrogativadverbien* („wo").

Aufgabe 148: Verwandle die folgenden Sätze in Subjektsätze:

Die Dauer des Festes ist ungewiß. — Der Ausdauernde kommt ans Ziel. — Deine Abreise hat uns traurig gemacht. — Dein Besuch ist uns sehr willkommen. — Euer Garten ist mir unbekannt. — Das Ziel der Fahrt ins Blaue ist ungewiß. — Seine Ankunftszeit steht noch nicht fest.

b) Der Attributsatz (Der Beifügesatz)

Der Attributsatz enthält eine nähere Bestimmung zu einem Nomen und antwortet auf die Frage „Was für ein?".

Die allermeisten Attributsätze sind *Relativsätze* (s. S. 146).

Kleine Kinder wünschen sich oft einen Ball. →
Kinder, *die klein sind*, wünschen sich oft einen Ball.
Kinder wünschen sich oft einen *bunten* Ball. →
Kinder wünschen sich oft einen Ball, *der bunt ist.*
Die Stunde *unseres geheimen Treffens* gebe ich noch bekannt. →
Die Stunde, *zu der wir uns heimlich treffen*, gebe ich noch bekannt.

Da der Relativsatz Attribute vertritt, darunter besonders Adjektivattribute, kann er nur die *Eigenschaft* einer Person oder Sache angeben. Keineswegs darf er dazu benutzt werden, den Fortschritt der Erzählung zu bezeichnen. Falsch ist also: „Er öffnete die Tür, die er hinter sich zuschlug"; hier muß es heißen: „Er öffnete die Tür und schlug sie hinter sich zu".

Aufgabe 149: Verwandle das Attribut in einen Attributsatz. Beachte dabei, daß die Apposition grammatisch ein Attribut ist (s. S. 123).

Das *artige* Kind wird gelobt. — Die Schwalben *im Stall* schwirren hin und her. — Der Garten *unseres Nachbarn aus Kiel* wird verkauft. — Frau Schulz, *unsere Lehrerin*, ist erkrankt. — Ein *ungeduldiger* Schüler fing an zu sprechen. — Du sprichst von *längst vergangenen* Zeiten. — Luther, *der Übersetzer der Bibel*, wurde in Eisleben geboren. — Das ist die Stätte *seiner Geburt*. — Unsere Fahrt *durch Berlin* war aufschlußreich. — Wir freuen uns an den *lachenden* Mitschülern. — Eisenhower, *der Oberbefehlshaber der Alliierten*, landete an der Atlantikküste. — Strenge Maßnahmen verfehlen oft die *gewünschte* Wirkung. — Durch Fleiß kann auch ein *schwachbegabter* Lehrling es zu etwas Rechtem bringen. — Er verkaufte mir den Garten *mit den herrlichen Obstbäumen*. — Die Frage *nach seinen Schularbeiten* ließ er unbeantwortet. — Der Rhein ist ein *vielbefahrener* Strom. — Die Hoffnung *auf ein Wiedersehen* ließ uns den Trennungsschmerz verwinden. — *Bellende* Hunde beißen selten. — Das *grüne* Kleid gefiel mir sehr.

Aufgabe 150: Verwandle den Attributsatz in ein Attribut (auch die Apposition ist ein Attribut!).

Hans, der unser bester Sportler war, litt in seiner Kindheit an einem Gehfehler. — Das Feuer, das wir angezündet hatten, erlosch langsam. — Das ist eine Auskunft, die uns nicht befriedigt. — Das Leben, das die Eskimos führen, ist hart. — Er schoß mit dem Luftgewehr nach den Spatzen, die laut schimpften. — Die Weingärten, die sich den Berg hinaufziehen, wurden durch den Hagel völlig verwüstet. — Das Heulen der Sirenen, das vom Hafen tönt, schallt weit ins Land. — Der Fluß, der allmählich schwoll, bedrohte die Deiche. — Tokio, das für die größte Stadt der Welt gilt, wurde schon einmal durch ein Erdbeben zerstört. — Der alte Herr, der den Jungen gerettet hatte, wollte seinen Namen nicht nennen.

c) Der Objektsatz (Der Ergänzungssatz)

Alle Arten von Objekten können durch einen Nebensatz ausgedrückt werden. Zur Verbindung des Objektsatzes mit dem Hauptsatz dienen meist *Relativpronomen*, aber auch *Fragewörter* und die *Subjunktion „daß"*; somit kann der Objektsatz Relativsatz, Interrogativsatz und Subjunktionalsatz sein:

Die Verkehrsstreife meldete *den Unfall* an der Südstraße. →
Die Verkehrsstreife meldete, *daß sich an der Südstraße ein* Unfall ereignet habe.
Wir erkundigten uns *nach seiner Wohnung.* →
Wir erkundigten uns, *wo er wohne.*
Dem Angeber glaubt man nicht. →
Dem, *der angibt*, glaubt man nicht. — *Wer angibt*, dem glaubt man nicht.

Aufgabe 151: Bilde aus folgenden einfachen Sätzen Satzgefüge mit einem Objektsatz.

Halte immer *dein Versprechen!* — Wir müssen *die Bestätigung dieser Nachricht* noch abwarten. — Wir befürchten den *Ausbruch des Vulkans.* — Wir kennen *die Dauer dieser Abmachung* nicht. — Diese Geschichte erinnert mich *an meine letzte Fahrt mit dem Segelboot.* — Ich erinnere mich noch gut *an diese Erzählung.* — Der Redner gedachte *des Verstorbenen.* — Wie oft habe ich dich *zum Fleiß* ermahnt! — Frage nicht nur *nach den Verdienstmöglichkeiten eines Berufs.* — Wie willst du *diesen Fehler* wiedergutmachen? — *Deine Leistung* traue ich auch anderen zu. — Ihr freut euch *auf unseren Besuch.* — Heute fürchte ich *das Nachsehen meiner Hausarbeit.*

d) Die Adverbialsätze (Die Umstandssätze)

Adverbialsätze ersetzen in den meisten Fällen eine der angeführten (siehe S. 128) adverbialen Bestimmungen. Daher unterscheidet man:

Lokalsätze (Ortssätze),
Temporalsätze (Zeitsätze),
Kausalsätze (Begründungssätze),
Konditionalsätze (Bedingungssätze),
Konsekutivsätze (Folgesätze),
Finalsätze (Absichtssätze),
Konzessivsätze (Einräumungssätze),
Modalsätze (Umstandssätze der Art und Weise).

(1) Lokalsätze (Ortssätze)

Lokalsätze ersetzen die adverbialen Bestimmungen des Ortes:

Ich komme *aus deiner Richtung.* →
Ich komme daher, *woher du gekommen bist.*
Auf Sichtweite erstreckten sich nur Wälder und nochmals Wälder. →
So weit man sehen konnte, erstreckten sich nur Wälder.

Im allgemeinen wird der Lokalsatz eingeleitet durch: „wo" (Ort), „wohin" (Ziel), „woher" (Ausgangspunkt), „so weit" (Ausdehnung).

Diesen Wörtern kann im Hauptsatz ein „da, dahin, daher" entsprechen. Lokalsätze antworten auf die Fragen „Wo?", „Wohin?", „Woher?".

(2) Temporalsätze (Zeitsätze)

Temporalsätze ersetzen eine adverbiale Bestimmung der Zeit. Ihrer Form nach sind sie Subjunktionalsätze; denn sie werden durch die *Subjunktionen „als, solange, während, nachdem, ehe, seitdem* usw." mit dem Hauptsatz verbunden. Die Handlung der Temporalsätze kann *gleichzeitig* („als"), *vorzeitig* („nachdem") und *nachzeitig* („ehe") sein (siehe S. 104). Sie stehen auf die Fragen „Wann?", „Wie lange?", ('Wie oft?", „Seit wann?", „Bis wann?".

Bei Sonnenuntergang kamen wir an. →
Wir kamen an, *als die Sonne unterging.*

Nach dem Tode Bismarcks brach sein Bündnissystem zusammen. →
Nachdem Bismarck gestorben war, brach sein Bündnissystem zusammen.

Vor dem Erscheinen des Lehrers wiederholten wir Vokabeln. →
Wir wiederholten Vokabeln, *bevor der Lehrer erschien.*

(3) Kausalsätze (Begründungssätze)

Kausalsätze geben den Grund an und vertreten die adverbialen Bestimmungen des Grundes.

Kausalsätze im engeren Sinn geben die Ursache, den Grund oder das Mittel an und stehen auf die Frage „Warum?", „Wovon?", „Weshalb?", „Wodurch?", „Womit?". Zur Verknüpfung mit dem Hauptsatz dienen die *Subjunktionen „weil, da, indem, dadurch daß*".

Wegen des Regens blieb er zu Haus. →
Weil es regnete, blieb er zu Haus.

Aus Mitleid nahmen wir ihn mit. →
Da wir Mitleid mit ihm hatten, nahmen wir ihn mit.

Der **Konditionalsatz** (Bedingungssatz) enthält nur einen angenommenen Grund, d. h. eine *Bedingung* oder *Voraussetzung,* unter der die Aussage des Hauptsatzes gilt. Eingeleitet wird er durch die Subjunktionen „*wenn, falls, sofern, im Falle daß*". Er steht auf die Frage „In welchem Falle?":

Im Falle meines Sitzenbleibens verreisen wir nicht. →
Wenn ich sitzenbleibe, verreisen wir nicht.

Bei Sonnenschein werden wir baden. →
Falls die Sonne scheint, werden wir baden.

Der **Konsekutivsatz** (Folgesatz) bezeichnet die Folge einer Sache. In solchem Folgesatz werden *Grund* und *Folge* in enge Verbindung gebracht. Zur Satzverbindung dienen die *Subjunktionen „daß, so daß*". Im Hauptsatz weist ein stark betontes „so, solcher, zu, allzu" auf den Konsekutivsatz hin:

Sie singt *zum Davonlaufen.* →
Sie singt *so, daß man davonlaufen möchte.*

Der **Finalsatz** (Absichtssatz) bezeichnet die Absicht, in der etwas geschieht. Diese Absicht ist der treibende Grund für das Geschehen. Finalsätze lassen sich mit „Wozu?" erfragen:

Wir fahren *zur Erholung* nach Österreich. →
Wir fahren nach Österreich, *damit wir uns dort erholen.*
Wir fahren nach Österreich, *um uns dort zu erholen.*

Man zieht den Infinitivsatz immer dann vor, wenn im Haupt- und Nebensatz das gleiche Subjekt vorhanden ist.

Der **Konzessivsatz** (Einräumungssatz) gibt einen dem Inhalt des Hauptsatzes *widersprechenden Grund* an, der das Gegenteil dessen erwarten ließe, was der Hauptsatz aussagt. Er wird meist eingeleitet durch die *Subjunktionen „obgleich, obwohl, wenn auch, wenngleich"*. Der Konzessivsatz antwortet fast immer auf die Frage „Trotz welchen Umstandes?":

Trotz seiner überlegenen Stärke griff er ihn nicht an. →
Obgleich er stärker war, griff er ihn nicht an.

Trotz der Schwierigkeiten werde ich die Aufgabe lösen. →
Obwohl die Schwierigkeiten groß sind, werde ich die Aufgabe lösen.

(4) Modalsätze (Umstandssätze der Art und Weise)

Modalsätze drücken adverbiale Bestimmungen der Art und Weise aus. Sie stehen daher auf die Frage „Wie?" oder „Wie sehr?". Zur Verbindung mit dem Hauptsatz dient die *Subjunktion „indem"*:

Er kam *winkend* auf uns zu. →
Er kam auf uns zu, *indem er winkte.*

Hierher gehören auch die **Komparativsätze** (Vergleichssätze):

Er wütete *besinnungslos.* →
Er wütete, *als ob er besinnungslos wäre.*

Zu den Komparativsätzen kann man auch die Sätze mit „*je — desto*" rechnen.

Bei größerem Gejammer wird es schlimmer. →
Je mehr du jammerst, *desto* schlimmer wird es.

Aufgabe 152: Verwandle die adverbialen Bestimmungen in einen Nebensatz:

Beim Einzug der Zigeuner in die Stadt strömten alle Kinder zusammen. — Er errang *bei seinem ersten Auftreten* die Zuneigung des Publikums. — *Zu Beginn des Frühjahrs* schlagen die ersten Camper ihre Zelte am Strande auf und verlassen ihn erst *am Ende des Herbstes.* — *Bei geringer Verkehrsdichte* können wir noch *vor Anbruch der Dunkelheit* in Hamburg sein. — *In dem ungeheuren Lärm der Düsentriebwerke* ging jedes Wort unter. — *Beim Morgengrauen* brachen wir auf. — *Mit den letzten Strahlen der Sonne* kamen wir zu Haus an. — *Trotz deines glänzenden Zeugnisses* habe ich noch einige Bedenken. — *Während des Kofferpackens* wurden wir noch durch unsere Nachbarn gestört. — Ihr müßt *zu seiner Versöhnung* einige Opfer bringen. — Wir können die Fahrt nur *bei günstigem Wetter* beginnen. — Manche Dinge schätzt man erst *nach ihrem Verlust.* — Unglück kommt immer *ungerufen.*

4. Die Einteilung nach der Stellung

Bisher teilten wir die Nebensätze nach ihrem Inhalt ein. Eine andere Art der Einteilung wäre die nach der Stellung zum übergeordneten Hauptsatz. Nebensätze können nämlich vor oder nach diesem stehen oder in ihn eingeschoben werden:

Vordersatz:	*Sobald die Sonne aufging,* begannen wir die Wanderung.	NS — HS
Zwischensatz:	Wir begannen, *sobald die Sonne aufging,* die Wanderung.	HS_1 — NS — HS_2
Nachsatz:	Wir begannen die Wanderung, *sobald die Sonne aufging.*	HS — NS

5. Die Einteilung nach dem Einleitewort

Die meisten Nebensätze sind mit ihrem übergeordneten Hauptsatz und auch untereinander durch *besondere Einleitewörter* verbunden, deren Aufgabe es ist, die Nebensätze formal und inhaltlich dem Satzgefüge einzuverleiben. Nach der Art der Einleitewörter teilen wir die Nebensätze ein in:

Subjunktionalsätze (Bindewortsätze),
Relativsätze (Bezugswortsätze),
Interrogativsätze (Fragewortsätze).

a) Der Subjunktionalsatz (Bindewortsatz)

Die Subjunktionalsätze übernehmen, wie wir bei der inhaltlichen Herleitung der Nebensatzarten schon gesehen haben, die Rolle eines Satzgliedes. Sie können also als *Subjekt-* und *Objektsatz,* als *Temporal-, Kausal-* und *Modalsatz* auftreten.

Die Subjunktionen (unterordnenden Konjunktionen) wurden bereits auf Seite 104f. ausführlich behandelt. Vor allem bei der Zeichensetzung bewährt sich das Einteilungsprinzip nach Einleitewörtern.

Aufgabe 153: Bilde mit den auf den Seiten 104—105 angeführten Subjunktionen Satzgefüge! Wechsle in der Stellung der Nebensätze ab!

b) Der Relativsatz (Bezugswortsatz)

Relativsätze übernehmen zumeist die inhaltliche Rolle des Attributes. Die Einleitewörter des Relativsatzes sind entweder die *Relativpronomen* „*der, die, das; welcher, welche, welches; wer, was*" (siehe S. 81) oder die *Relativadverbien* (siehe S. 95).

Stilistisch muß man darauf achten, daß der Anschluß des Relativpronomens an sein Bezugswort möglichst eng ist. Daher stehen die Relativpronomen immer unmittelbar hinter dem Bezugswort:

Ein Sportler, der seine Sache ernst nimmt, trainiert täglich.

Fügt man anders, so können komische Gedankenverbindungen entstehen:

Wir bieten *eine Wohnung* für eine kleine Familie, *die* frisch instand gesetzt ist.

c) Der Interrogativsatz (Fragewortsatz)

Man kann den Interrogativsatz nicht nur als Fragewortsatz, sondern auch als *indirekten Fragesatz* bezeichnen. Jeder Interrogativsatz nämlich läßt sich ohne Schwierigkeiten in eine direkte Frage zurückverwandeln:

Sage mir, wer das war. → Sage mir: „Wer war das?"

Die Einleitewörter sind:

1. **Interrogativpronomen:** „wer, was, welcher, welche, welches, was für ein"
2. **Interrogativadverbien:** „wo, wohin, woher, wann, wie, wieso, weshalb, warum, weswegen, womit"

Entscheidungsfragen in indirekter Rede werden mit der Subjunktion „ob" eingeleitet: „Kommst du heute?" fragt sie. — Sie fragt, *ob* du heute kommst.

Aufgabe 154: Bestimme die Art der Nebensätze nach dem Einleitewort:

Es war einmal ein Mädchen, *das* sehr arm war. — Niemand glaubte, *daß* es einen Mann fände. — Ihre Mutter, *die* sehr schwer arbeitete, war darüber betrübt. — *Als* sie so dasaß, trat ein alter Mann auf sie zu, und *da* er sie weinen sah, fragte er nach ihrem Kummer. — Die Mutter berichtete, *daß* das Mädchen so arm sei, *daß* es wohl keinen Mann finden werde. — *Weil* ihm das Mädchen so leid tat, verriet der Alte der Mutter einen Zauberspruch, *der* es reich machen sollte. — Da bat das Mädchen die Mutter so lange, *bis* sie den Spruch verriet. — Das Mädchen lief weg, und *als* es eine Strecke von daheim weg war, probierte es den Spruch. — Aber *wie* es sich auch bemühte, es geschah nichts. — Der Alte hatte erkannt, *daß* das Mädchen selbstsüchtig war, und *weil* er ihm eine Lehre erteilen wollte, nahm er dem Spruch seine Kraft. — Da kehrte das Mädchen zur Mutter zurück, *weil* es sein Weglaufen bereute. — Da nahm der Alte den Fluch von dem Spruch, *damit* die beiden glücklich würden. — *Obgleich* die Mutter böse war und sich weigerte, sprach sie doch die Zauberformel. — Da geschah ihr, *wie* es in Märchen immer geschieht. — Es regnete Gold vom Himmel, *bis* beide genug hatten. — *Wohin* man auch blickte, lagen die blanken Taler umher. — Aus allen Orten, *in die* die Kunde drang, machten sich die Freier auf, *um* das Mädchen *zu* heiraten. — *Wo* es auch war, wurde es umschwärmt. — Da erkannte es, *daß* die Freier es nur um seines Geldes willen besitzen wollten. — Es heiratete deshalb einen treuen Burschen, *der* in der Nachbarschaft wohnte. — *Solange* sie lebten, waren sie glücklich. — *Wenn* sie nicht gestorben sind, so leben sie noch heute.

6. Die Zusammenfassung der Grundbegriffe: Satzglieder und Satzarten

Die deutsche Grammatik kennt fünf verschiedene *Satzglieder*. Sie heißen:

1. das *Subjekt* oder der Satzgegenstand (Subj.).
2. das *Prädikat* oder die Satzaussage (Präd.).

3. das *Attribut* oder die Beifügung (Attr.).
4. das *Objekt* oder die Ergänzung (Obj.).
5. die *adverbiale Bestimmung* oder die Umstandsbestimmung (adv. Best.).

Satzbild

Beispiel	Subj.	Präd.	Attr.	Objekt	adv. Best.
Das Kind ißt.	Das Kind	ißt			
Das hungrige Kind ißt.	,,	,,	hungrige		
Das hungrige Kind ißt eine Banane.	,,	,,	,,	eine Banane	
Das hungrige Kind ißt rasch eine Banane.	,,	,,	,,	,,	rasch

Das Kind................. ißt = Subj. ....Präd.
↓ ↙↘ ↓ ↙↘
hungrige eine Banane rasch = Attr. ....Obj. adv. B.

Die deutsche Grammatik unterscheidet zwei **Satzarten**:

1. einfache Sätze; dazu zählen auch die erweiterten einfachen Sätze.
2. zusammengesetzte Sätze; das sind Satzreihen und Satzgefüge.

Einfache Sätze haben nur Subjekt und Prädikat:

Das Kind ißt.

Erweiterte einfache Sätze können außer Subjekt und Prädikat noch Attribute, Objekte und adverbiale Bestimmungen haben:

Das hungrige Kind ißt rasch eine Banane.

Die **Satzreihe** besteht aus mehreren Hauptsätzen (verbunden oder unverbunden):

Das hungrige Kind ißt rasch eine Banane (1. Hauptsatz); aber sein Hunger ist dadurch noch nicht gestillt (2. Hauptsatz).

Das **Satzgefüge** ist aus Haupt- und Nebensätzen zusammengesetzt:

Das hungrige Kind ißt rasch eine Banane (Hauptsatz), während es sein Butterbrot für die Schulpause aufhebt (Nebensatz).

E. Umfangreiche Satzgebilde

1. Die erweiterte Satzreihe

Bislang haben wir Satzreihen (siehe S. 137) betrachtet, die aus nur zwei Hauptsätzen bestanden. Nun kann man aber, wenn die inhaltliche Zusammengehörigkeit es erlaubt, viele Hauptsätze zu einer erweiterten Satzreihe zusammenketten.

Zweigliedrig:

Ich habe keine Zeit, und mein Freund geht allein zum Baden.

Dreigliedrig:

Heute abend bekommen wir Besuch, morgen abend gehen wir ins Theater, übermorgen fahren wir in Urlaub.

Viergliedrig:

An der Ampel bremst eine Straßenbahn, daneben halten viele Autos an, weiter vorn steht ein Radfahrer, ungeduldig warten einige Fußgänger auf grünes Licht.

Bei *mehrgliedrigen* Satzgebilden steht nicht selten zur Abgrenzung von Teilinhalten statt eines Kommas ein *Semikolon*:

Die Straßenbahn bremst, die Autos halten an, die Fußgänger bleiben stehen; denn die Ampel zeigt rotes Licht.

2. Das erweiterte Satzgefüge

Bislang betrachteten wir nur Satzgefüge, die aus *einem* Haupt- und *einem* Nebensatz bestanden und in denen der Nebensatz als Vorder-, Zwischen- oder Nachsatz auftrat. Man kann jedoch solche einfachen Gefüge durchaus erweitern:

Wenn der Winter vorüber *ist*, kehren die Zugvögel zurück, *die* im Herbst *weggeflogen sind.*
Wenn der Winter vorüber *ist* und es wärmer *wird*, kehren die Zugvögel zurück, *die* im Herbst *weggeflogen sind* und wärmere Länder *aufgesucht haben.*
Als die Vögel *spürten*, *daß* es wärmer *wurde*, kehrten auch die zurück, *die* im Herbst nach Afrika *geflogen waren*, *weil* sie die Kälte des Nordens, *wo* sie im Sommer *gelebt hatten*, nicht *ertragen konnten.*

Man kann auch hier das Verhältnis der Nebensätze zueinander als eine Rangordnung auffassen. Es ist nicht nur so, daß der Nebensatz vom Hauptsatz abhängig ist, sondern Nebensätze können auch von Nebensätzen abhängen.

Ich glaube,	*Hauptsatz*
daß er vorsichtiger *geworden ist*,	*Nebensatz 1. Grades*
seit er *gespürt hat*,	*Nebensatz 2. Grades*
wohin sein Leichtsinn *führt.*	*Nebensatz 3. Grades*

Nebensätze, die über den 3. Grad hinausgehen, sind zu vermeiden. Es entstehen sonst unschöne „*Treppensätze*". Ein solches schlechtes Beispiel sei hier angeführt:

Ich habe gehört, *daß* der Preis der Erdbeeren so *gesunken ist*, *daß* sie jeder *kaufen kann*, *der* diese Frucht gern *ißt*, *weil* sie wohlschmeckender *ist* als andere Früchte, *die* im Frühsommer *reifen.*

Ebenso unschön wirken sog. „*Schachtelsätze*". Es gibt in der deutschen Literatur zwar einige Meister des Schachtelsatzes (Heinrich v. Kleist), in der Alltagssprache wirkt er jedoch gekünstelt und schwer verständlich:

Der Arzt, *der* gestern *kam*, *um* meinen Vater *zu* behandeln, *weil* ich ihm *gesagt hatte*, *daß* dieser erkrankt *sei*, mußte heute, *weil* auch meine Mutter krank *wurde*, wiederkommen, *obgleich* sein Wagen, *der* in der Werkstatt *stand*, noch nicht fahrbereit *war.*

Besser ist es, statt solcher Treppen- und Schachtelsätze kürzere Satzgebilde zu fügen.

3. Die Satzperiode

Ebenmäßig gebaute längere Satzreihen oder Satzgefüge nennt man *Satzperioden*. Gewöhnlich gliedern sie sich in eine aufsteigende und eine absteigende Hälfte, die sich zueinander wie Satz und Gegensatz, Erwartung und Erfüllung verhalten und oft durch einen Doppelpunkt voneinander getrennt werden. Gern verwendet man hier die Reihung gleichwertiger Nebensätze.

> *Wenn* die Tage kürzer *werden*, *wenn* sich das Laub *verfärbt und* die Blätter *fallen*, *wenn* die Stare gen Süden *ziehen*, *wenn* erste Nachtfröste *drohen*: *dann naht der Winter.*

> *Kaum* hatte sie die Kinder, die im Garten spielten, ins Haus *geholt*; *kaum* die Wäsche *abgenommen*, die draußen zum Trocknen auf der Leine hing; *kaum* die Gartenmöbel in den Keller *getragen und* die Fenster *geschlossen*: *da brach das Unwetter los.*

Eine Satzperiode enthält also in der Regel mehrere gleiche Satzformen, die aneinandergereiht, die einander beigeordnet (koordiniert) sind. Nach der Anzahl dieser Glieder im Vorder- und Nachsatz unterscheidet man zwei-, drei-, vier-, fünf- und mehrgliedrige Perioden.

Zur *Zeichensetzung* gilt hier folgende Sonderregel:

Sind die Glieder einer Periode von geringem Umfang, so werden sie durch *Kommas* voneinander getrennt; Vorder- und Nachsatz aber bei mehrgliedriger Periode durch *Doppelpunkt*.

Sind die Glieder der Periode im Vorder- und Nachsatz von größerem Umfang, so werden die einzelnen Glieder durch *Semikolon*, Vorder- und Nachsatz aber wie oben durch *Doppelpunkt* voneinander getrennt.

Sprachgeschichte

Über die Anfänge der menschlichen Sprache sind wir auf Vermutungen angewiesen.

Als Sprachwurzeln gelten heute die letzten erkennbaren, bedeutsamen Lautbestandteile der Wörter.

In dem gotischen Worte „sununs“ beispielsweise ist „*su*“ die Wurzel, sie bedeutet „geboren werden“ oder „gebären“. Durch „nu“ wird ausgedrückt, daß der Vorgang sich in der Vergangenheit vollzog; „sunu“ heißt also „der Geborene“ oder „der Sohn“. „n“ ist das Zeichen für den Akkusativ, und „s“ ist ein Pluralzeichen. Der Wortstamm heißt also „sunu“, die *Wurzel* „su“.

Die vergleichende Sprachwissenschaft erwuchs aus der Beschäftigung mit dem Altindischen, dem **Sanskrit**, das gegen Ende des 18. Jahrhunderts durch die Engländer in Europa bekannt wurde. Zunächst wurden nur die Wörter verglichen. *Friedrich Schlegel*, der Philosoph der Romantik, war dann der erste, der in seinem Buch „Über die Sprache und Weisheit der Inder“ (1808) auch den Bau der Sprache untersuchte. In seiner „Deutschen Grammatik“ (1819/37) legte alsdann *Jakob Grimm* den Grund für eine Geschichte der germanischen Sprachen. *Franz Bopp* schließlich wies in seiner „Vergleichenden Grammatik“ (1833/52) die Entwicklung der meisten europäischen Sprachen aus einem Sprachstamm, dem **Indogermanischen**, nach und begründete so die *vergleichende Sprachwissenschaft*. Diese hat versucht, für verwandte Sprachen gemeinsame Wurzeln zu finden, aus denen sich andere Wörter durch verschiedene Bildungsmittel entwickelt haben.

A. Das Indogermanische

Die vergleichende Sprachwissenschaft stellt fest, daß es in dem geographischen Raum zwischen Germanien und Indien einst (ca. 2500 v. Chr.) eine indogermanische Ursprache gegeben haben muß. Das beweisen u. a. folgende Ähnlichkeiten:

indisch	griechisch	lateinisch	altgermanisch	deutsch
pitár	patár	pater	fadar	Vater
ásti	estí	est	ist	ist
véda	oída	vidi	wait	weiß
treis	treis	tres	threis	drei

Die indogermanische Ursprache war bereits hoch entwickelt. Sie besaß die gleichen Wortarten wie wir und hatte reiche Beugungsformen, z. B. acht Fälle des Nomens; sie kannte bereits Möglichkeiten der Wortbildung; und ihr Wortschatz umfaßte eine Fülle von Ausdrücken aus dem Hirtenleben, jedoch bereits auch Wörter für „Achse", „Pflug", „Korn" und „Erz" sowie die Zahlen bis hundert.

In vorgeschichtlicher Zeit wanderten die Indogermanen über ganz Europa und bis tief nach Asien hinein, wobei sie vielfach Spracheigentümlichkeiten der Urbevölkerungen annahmen. Dieser geographischen Aufsplitterung mag das Schema der Tochtersprachen entsprechen:

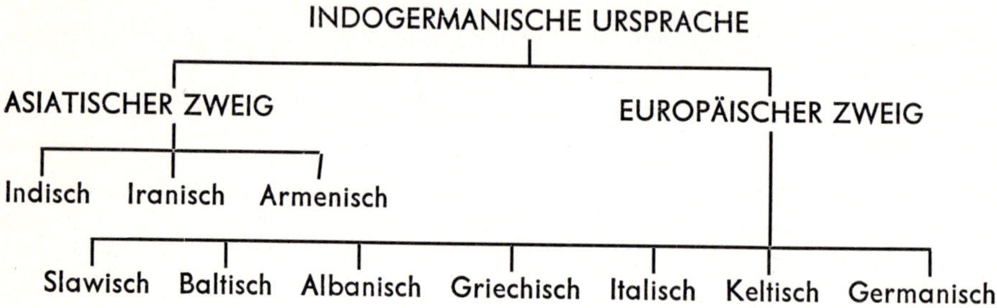

Nicht indogermanischer Abstammung sind in Europa nur die Sprachen der Basken, Lappen, Finnen, Ungarn und Türken.

B. Das Germanische

Die Germanen scheinen ihre ältesten *Stammsitze* in den *Ostseeländern* gehabt zu haben. Von dort aus mögen sie sich zwischen 1800 v. Chr. bis 800 v. Chr. über ganz Nord- und Mitteleuropa verbreitet haben, bis sie in der Völkerwanderung ab 375 n. Chr. auch West- und Südeuropa überflutet haben. Ein einheitliches Volk sind sie nie gewesen, ihre Entwicklung vollzieht sich im Stammesrahmen, und ihre Sprachen werden Stammessprachen gewesen sein.

Bei Cäsar finden wir an zwanzig, bei Tacitus gegen fünfzig germanische Stammesnamen, und diese Zersplitterung mag die rasche Aufspaltung einer zu vermutenden gemeingermanischen Sprache begünstigt haben.

Die germanischen Sprachen unterscheiden sich von den übrigen indogermanischen Sprachen hauptsächlich durch die nachstehend aufgeführten Eigentümlichkeiten.

1. Die germanische (1.) Lautverschiebung (1000 v. Chr.)

Unter diesem Namen faßt *Jakob Grimm* in seiner „Deutschen Grammatik" die Lautveränderungen zusammen, die die indogermanischen Verschlußlaute im Germanischen erfahren haben. Die Engländer nennen daher diese Lautverschiebung „Grimm's Law".

Idg. „p", „t", „k" werden zu „f", „þ" (engl. stimmloses „th"), „ch" bzw. „h"

„p" > „f": lat. *p*ellis, frz. *p*oile, dt. *F*ell
„t" > „þ": lat. *t*res, frz. *t*rois, engl. *th*ree
„k" > „ch" („h"): lat. *c*ornu, frz. *c*or, dt. *H*orn

Idg. „b", „d", „g" werden zu „p", „t", „k"

„b" > „p": lat. la*b*ium, dt. Li*pp*e
„d" > „t": lat. *d*uo, frz. *d*eux, engl. *t*wo
„g" > „k": lat. *g*enu, frz. *g*enou, dt. *K*nie

Idg. „bh", „dh", „gh" werden auf Umwegen zu „b", „d", „g"

„bh" > „b": altind. *bh*ratr, lat. *f*rater, frz. *f*rère, dt. *B*ruder
„dh" > „d": idg. *dh*ur, lat. *f*ores, engl. *d*oor, dt. *T*ür
„gh" > „g": idg. *gh*ostis, lat. *h*ostis, dt. *G*ast.

Im Indogermanischen herrschte die *freie Betonung*, die noch an den lateinischen Formen „Róma, Románum, Romanórum" ablesbar ist. Im Germanischen befestigte sich der Wortton nach der germanischen Lautverschiebung dauernd auf der ersten Stammsilbe. Das zeigt sich deutlich bei den Eindeutschungen:

fenéstra — Fénster Veróna — Bérn Brigántium — Brégenz
Colónia — Köln Ravénna — Rában

Die Entstehung des germanischen Stabreims mit seinem Gleichklang im Anlaut findet von hier aus ihre Erklärung. Noch heute haben wir solche anlautgleichen Wortpaare: Wind und Wetter, Nacht und Nebel, Mann und Maus, Stock und Stein u. a. m.

Als Folge der *Anfangsbetonung* verkümmern die unbetonten Auslautsilben:

lat. cornu wird zu got. haurn

Runenschriften und alte germanische Lehnwörter im Finnischen zeigen deutlich, daß das Germanische anfangs volle Endungen wie das Lateinische hatte!

Die Zahl der Fälle verringert sich auf vier, die Zahl der Zeiten auf zwei, der Konjunktiv stirbt; dafür entstehen jetzt die schwach gebeugten Verben, und der Nebensatz wird sich allmählich entwickelt haben.

2. Weiterentwicklung des Germanischen

Durch die Völkerwanderung und ihre Folgen wurde eine sprachliche Sonderentwicklung der germanischen Sprachen begünstigt. Nach dem Stammbaum von Müllenhoff spaltete sich das Germanische in Westgermanisch und Ostgermanisch (Gotonordisch). Heute entwirft man folgendes Schema:

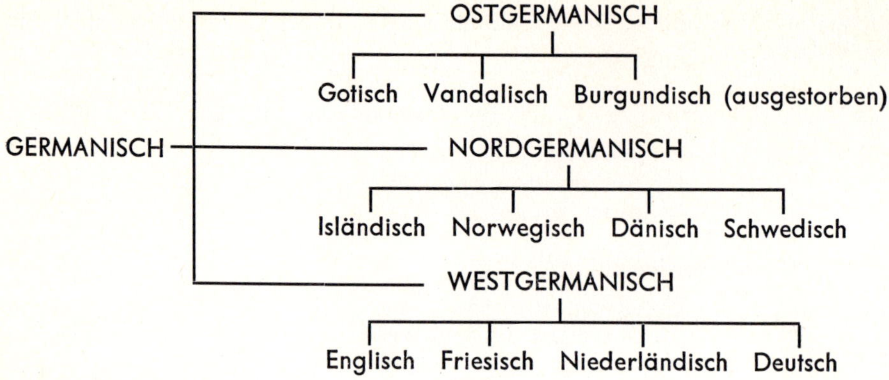

Das **Ostgermanische** war dem Nordgermanischen eng verwandt, da ja ein Teil der Ostgermanen ursprünglich in Skandinavien siedelte. Es umfaßte die Sprachen der Ost- und Westgoten, der Burgunder und der Vandalen.

Die *Bibelübersetzung des Bischofs Wulfila*, der im vierten Jahrhundert n. Chr. bei den Goten lebte, ist das älteste zusammenhängende germanische Sprachdenkmal.

Die Handschrift, die bis zum Dreißigjährigen Krieg in der Abtei Werden an der Ruhr gelegen hatte, wurde während dieses Krieges nach Schweden gebracht und wird seitdem in Uppsala aufbewahrt. Man nennt diese Handschrift auch „*codex argenteus*“ = „Silberne Handschrift“, da mit silbernen Buchstaben auf purpurgetränktes Pergament geschrieben wurde und ein silberner Einband die Bögen umschließt.

Das gotische Vaterunser

Atta unsar þu in himinam, weihnai namô þein. qimai
Vater unser du in den Himmeln, geweiht werde Name dein. Es komme

þiudinassus þeins. waírþai wilja þeins, swê in himina jah ana
Königreich deins. Es werde Wille deiner, wie in dem Himmel auch auf

aírþai. hlaif unsarana þana sinteinan gif uns himma daga, jah aflêt
Erden. Brot unseres das tägliche gib uns (an) diesem Tage. Und erlaß

uns þatei skulans sijaima, swaswê jah weis aflêtam þaim skulam
uns, daß Schuldner wir seien, so wie auch wir erlassen den Schuldnern

unsaraim, jah ni briggais uns in fraistubnjai, ak lausei uns af
unsern, und nicht bringe uns in Versuchung, sondern löse uns von

þamma ubilin. untê þeina ist þiudangardi jah mahts jah wulþus
dem Übel. Denn dein ist das Königreich und die Macht und die Herrlichkeit

in aiwins. amên.
in Ewigkeiten. Amen.

(Aus Wulfilas Bibelübersetzung)

Zur Aussprache: a und u sind meistens kurz, i ist stets kurz, e und o sind immer lang und geschlossen; ei = langes i; ai vor h und r = kurzes, offenes e, sonst wie ai; au vor h und r = kurzes, offenes o, sonst wie au; h im Anlaut vor Vokalen = h, in allen übrigen Fällen = ch; gg = ng; gk = nk; þ = englisch th; s ist stimmloser Reibelaut.

Das **Nordgermanische** ist in seiner bis nach 800 n. Chr. einheitlichen Form, dem Urnordischen, in vielen *Runeninschriften* überliefert. Später scheidet es sich in das Westnordische (Isländisch, Färöisch, Norwegisch) und das Ostnordische (Dänisch, Schwedisch).

Ein Beispiel ist die Runeninschrift auf dem goldenen Horn von Gallehus (etwa 400 n. Chr.):

ek	HlewagastiR	HoltijaR	horna	tawido
Ich	Leugast (Gast des Ruhms)	Holtes Sohn	das Horn	machte

Zum **Westgermanischen** gehörten das Altsächsische, das Friesische, das aus dem Angelsächsischen weiterentwickelte Englische, das Deutsche und das Niederländische.

Das Westgermanische weist gegenüber dem Ost- und Nordgermanischen folgende Besonderheiten auf:

Ein ursprünglich im Auslaut stehendes „s" ist abgefallen:
got. „*dags*", urnordisch „*dagr*", althochdeutsch „*tag*".

Einfache Konsonanten werden durch ein nachfolgendes „j" verdoppelt:
got. „*halja*" wird zu althochdeutsch „*hella*".

Ein Beispiel für das Altsächsische ist der Anfang des „Heliand":

Manega uuâron the sia iro môd gespôn,
Manche waren, die (sie) ihr Sinn antrieb,

that sia bigunnun uuord godes uuîdo cûðian,
daß sie begannen Wort Gottes weithin zu künden,

reckean that girûni, that thie riceo Crist
zu erzählen das Geheimnis, daß der mächtige Christ

undar mancunnea mârida gifrumida
unter dem Menschengeschlechte Ruhmestat ausführte

mid uuordun endi mid uuercun. That uuolda thô uuisara filo
mit Worten und mit Werken. Das wollten da der Kundigen viel

liudo barno lobon, lêra Cristes,
der Menschen Kinder loben, die Lehre Christi,

hêlag uuord godas, endi mid iro handon scriban
das heilige Wort Gottes und mit ihren Händen schreiben

berethlîco an buok, huô sia is gibodscip scoldin
verständlich in Büchern, wie sie sein Gebot sollten

frummian, firiho barn. Than uuârun thoh sia fiori te thiu
ausführen, die Menschenkinder. Damals waren doch sie vier dazu

undar thera menigo, thia habdon maht godes,
unter der Menge, die hatten Macht Gottes,

helpa fan himila, hêlagna gêst,
Hilfe vom Himmel, den heiligen Geist,

craft fan **C**riste, — sia uurðun gi**c**orana te thio,
Kraft von Christus, — sie wurden erkoren dazu,

that sie than **ê**uangelium **ê**nan scoldun
daß sie das Evangelium allein sollten

an **b**uok scriban endi sô manag gi**b**od godes,
in Büchern schreiben und so manches Gebot Gottes,

hêlag **h**imilisc uuord.
das heilige himmlische Wort.

C. Das Deutsche

So, wie sich das Germanische von den übrigen indogermanischen Sprachen durch eine lautliche Veränderung absonderte, so trennte sich auch das Deutsche von den übrigen germanischen Sprachen. Unsere Muttersprache, das *Deutsche*, entstammt dem *Westgermanischen*. Sie umfaßt das *Niederdeutsche*, *Mittel-* und *Oberdeutsche*.

Die Entstehung des Wortes „deutsch" hängt mit geschichtlichen Vorgängen eng zusammen. *Karl der Große* hatte die deutschen Stämme in das große *Reich der Franken* eingefügt. *Westfranken* aber, das frühere Gallien und heutige Frankreich, hatte seit Jahrhunderten unter dem Einfluß der römischen Kultur gestanden, seine Sprache war durch die Übernahme der lateinischen Wörter und Formen eine *„romanische" Sprache* geworden. Die „deutschen" Stämme in *Ostfranken* sprachen dagegen eine *„germanische" Sprache*. Das machte sich bei den Reichsteilungen nach Karls Tod bemerkbar: aus dem Ostfrankenreich wurde das spätere Deutschland, aus dem Westfrankenreich das spätere Frankreich.

Wer aber nicht lateinisch-romanisch sprach, verwendete nach dem Sprachgebrauch der damaligen Zeit *„diu diutisca zunga"*, er sprach so wie das Volk (ahd. „diot" = Volk), er sprach allgemeinverständlich. So war das Wort „diutusca zunga" anfänglich eine Sprachbezeichnung für diejenigen Bewohner des weiten Frankenreiches, die nicht lateinisch-romanisch sprachen, sondern germanisch. Über die Folge

diutesc — diu(t)sch — teutsch

entstand so das Wort „deutsch". Es galt für alle rechtsrheinischen Germanenstämme, die nun unter dieser Sprachbezeichnung zusammengefaßt wurden. So wurde die Sprachbezeichnung allmählich zu einer Bezeichnung für die Volkszugehörigkeit.

1. Die hochdeutsche (2.) Lautverschiebung

Das **Niederdeutsche** blieb wie die übrigen germanischen Sprachen auf der Stufe der germanischen (1.) Lautverschiebung stehen; nur den gemeindeutschen Übergang von „þ" zu „d" machte es mit:

engl. that; nd. dat; hdt. daß, das.

Das Ober- und Mitteldeutsche hingegen, das man als **Hochdeutsch** zusammenfaßte, machte etwa ab 600 n. Chr. eine zweite, allerdings unvollständige Veränderung der Verschlußlaute durch, die man die **hochdeutsche (2.) Lautverschiebung** nannte.

Erst vom 16. Jahrhundert an wurde auch das niederdeutsche Sprachgebiet allmählich vom Hochdeutschen erobert.

Nicht alle ober- und mitteldeutschen Stämme wurden gleichmäßig von dieser Verschiebung betroffen: Die Sprachwelle setzte im Süden kräftig ein; je weiter sie sich aber nach Norden fortpflanzte, desto schwächer wurde sie, bis sie sich schließlich an der Grenze des alten Herzogtums Sachsen brach.

Auch dieses Aufhören gerade hier hatte geschichtliche Hintergründe, waren doch die Sachsen lange außerhalb der Grenzen des fränkischen Reiches geblieben und hatten sich nur widerwillig in das Reich Karls des Großen einfügen lassen.

Auf diese Weise entstanden **zwei Sprachlandschaften**, deren Grenze ungefähr auf der Linie Limburg am Vestre — Aachen — Düsseldorf — Solingen — Siegen — Kassel — Calbe bei Magdeburg — Wittenberg — Lübben — Fürstenberg — Birnbaum a. d. Warthe verlief.

Da man nördlich dieser Linie weiter „ik" sprach, südlich aber das „k" zu „ch" verschoben hatte, also „ich" gebrauchte, nannte man diese Trennungslinie auch die *„ik-ich"-Linie*. Die Grenze, die das Hochdeutsche in seine Sprachlandschaften „Mitteldeutsch" und „Oberdeutsch" einteilte, bekam den Namen „Appel-Apfel"-Linie, weil man nördlich der Linie Straßburg — Karlsruhe — Heilbronn — Eichstätt — Nürnberg — Eger „Appel", südlich aber „Apfel" sprach, das „p" also zu „pf" verschoben hatte.

Im Schema sieht die Aufteilung also so aus:

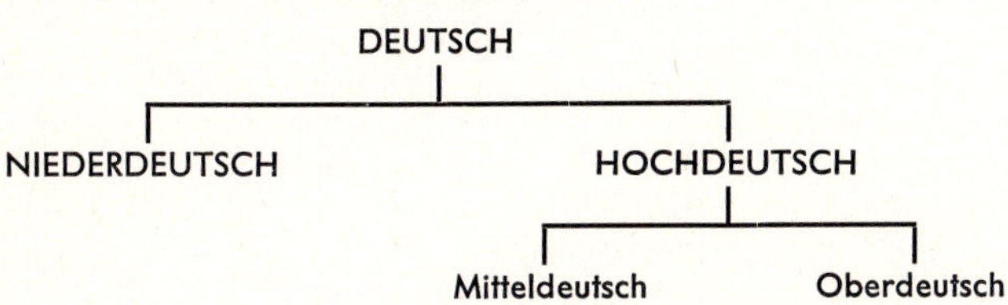

Die Karte auf Seite 158 zeigt den Umfang und die Gliederung des deutschen Sprachraums Mitte des 20. Jahrhunderts.

a) Die Verschiebung der Verschlußlaute p, t, k

„p", „t" und „k" wurden vollständig verschoben zu „f" (v), „s" (ss, ß) und „ch", wenn sie im Inlaut oder Auslaut nach Vokalen standen:

nd. Sta*p*el wird zu hd. Sta*ff*el,
„ schla*pp* „ „ „ schla*ff*,
„ sto*tt*ern „ „ „ sto*ß*en,
„ da*t* „ „ „ da*ß*,
„ ma*k*en „ „ „ ma*ch*en,
„ Be*k* „ „ „ Ba*ch*,
„ i*k* mu*tt* „ „ „ i*ch* mu*ß*

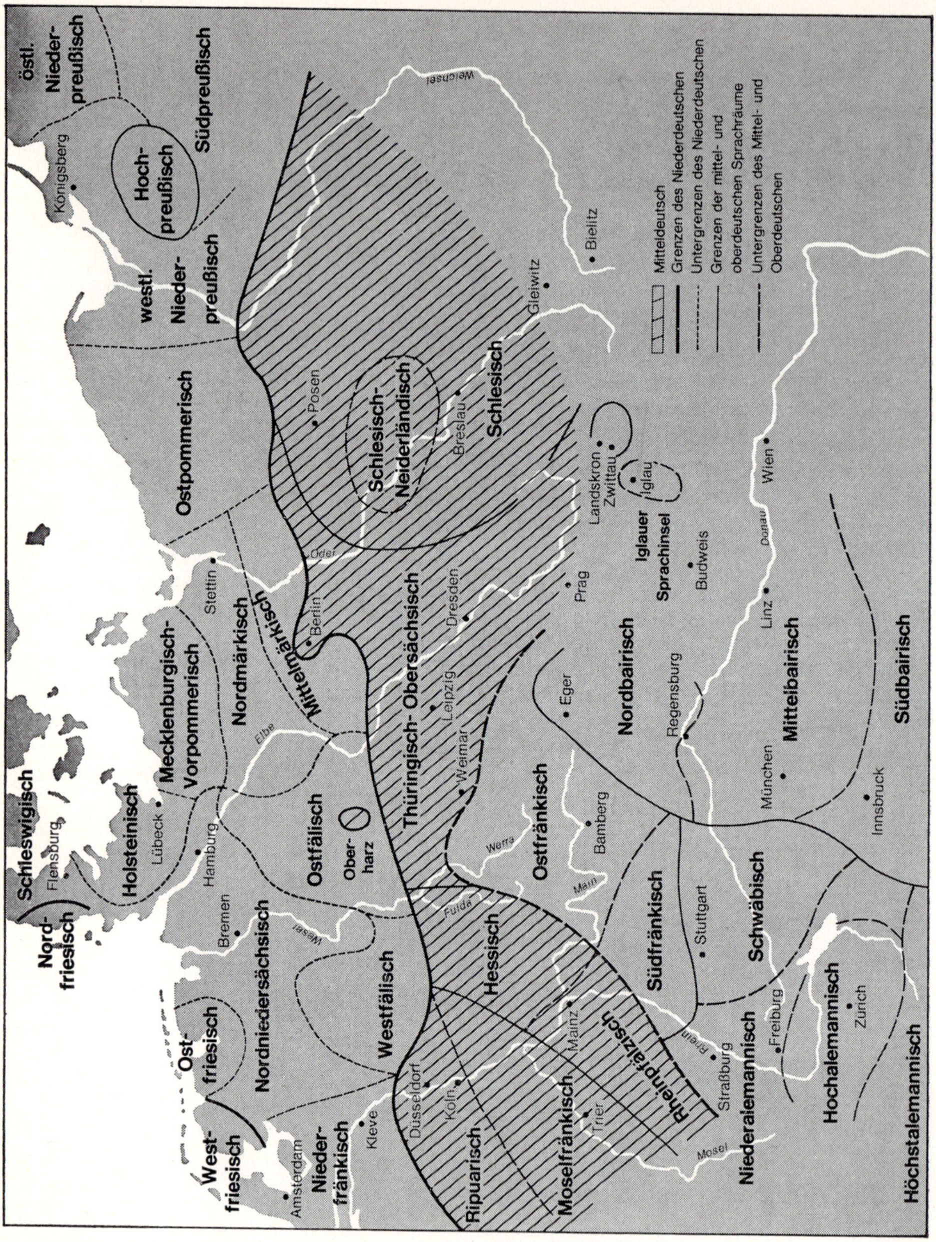

Im Anlaut wurden sie nicht vollständig verschoben, sondern nur zu „pf", „z" und „kch", zu sog. „angeriebenen Lauten" oder „Affrikaten".

nd. *P*und wird zu hd. *Pf*und,
„ *t*wee „ „ „ *z*wei,

„kch" erscheint dabei nur im Tirolischen; im Alemannischen treffen wir „ch" an, sonst bleibt „k" bestehen:

*K*ind bleibt *K*ind, wird aber tirol. *Kch*ind, alem. *Ch*ind.

Im In- und Auslaut nach Mitlauten und in der Verdoppelung wird „p“ ebenso zu „pf“, nach „l“ und „r“ meist zu „f“; „t“ wird zu „z“ oder „tz“; „k“ geht nach „r“ im Inlaut in „ch“ über:

nd. Käm*p*e wird zu hd. Käm*pf*er,
„ Pro*pp*en „ „ „ Pfro*pf*en,
„ hel*p*en „ „ „ hel*f*en,
„ Dor*p* „ „ „ Dor*f*,
„ Sal*t* „ „ „ Sal*z*,
„ Har*t* „ „ „ Her*z*,
„ si*tt*en „ „ „ si*tz*en,
„ Kar*k* „ „ „ Kir*ch*e.

Diese Verschiebung ist um 800 n. Chr. abgeschlossen. Das zeigen die vor 800 eingedrungenen **Lehnwörter**, deren Laute verschoben wurden, wenn man sie mit den Formen vergleicht, die nachweislich nach 800 übernommen wurden:

Vor 800 n. Chr.:	Nach 800 n. Chr.:
*p*alatium — *Pf*alz,	*p*alatium — *P*alast,
*t*egula — *Z*iegel,	*t*egula — *T*iegel.

Lehnwörter sind wie Fremdwörter aus einer fremden Sprache übernommen worden. Im Unterschied zu den Fremdwörtern (z. B. T-shirt, Show, Giro) wurden die Lehnwörter (z. B. lat. fenestra — Fenster) aber in Aussprache, Rechtschreibung und Flexion dem deutschen Sprachsystem angeglichen.

b) b, d, g

„b“, „d“ und „g“ verlieren im Hochdeutschen weitgehend ihren Stimmton und fallen im Oberdeutschen mit „p“, „t“ und „k“ zusammen; doch erfolgt bei „p“ und „k“ wieder eine Rückbildung, so daß nur die Verschiebung von „d“ zu „t“ erhalten bleibt:

nd. *D*or wird zu hd. *T*ür,
„ gau*d* „ „ „ gu*t*,
„ Va*d*er „ „ „ Va*t*er.

c) Zusammenfassung

Das Niederdeutsche bewahrt seinen germanischen Lautbestand, das Hochdeutsche verschiebt die oben angeführten Laute:

	Niederdeutsch	Englisch	Hochdeutsch
p:	Pund	pound	Pfund
	Pennig	penny	Pfennig
	Panne	pan	Pfanne
	Posten	post	Pfosten
	Pieler	pillar	Pfeiler
	Pepper	pepper	Pfeffer
	Perd	—	Pferd
	Piep	pipe	Pfeife
	Plante	plant	Pflanze
	slapen	to sleep	schlafen
	open	to open	offen

t:	twei	two	zwei
	tau	to	zu
	vertellen	to tell	erzählen
	Tange	tongs	Zange
	Tunge	tongue	Zunge
	tein	ten	zehn
	twintig	twenty	zwanzig
	Water	water	Wasser
	sitten	to sit	sitzen
	Solt	salt	Salz
k:	maken	to make	machen
	Bauk	book	Buch
	breken	to break	brechen
	koken	to cook	kochen
d:	Dör	door	Tür
	Moder	mother	Mutter
	Sünndag	Sunday	Sonntag

Beachte, daß die Sprachlandschaften oft für dieselbe Sache verschiedene Bezeichnungen verwenden:

Obd.		Nd.	Obd.		Nd.	Obd.		Nd.
Geiß	—	Ziege	Stiege	—	Treppe	Brosame	—	Krume
Rechen	—	Harke	Schnake	—	Mücke	Holunder	—	Flieder
Schale	—	Pelle	Rinde	—	Borke	Schrank	—	Spind
Föhre	—	Kiefer	Truhe	—	Lade	ziehen	—	trecken
Flur	—	Diele	sperren	—	schließen	währen	—	dauern
feist	—	fett	schellen	—	klingeln	Bube	—	Junge
keck	—	dreist	Samstag	—	Sonnabend	sich schneuzen	—	sich schnauben
lupfen	—	heben	Laib	—	Brot	kehren	—	fegen
klauben	—	puhlen						

Aufgabe 155: Erschließe die Sprachlandschaft aus dem Lautbestand:

Teich — Deich, Wappen — Waffen, Loch — Luke, Stapel — Staffel, Schaufel — Schippe, stoßen — stottern, stopfen — stoppen, schleppen — schleifen, Klöppel — klopfen, Bord — Brett, Küken — Küchlein, Teckel — Dackel, schlaff — schlapp, Stempel — stampfen, ducken — tauchen, Wittenberg — Weißenburg.

Aufgabe 156: Erschließe die Sprachlandschaft aus den Bedeutungen der Wörter:

Alm, Ballast, Bernstein, Boot, Brandung, Bucht, Deck, Deich, Düne, Firn, Föhn, Gletscher, Grat, Haff, Halde, Jodler, Kahn, Klamm, Klippe, Krabbe, Küste, Lawine, Loden, Lotse, Reede, Riff, Rucksack, Schleuse, Senne, Stapel, Strand, Tümpel, Werft.

2. Entwicklungsstufen des Deutschen

Die Entwicklung der deutschen Sprache seit dem 7. Jahrhundert kann man an wenigen erhalten gebliebenen Schriftdenkmälern verfolgen. Langsam, aber stetig änderten sich die Laute und damit die Formen, die Bedeutungen der Wörter und die Satzfügung.

Die Geschichte der deutschen Sprache gliedert sich in drei große Abschnitte:

Niederdeutsch		Hochdeutsch	
1. Altniederdeutsch	700—1300	1. Althochdeutsch	700—1100
2. Mittelniederdeutsch	1300—1500	2. Mittelhochdeutsch	1100—1500
3. Neuniederdeutsch	von 1500 an	3. Neuhochdeutsch	1500 bis heute

a) Das Niederdeutsche

Altniederdeutsch	Mittelniederdeutsch	Neuniederdeutsch
tunga	tunge	Tung
sunno	sunne	Sünn
helpa	helpe	Hölp
hano	hane	Hahn
friund	vrint	Fründ

Das **Altniederdeutsche** oder „Altsächsische“ hat wahrscheinlich bis 1300 geherrscht. Eine Probe lernten wir bereits im Heliand-Text (siehe S. 155) kennen.

Das **Mittelniederdeutsche** wurde als Amtssprache der deutschen Hanse im Ostseeraum bis hinauf nach Danzig und Riga gesprochen und verstanden, seine Wirkung reichte bis in den Nordseeraum und nach England. Mit dem Niedergang der Hanse verlor es seinen Rang als Schriftsprache, dazu kam die gleichzeitige Übernahme der Lutherbibel (s. S. 165) und damit das Vordringen der hochdeutschen Sprache in Kirche und Verwaltung.

Aus dem Tierepos „Reynke de Vos“ (1498 in Lübeck erschienen, Verfasser unbekannt) hier ein Ausschnitt:

ID gheschach vp eynen
pynxstedach,
Datmen de wolde vnde
velde sach
Grone staen myt loff
vnde gras,
Vnde mannich fogel
vrolich was
Myt sange in haghen vnde vp bomen;
De krúde sproten vnde de blomen,
De wol róken hir vnde dar;
De dach was schone, dat weder klar.
¶ Nobel, de konnynck van allen deren,
Held hoff vnde leet den vtbkreyeren
Syn lant dorch ouer al.
Dar quemen vele heren myt grotem schal,
Ok quemen to houe vele stolter ghesellen,
De men nicht alle konde tellen:
Lútke de kron vnde Marquart de hegger;
Ja, desse weren dar alder degger
(Wente de konnynck myt synen heren
Mende to holden hoff myt eren,
Myt vrouden vnde myt grotem loue
Vnde hadde vorbodet dar to houe
Alle de dere, groet vnde kleyne)
Sunder Reynken den vos alleyne;
He hadde in den hoff so vele myßdan,
Dat he dar nicht endorste komen noch gan.
¶ De quad deyt, de schuwet gern dat lycht;
Alzo dede ok Reynke, de bózewycht:
He schuwede sere des konnynges hoff,
Dar in he hadde seer krancken loff.
¶ Do de hoff alsus anghynck,
En was dar neen, an alleyne de greuynck,
He hadde to klagen ouer Reynken den voß,
Den men held seer valsch vnde loß.

Aufgabe 157: Zeige, welche typisch niederdeutschen Merkmale dieser Text aufweist! Versuche, eine Übertragung ins Neuhochdeutsche zu schreiben.

Seit dem Niedergang der Hanse und dem allmählichen Eindringen des Hochdeutschen in Kirche, Schule und Verwaltung hatte das Niederdeutsche seine Geltung verloren. Sein Ansehen sank, es wurde zur „Pöbelsprache“, zum „*Platt*“. Es zersplitterte, durch keine schriftliche Fixierung erhalten, in viele Dialekte.

11 (1/4) Jägel, Deutsche Sprachlehre (25201)

Diese Zersplitterung verhinderte die Wiederherstellung einer allgemeinen niederdeutschen Gemeinsprache, die z. B. Klaus Groth auf der Grundlage seines dithmarsischen Heimatdialektes versuchte:

He sä[1] mi so vel

He sä mi so vel, un ik sä em keen Wort,
Un all wat ik sä, weer[2]: Jehann, ik mutt fort!

He sä mi von Lev[3] un vun Himmel un Eer[4],
He sä mi vun allens — ik weet ni mal mehr!

He sä mi so vel, un ik sä em keen Wort,
Un all wat ik sä, weer: Jehann, ik mutt fort!

He heel[5] mi de Hann', un he be[6] mi so dull,
Ik schull em doch gut wen[7], un ob ik ni wull?

Ik weer je ni bös, awer sä doch keen Wort,
Un all wat ik sä, weer: Jehann, ik mutt fort!

Nu sitt ik un denk, un denk jümmer deran,
Mi düch[8], ik muß seggt hebbn: Wa[9] geern, min Jehann!

Un doch, kumt dat wedder, so segg ik keen Wort,
Un hollt[10] he mi, segg ik: Jehann, ik mutt fort!

(aus: Klaus Groth, Quickborn)

Aufgabe 158: Zeige die typisch niederdeutschen Merkmale dieses Gedichts von Klaus Groth!

Doch das Niederdeutsche blieb im Banne des Vorurteils, eine Sprache der Unterschicht zu sein. Hochdeutsche Zeitungen, hochdeutsche Filme, hochdeutsche Rundfunk- und Fernsehsendungen drängen die Reste des Niederdeutschen unaufhaltsam zurück. Gleichwohl gibt es Bestrebungen der Schulen (Lesewettbewerbe) und Theater (Niederdeutsche Bühnen), das Niederdeutsche zu tradieren und seinen kulturellen Wert als Mundart zu behaupten.

b) Das Hochdeutsche

(1) Das Alt- und Mittelhochdeutsche

Die **althochdeutsche** Sprache stellt sich uns nur in Mundarten dar. Die Schrift kam erst mit dem Christentum zu uns. So zeigen sich Ansätze zu einer übergreifenden Bildungssprache nur in den Klöstern, den Mittelpunkten des geistigen Lebens, in denen Mönche aus allen Sprachlandschaften zusammenkamen. Auch am karolingischen Kaiserhof fand ein ähnlicher Ausgleich auf der Grundlage der hochdeutschen rheinfränkischen Mundart statt. Doch wurde diese Entwicklung jäh unterbrochen, als sich unter den Ottonen wieder die lateinische Sprache als Bildungssprache durchsetzte. Als Probe aus der fränkischen Mundart folgen hier die sog. Merseburger Zaubersprüche eines unbekannten Verfassers, die in einer Handschrift aus dem 10. Jahrhundert enthalten sind und vermutlich aus dem 8. Jahrhundert stammen.

---

[1] sagte — [2] war — [3] Liebe — [4] Erde — [5] hielt — [6] bat — [7] sein — [8] ich meine — [9] wie — [10] hält

Erster Merseburger Zauberspruch

Eiris sazun idisi, sazun hera, duoder.
suma hapt heptidun, suma heri lezidun,
suma clubodun umbi cuoniouuidi:
insprinc haptbandun! inuar uigandun![11]

Zweiter Merseburger Zauberspruch

Phol ende uuodan uuorun zi holza.
du uuart demo balderes uolon sin uuoz birenkit.
thu biguol en sinhtgunt, sunna, era suister;
thu biguol en friia, uolla, era suister;
thu biguol en uuodan, so he uuola conda:
sose benrenki, sose bluotrenki, sose lidirenki:
ben zi bena, bluot zi bluoda,
lid zi geliden, sose gelimida sin![12]

Das Althochdeutsche verlor nach und nach seine vollen Vokale, vor allem dort, wo sie in unbetonter Stellung vorkamen. Gingen sie nicht verloren, so schwächten sie sich zu „e" ab.

Eine weitere Änderung betrifft die Umlautung gewisser Stammvokale durch ein „i" in der nachfolgenden Silbe (siehe S. 30):

Althochdeutsch	Mittelhochdeutsch	Neuhochdeutsch
zâhi	zaehe	zäh
hôhi	hoehe	Höhe
mûli	müle	Mühle

Der Vorgang der Umlautung bewegte sich von Norden nach Süden:

Norden	Süden
Brügge	Innsbruck
Rücken	Rucksack
drücken	drucken

Die **mittelhochdeutsche** Dichtung wurzelt in Wort- und Formengebrauch in der heimatlichen Mundart der Dichter.

Doch hat die Zeit der Staufer durch die Entstehung eines einheitlichen Ritterstandes Entscheidendes zur Schaffung einer mittelhochdeutschen Gemeinsprache beigetragen. Da aber der Niedergang des mittelalterlichen Kaisertums auch das Rittertum zur Bedeutungslosigkeit verdammt, nehmen bereits im 14. Jahrhundert die mund-

[11] Einst setzten sich Frauen, setzten sich hierhin, dorthin. Einige knüpften Fesseln, andere hielten das Heer auf, andere lösten die Stricke auf: Entspring den Fesseln! Entflieh den Feinden!

[12] Phol und Wodan ritten in den Wald. Da wurde Balders Fohlen der Fuß verrenkt. Da besprach ihn Sinthgunt [und] Sunna, ihre Schwester; da besprach ihn Frija [und] Volla, ihre Schwester; da besprach ihn Wodan so, wie er es gut konnte: Ob Beinverrenkung, ob Blutstau, ob Gliedverrenkung: Knochen zu Knochen, Blut zu Blut, Glied zu Gliedern, als ob sie geleimt wären!
(Übersetzungen der Herausgeber, aus: Epochen deutscher Lyrik Bd. 1, hrsg. Werner Höver, Eva Kiepe. München: Deutscher Taschenbuch Verlag 1978, S. 31)

artlichen Unterschiede wieder zu. Die einheitliche Kultur der Stauferzeit, in Heldenlied und Minnesang erkennbar, versinkt.

Beispiel für das Heldenlied:

Der Nibelunge Nôt
Âventiure (Strophe 1 und 2)

1 Uns ist in alten mæren wunders vil geseit
von helden lobebæren, von grôzer arebeit,
von fröuden, hôchgezîten, von weinen und von klagen,
von küener recken strîten muget ir nu wunder hœren sagen.

2 Ez wuohs in Búrgónden ein vil édel magedîn,
daz in allen landen niht schœners mohte sîn,
Kriemhilt geheizen: si wart ein scœne wíp.
dar umbe muosen degene vil verliesén den lîp.[13]

Beispiel für den Minnesang:

Erste Begegnung

Wol mich der stunde, daz ich sie erkande,
diu mir den lîp und den muot hât betwungen,
Sît deich die sinne sô gar an sie wande,
der si mich hât mit ir güete verdrungen.
Daz ich von ir gescheiden niht enkan,
daz hât ir schœne und ir güete gemachet
und ir rôter munt, der sô lieplîchen lachet.

Ich hân den muot und die sinne gewendet
an die vil reinen, die lieben, die guoten.
Daz müez uns beiden wol werden volendet,
swes ich getar an ihr hulde gemuoten.
Swaz ich zer werlde fröiden ie gewan:
daz hât ir schœne und ir güete gemachet
und ir rôter munt, der sô lieplîchen lachet.

(Walther von der Vogelweide)

(Zur Aussprache: a, e, i, o, u, ö, ü sind kurze; â, ê, î, ô, û, æ, œ, iu sind lange Vokale; iu = langes ü; öu = eu; ei, ou, ie, uo, üe müssen als Doppellaute gesprochen werden; h = h im Anlaut, = ch im Auslaut; z = z in hôchgezîten, = ß in grôzer, ez, daz, geheizen.)

Aufgabe 159: Lies diese Proben laut vor, beachte die Ausspracheregeln! Versuche, die beiden mittelhochdeutschen Texte ins Neuhochdeutsche zu übertragen.

(2) Das Neuhochdeutsche

Im 14. und 15. Jahrhundert nahmen die mundartlichen Unterschiede zu; gleichzeitig aber bildeten die fürstlichen Kanzleien eine immer einheitlichere Schreibart

[13] 1 mære: Kunde, Bericht — wunders (Gen.): des Wunderbaren — geseit: gesagt — lobebære: ruhmwürdig — arebeit: Kampf, Mühsal — hôchgezît: Fest — recke: Held — mugen: können;
2 édel: adlig — magedîn: Mädchen — si wart: sie wurde später — muosen: mußten — degene: Männer, Krieger — verliesén: verlieren — lîp — Leib, Leben.

aus, die zur Grundlage der **neuhochdeutschen** Schriftsprache wurde. Das Lateinische verlor an Rang, da auch das Papsttum an Geltung einbüßte; das Deutsche trat als Amtssprache an seine Stelle.

Von Karl IV. (1347—1378) an war die Kaiserwürde für viele Jahrzehnte im Besitz der Luxemburger, deren Kanzlei sich in Prag befand. Die Urkunden dieser Kanzlei lehnten sich stark an die Umgangssprache der Schreiber an. Da sich hier aber Bayern, Österreicher und Mitteldeutsche mischten, vereinigte diese **Kanzleisprache** oberdeutsche und mitteldeutsche Eigenarten.

Unter den Habsburgern, welche die Kanzleisprache der Luxemburger beibehielten, gewann diese Sprache immer mehr an Bedeutung. Der habsburgischen Kanzlei folgten bald alle Fürsten in Deutschland, darunter auch die sächsischen Kurfürsten. Da in Kursachsen alle Mundarten bereits im „kolonialen Ostmittelhochdeutsch" zusammengeflossen waren, hatte es Luther leicht, als er nach einer Sprache suchte, die von allen Deutschen verstanden werden konnte.

Das aufstrebende Wettinerhaus hatte Siedler aus Mainfranken, dem Rheinland, aus Hessen, Thüringen und Holland herbeigerufen. Ihre Spracheigenarten führten zu einem Ausgleich:

Die kurzen Vokale des Mittelhochdeutschen, wie in treten, geben, loben, wurden an der Wasserkante bereits lang gesprochen *(niederdeutsche Dehnung)*.

Die langen Vokale mittelhochdeutscher Wörter, wie in „îs", „hûs" und „liute", wurden südlich der Donau zu „eis", „haus" und „leute" gebrochen *(bayrische Brechung)*.

Das anlautende „s" vor einem Mitlaut, noch im Mittelhochdeutschen wie „sweben", „slafen", „smal" gesprochen, wurde am Oberrhein als Zischlaut gesprochen, also wie „schweben", „schlafen", „schmal" *(rheinische Zischlautverschiebung)*.

Die alten Zwielaute des Mittelhochdeutschen, wie in „liebe guote brüeder", wurden in Thüringen zu einfachen Langlauten, zu „liebe gute Brüder" *(mitteldeutsche Eingleichung)*.

Außerdem sprach das Ostmittelhochdeutsche das „ch" wie „ks" und behielt die vollen Vorsilben bei, z. B. bei „**ge**nommen".

Martin Luther legt die Kanzleisprache seiner *Bibelübersetzung* zugrunde, wie aus einer Äußerung Luthers 1532 in den Tischreden hervorgeht: „Ich habe eine allgemein verständliche Sprache und keine besondere; daher kann man mich in Nieder- und Oberdeutschland verstehen. Ich rede nach der sächsischen Kanzlei, der alle deutschen Fürsten folgen."

Luther ist also nicht der Schöpfer der neuhochdeutschen Schriftsprache, sondern er hat die schon vorhandene Kanzleisprache für seine Bibelübersetzung benutzt, weil er so auf das sprachliche Verständnis aller Deutschen rechnen durfte. Aber die Kanzleisprache war Urkundensprache, „Amtsdeutsch". Luther hat nicht bloß diese formelhafte Sprache der Kanzleien übernommen, sondern auch die Volks- und Verkehrssprache herangezogen:

> man mus die mutter jhm hause / die kinder auff der gassen / den gemeinen man auff dem marckt drumb fragen / vnd den selbigen auff das maul sehen / wie sie reden / vnd darnach dolmetzschen / so verstehen sie es den / vnd mercken / das man Deutsch mit jn redet.
> Als wenn Christus spricht / Ex abundantia cordis os loquitur. Wenn ich den Eseln sol folgen / die werden mir die buchstaben furlegen / vnd also dolmetzschen / Auß dem vberflus des hertzen redet der mund. Sage mir / Jst das deutsch geredt? Welcher deutscher verstehet solchs? Was ist vberflus des hertzen fur ein ding? Das kan kein deutscher sagen / Er wolt denn sagen / es sey das einer allzu ein gros hertz habe / oder zu vil hertzes habe / wie wol das auch noch nicht recht ist / denn vberflus des hertzen ist kein deutsch / so wenig / als das deutsch ist / Vberflus

des hauses / vberflus des kacheloffens / vberflus der banck / sondern also redet die mutter ym haus vnd der gemeine man / Wes das hertz vol ist / des gehet der mund vber / das heist gut deutsch geredt / des ich mich geflissen / vnd leider nicht allwege erreicht noch troffen habe / Denn die lateinischen buchstaben hindern aus der massen seer gut deutsch zu reden.

(aus: Ein sendbrieff D. M. Luthers. Von Dolmetzschen vnd Fürbitt der heiligen, 1530)

Im protestantischen Niederdeutschland fand Luthers Sprache rasche Verbreitung. Um 1600 wurde im niederdeutschen Sprachraum bereits hochdeutsch gepredigt, und nach 1621 gab es keine niederdeutsche Bibel mehr. So hat Luther mit verhindert, daß sich das Niederdeutsche — wie das Niederländische — zu einer selbständigen Sprache entwickelte, was unter Umständen politische Folgen gehabt hätte. Später setzte sich die Luthersprache auch im katholischen Süddeutschland und in der reformierten Schweiz durch.

Seit dieser Zeit ist die Sprachangleichung aller Deutschen zumindest in der *Schriftsprache*, dem Hochdeutschen, vollzogen; und dieses Hochdeutsche ist, wenn auch nicht überall in gleicher Lautung, die *Umgangssprache* der Gebildeten.

Durch die Massenkommunikationsmittel, wie Rundfunk und Fernsehen, wird sich immer mehr die *Hochsprache* mit allgemein übereinstimmender Form und Lautgebung durchsetzen.

Gleichzeitig ist aber überall ein neues *Mundartbewußtsein* entstanden, das die Erhaltung dieser „regionalen Varietäten" (s. S. 19) sichert.

Die Teilung Deutschlands nach dem II. Weltkrieg setzte unsere Sprache verschiedenen Einflüssen aus. Während in der Bundesrepublik Deutschland, in Österreich und in der Schweiz Begriffe und Redewendungen aus dem Amerikanischen und Englischen übernommen wurden:

Jeans, Hit, T-shirt, Secondhand-Shop, Sound, Job, Feeling, Power, Single, Publicity, Show,

gingen in den Wortschatz der DDR Worte ein wie

Junge Pioniere, Kader, Kombinat, Brigade, Fünfjahresplan.

Trotz dieser Extrembeispiele kann man davon ausgehen, daß weiterhin *ein* deutscher Sprachraum besteht, der neben der Bundesrepublik Deutschland und der DDR auch Österreich und Teile der Schweiz umfaßt.

Wege der Sprachbeschreibung

Die verschiedenen linguistischen[1] Schulen stellen uns eine Reihe von Grammatiken zur Verfügung:

A. die traditionelle Grammatik,

B. die strukturelle Grammatik (Konstituentenstrukturgrammatik),

C. die Dependenz- oder Valenzgrammatik,

D. die generativ-transformationelle Grammatik (generative Transformationsgrammatik),

E. die inhaltsbezogene Grammatik.

A. Die traditionelle Grammatik

Charakteristik

Die europäischen Sprachen führen ihre Grammatik-Tradition bis auf die Philosophen Griechenlands zurück *(Protagoras, Platon, Aristoteles, Dionysios Thrax).*
Das so entwickelte System wurde um 350 n. Chr. von *Aelius Donatus* für eine lateinische Grammatik benutzt, die im Mittelalter und bis in die Neuzeit viel gebraucht wurde. Diese lateinische Grammatik war die Basis, auf der sich im 17. und 18. Jahrhundert die Grammatiken der neueren europäischen Sprachen aufbauten und der im Grunde auch diese Sprachlehre verpflichtet ist.

Kritik

Die Kritik an der traditionellen Grammatik beruft sich darauf,

a) daß die deutsche Sprache mit Kategorien der griechisch-lateinischen systematisiert werde, die ihr nicht angemessen seien,

b) daß sie von starren Definitionen und einem zu festen Konzept ausgehe, anstatt lebendige Sprache zu beschreiben,

c) daß sie Veränderungen des Sprachgebrauchs nicht folge.

---

[1] Linguistik: Sprachforschung, -vergleichung, -wissenschaft.

Vorteile

Die traditionelle Grammatik geht von der Auffassung aus, daß sich in der Grammatik auch Denklogik abbilde. Das Resultat ist ein planmäßiges Vorgehen, das den deutschen Satz in ein System bringt und seine Teile eindeutig in logischen Kategorien bezeichnet.

Alle anderen Grammatik-Modelle setzen im Grunde die Kenntnis der traditionellen Grammatik voraus (siehe Vorwort).

B. Die strukturelle Grammatik (Konstituentenstrukturgrammatik)

Charakteristik

Diese grammatische Schule steht auf dem Boden des *Behaviorismus*, einer um 1930 entstandenen psychologischen und soziologischen Forschungsrichtung, die menschliches Verhalten genau beobachtete und exakt beschrieb, und zwar mit der Methode des taxonomischen[2] Strukturalismus.

Fragen nach der Sprachrichtigkeit oder nach dem Verhältnis von Logik und Sprache stellen sich für diese *deskriptive*[3] *Grammatik* nicht. Textzusammenhänge bleiben unberücksichtigt.

Aufschlußreich ist, daß diese Grammatik von jenen amerikanischen Sprachwissenschaftlern als Forschungsansatz gewählt wurde, die sich um die Entschlüsselung von Indianersprachen bemühten.

Methode ist die *IC-Analyse* (Immediate Constituents = Unmittelbare Konstituenten). IC nennt man die Segmente[4], die bei einer binären[5] Teilung entstehen. Dabei wird ein Satz in zwei Wortgruppen geteilt, diese wiederum in zwei Gruppen usw., bis hin zu den Einzelwörtern.

Die bei der ersten Teilung entstandenen *Konstituenten*[6] werden als *Nominalphrase* (NP) und *Verbalphrase* (VP) bezeichnet, und wegen der Aufteilung der Sätze in Segmente (phrases) nennt man diese Grammatik auch *Phrasenstrukturgrammatik*.

Die Ergebnisse der IC-Analyse lassen sich anhand eines *Strukturbaums* darstellen:

---

[2] Taxonomie: eine aufgrund einer bestimmten Ordnungstheorie entworfene Gliederung.
[3] beschreibend
[4] Abschnitte
[5] aus zwei Einheiten bestehend
[6] Bestandteile

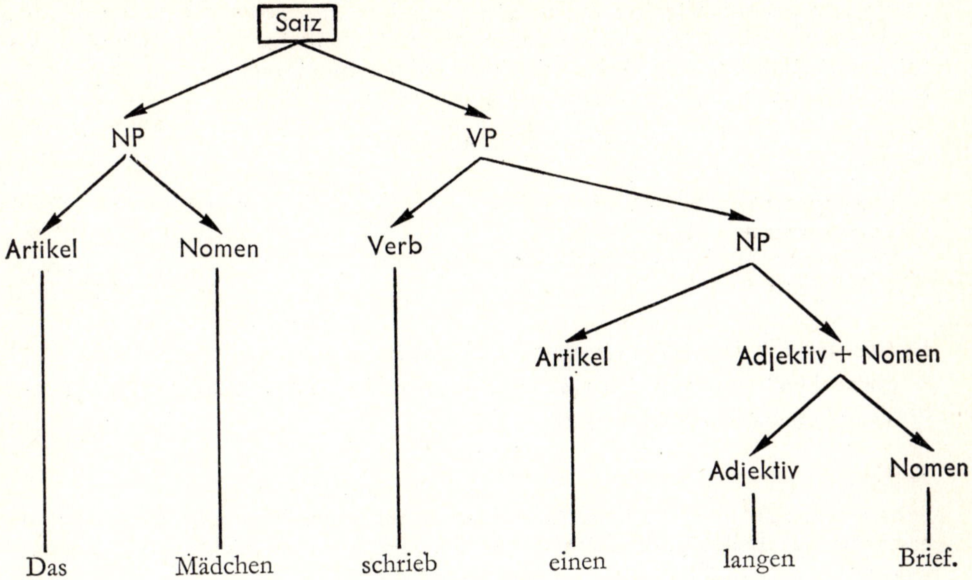

Kritik

Man bemängelt,

a) daß diese Methode zu technisch, zu statisch sei,

b) daß sie die Dynamik der menschlichen Rede mit ihren Bedeutungszusammenhängen zu sehr vernachlässige und

c) daß sie nichts dazu beitrage, die kommunikative Funktion (s. S. 17) der Sprache zu erhellen.

Vorteile

Die strukturelle Grammatik ermöglicht eine systematische Sprachanalyse nach vorgeschriebenem Muster und liefert ein System von klar umrissenen Konstituentenklassen, sie *segmentiert* (gliedert) und *klassifiziert* (ordnet ein).

C. Die Dependenzgrammatik (Valenzgrammatik)

Charakteristik

Im Grunde ist die Dependenzgrammatik eine besondere Form der strukturellen Grammatik. Es geht auch ihr darum, Strukturen sichtbar zu machen. Als Begründer gilt *Tesnière*. In Deutschland wird sie besonders von *Brinkmann*, *Erben* und *Heringer* vertreten.

Das Verb wird zum Mittelpunkt des Satzes, von dem alle anderen Größen abhängen (*Dependenz* = Abhängigkeit). Die entscheidende Rolle in der Dependenzgrammatik spielt nun die *Wertigkeit (Valenz) des Verbs*, daher bezeichnet man die Dependenzgrammatik auch als Valenzgrammatik.

a) *Quantitative Valenz* (Wie viele Ergänzungen?)

Valenzgrad 0	V	Es schneit.
Valenzgrad 1	E — V	Vater arbeitet.
Valenzgrad 2	E — V — E	Inge holt Kaffee.
Valenzgrad 3	E — V — E — E	Sie bringt ihm den Kaffee.
Valenzgrad 4	E — V — E — E — E	Er stößt ihr den Kaffee vom Tablett.

b) *Qualitative Valenz* (Was für eine Ergänzung?)

„brauchen" nimmt zu sich eine Nominativ- und eine Akkusativergänzung:
Vater braucht den Kantenhobel.

Kritik

Sätze werden auf obligatorische[7] Grundmuster reduziert. Weitere freie Ergänzungen erscheinen als beliebig, obgleich sie für den Sprecher sehr wichtig sein können.

Beispiel: Anneliese schrieb schon wieder eine Fünf.

In diesem Satz ist für die Dependenzgrammatik die Valenz des Verbs wichtig, nicht aber das vom Sinn her entscheidende „schon wieder".
Pädagogisch umstritten bleibt es, warum eigentlich der Schüler die Verben nach ihrer Wertigkeit unterscheiden können muß.

Vorteile

Die Dependenzgrammatik geht vom ganzen Satz aus. Der Schüler merkt, wie die Wahl einer einzigen Wortart — hier des Verbs — zwingende sprachliche Konsequenzen nach sich zieht. Diese Grammatik betont die Zusammengehörigkeit der Teile.

D. Die generativ-transformationelle Grammatik (Generative Transformationsgrammatik)

Charakteristik

Die Anzahl der Wörter einer Sprache ist endlich. Ebenso ist die Anzahl der Baugesetze endlich, mit denen man Wörter zu Sätzen fügt.

Aber mit den Baugesetzen kann man aus dem Wortbestand unendlich viele Sätze bilden. Dies erfolgt nach dem *Generativitätsgrundsatz* (Grundsatz der Hervorbringung).

---

[7] verbindliche

Legt man auf die Hervorbringung von Sätzen Wert, so wird aus der Phrasenstrukturgrammatik (s. S. 168) die generative Grammatik: Während erstere Sätze in Konstituenten zerlegt, baut letztere Sätze auf.

Basis der generativen Grammatik ist der jeweilige „*Formationsauftrag*", der festlegt, nach welchen Regeln ein Satz zu bilden ist. Er wird fortgesetzt durch das sog. „*Lexikon*", das angibt, mit welchen Wörtern dies geschehen soll.

Durchläuft man dann die Regeln in der angegebenen Reihenfolge (siehe Baumdiagramm) und setzt für die Symbole des Formationsteils die Lexikoneintragungen ein, so erzeugt (generiert) man Sätze:

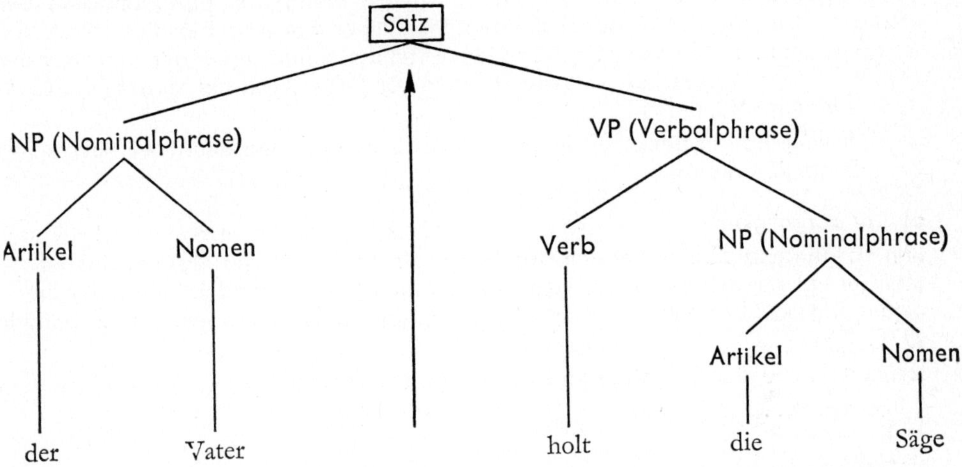

Das Kernstück der generativ-transformationellen Grammatik ist die *Transformation.* Transformationen sind Umformungen von einer Satzstruktur in die andere. Man spricht dann davon, daß die *Tiefenstruktur* dieser Sätze gleich und nur ihre *Oberflächenstruktur* verschieden sei. Beispiel:

Ich höre den Regen an das Fenster klopfen.
Ich höre, daß der Regen an das Fenster klopft.

Sowohl Generierungs- als auch Transformationsaufgaben kann man in fast algebraische Formen pressen.

Kritik

Die generativ-transformationelle Grammatik verlangt vom Schüler eine hohe Abstraktionsfähigkeit; denn diese Grammatik ist durch einen ausgeprägten Formalismus gekennzeichnet.

Vorteile

Die generativ -transformationelle Grammatik gibt gute Einsichten in den Sprachbau.
Sie benutzt die traditionellen Begriffe.
Sie erleichtert das Erlernen von Fremdsprachen, da der Schüler nur wenige Satzgrundmuster und die wichtigsten Transformationsregeln zu erlernen braucht, um dann beliebig kombinieren zu können.

E. Die inhaltsbezogene Grammatik

Charakteristik

Nach *Weisgerber* ist Mittelpunkt der Erforschung einer Sprache ihr Weltbild. Er greift dabei auf die Sprachphilosophie *Wilhelm von Humboldts* zurück. Die jeweils besondere Ausprägung der geistigen Wirklichkeit einer Sprache bezeichnet Weisgerber als „innere Sprachform".

„Das eigentliche Ziel inhaltbezogener Satzlehre bleibt das Bewußtmachen der geistigen Struktur, die in den Satzbauplänen einer Sprache beschlossen ist. Am Ausgang steht auch hier der Grundgedanke von der sinnlich-geistigen Ganzheit der Sprache." *(Leo Weisgerber: Die vier Stufen in der Erforschung der Sprachen. Düsseldorf: Schwann 1963, S. 79)*

H. Brinkmann hat im Blick auf die inhaltliche Leistung in den deutschen Sätzen vier Grundmodelle erkannt:

a) *Der Vorgangssatz*

„Im Vorgangssatz bekundet sich das Leben als unabhängiges Dasein, das keiner Motivierung bedarf; es ist da, wenn es sich im Vorgang meldet." *(Henning Brinkmann: Die deutsche Sprache. Gestalt und Leistung. Düsseldorf: Schwann, 2. Auflage 1971, S. 522)*

Kennzeichnend sind für diese Satzart intransitive Verben:

Es regnet ...
Es geschieht ...
Es verwelkt ...

b) *Der Handlungssatz*

„Im Handlungssatz begegnet uns der Mensch, der „Welt" gestaltet und bestimmt." *(Brinkmann, a.a.O., S. 522)*

Kennzeichnend sind transitive Verben:

Er plant ...
Er erobert ...
Er haßt ...

c) *Der Adjektivsatz*

Der Adjektivsatz qualifiziert die Tat, er nimmt Stellung, er bewertet, charakterisiert etwas:

Der Hund ist wachsam.
Seine Ausführungen waren höchst unerfreulich.

d) *Der Substantivsatz*

Der Substantivsatz klassifiziert und stellt die Bedeutung fest:

Der Hund ist ein Säugetier.
Seine Ausführungen waren eine Beleidigung.

Kritik

Man bezeichnet das Vorgehen der inhaltsbezogenen Grammatik als zu spekulativ und als schwer nachprüfbar. Über den Inhalten werden allzuleicht die Formen vergessen.

Vorteile

Die inhaltsbezogene Grammatik hilft, die Fesseln der traditionellen Grammatik zu lockern, die leere Formenkunde und den sprachfernen Strukturalismus zu überwinden. Sie geht von einer ganzheitlichen Auffassung aus.

F. Aufgabe der Schule

Die Frage, welches Grammatik-Modell durch die Schule vermittelt werden soll, ist falsch gestellt. Es ist durchaus möglich, Einsichten in mehrere Modelle zu vermitteln oder Modellvermischungen vorzunehmen.

Aufgabe der Schule ist, nicht im Formalen stehenzubleiben, sondern die Situation, die Redeabsicht zu berücksichtigen und den jeweiligen Sender- und Empfängerhintergrund im Auge zu behalten.

Dann bleibt im Sinne *Humboldts* (vgl. S. 15) Sprache kein „Ergon", kein statisches Gebilde, sondern eine „Energeia", eine wirkende Kraft.

Fachausdrücke zum Nachschlagen

Ablaut	Vokalwechsel in der Stammsilbe	30, 57
Abstraktum	Begriffswort	69
Adjektiv	Eigenschaftswort	83, 111, 113
Adjektivattribut	Eigenschaftswort als Beifügung	121
Adverb	Umstandswort	84, 92
Adverbiale	Umstandsbestimmung	128
adverbiales Adjektiv	umstandswörtlich gebrauchtes Eigenschaftswort	84, 92
adverbiales Attribut	dem Nomen nachgestelltes Umstandswort	122
Adverbialsatz	Umstandssatz	143
adversative Konjunktion	entgegenstellende Konjunktion	103
adversative Satzverbindung	entgegenstellende Satzverbindung	139
Akkusativ	Wenfall, 4. Fall	71
Akkusativobjekt	Ergänzung im Wenfall	124
Aktiv	Tatform	46
Alphabet	Abc	25
Apposition	Beisatz	123
Artikel	Geschlechtswort	67
asyndetische Sätze	unverbundene Satzreihe	137
Attribut	Beifügung	121
attributives Adjektiv	beigefügtes Eigenschaftswort	84, 92
Attributsatz	Beifügesatz	142
consecutio temporum	Zeitfolge	45
Dativ	Wemfall, 3. Fall	71
Dativobjekt	Ergänzung im Wemfall	125
Deklination	Beugung des Haupt-, Eigenschafts-, Zahl- und Fürwortes	36, 68, 72, 85
Demonstrativpronomen	hinweisendes Fürwort	77, 80
Dependenzgrammatik		169
Derivation	Ableitung	107, 110
Dialekt	Mundart (regional)	19
Diphthong	Zwielaut	28
direkte Rede	wörtliche Rede	52
disjunktive Konjunktion	ausschließende Konjunktion	103
disjunktive Satzverbindung	ausschließende Satzverbindung	138
elaborierter Kode	ausgearbeitete Sprachverwendung	20
Femininum	weibliches Hauptwort	67, 73
Finaladverbiale	Umstandsbestimmung des Zweckes	131
Finalsatz	Umstandssatz der Absicht	145
flektierbar	veränderbar durch Beugung (Flexion)	35
Futur I/II	Zukunft	43, 44

E ——— L